Petra Freudenberger-Lötz

66 Tage Dankbarkeit erFAHREN

Petra Freudenberger-Lötz

66 Tage Dankbarkeit erFAHREN

Mut zum besten Leben

Calwer Verlag Stuttgart

Meiner Mutter
in Liebe und Dankbarkeit gewidmet

Hinweis:
Die im Buch abgebildeten Fotos finden Sie in Farbe unter:
www.calwer.com/66-tage-dankbarkeit-erfahren

Bibliografische Information der Deutschen Bibliothek

Die Deutsche Bibliothek verzeichnet diese Publikation in der Deutschen Nationalbibliografie; detaillierte bibliografische Daten sind im Internet über *http://dnb.ddb.de* abrufbar.

ISBN 978–3–7668–4515–3

Umschlaggestaltung: Rainer E. Rühl, Alsheim unter Verwendung eines Fotos von Petra Freudenberger-Lötz. Die abgebildete Skulptur „Der Ring“ stammt von Thomas Widemann und Ludwig Ostermeir
Satz und Herstellung: Karin Class, Calwer Verlag
Druck und Verarbeitung: Mazowieckie Centrum Poligrafii –
05-270 Marki (Polen) – ul. Słoneczna 3C – www.buecherdrucken24.de

E-Mail: info@calwer.com
Internet: www.calwer.com

Prolog

Die Sonne blinzelt durch die Vorhänge in mein Zimmer. Ich schaue auf mein Handy: 5 Uhr. Hey, was ist das? Ewald hat geschrieben: „Sind in Thailand gelandet. Komm uns bitte bald besuchen, wir erwarten dich!" Ich reibe meine Augen und lese noch einmal. Schaue mir die Fotos an, die er mitgeschickt hat. Ewald! Er hat es wahrgemacht!

Habe ich das alles wirklich erlebt? Ich kneife in meinen Arm und lache. Ja klar! Ich schließe meine Augen. Viele Menschen und unzählige Situationen kommen mir in den Sinn. Die letzten Wochen gehören zu den erstaunlichsten und wunderbarsten Wochen meines Lebens. Ich spüre, wie sich ein Kribbeln in mir breitmacht, Glücksgefühle, ich könnte tanzen. Das mache ich jetzt auch: Raus aus den Federn, ich tanze in den Tag.

Ist sie verrückt? Um 5 Uhr tanzend in den Tag zu starten? Das denken Sie vielleicht. Keine Sorge, Sie müssen das nicht nachmachen. Aber urteilen Sie nicht zu früh: Vielleicht geht es Ihnen am Ende wie mir … Moment, ich ziehe mir rasch etwas über.

Da bin ich wieder, ich sitze am Schreibtisch mit einer Tasse Tee. Ich möchte Ihnen meine Geschichte erzählen. Ich möchte alles, was ich erlebt und erfahren habe, für Sie aufschreiben. Ich möchte so gerne, dass auch Sie diese erstaunlichen Erfahrungen sammeln. Und das können Sie, das kann jeder Mensch, jederzeit, an jedem Ort. Kommen Sie einfach mit auf die Reise.

Wo fange ich am besten an? Am ersten Tag? Oder mit der wichtigsten Erfahrung? Oh, da gibt es so viele … Mit einer bedeutsamen Erkenntnis? Oder mit der Vorgeschichte – wie ich überhaupt auf die Idee kam, diese Reise zu starten? Das ist gar nicht so leicht zu entscheiden.

Oh, Ewald schickt weitere Bilder. Und jetzt sehe ich, dass auch Reinhilde und Ingo geschrieben haben. Ich denke mich in die gemeinsamen Erlebnisse hinein. Und schon sind die Gefühle wieder da, es wird warm in mir. Jede einzelne Begegnung war ein Abenteuer für sich. Niemals hätte ich gedacht, dass solche Erfahrungen wirklich möglich sind. Ich sitze jetzt einfach mit meinem Teeglas in den Händen am Schreibtisch. Wie gut, dass ich so früh aufgestanden bin. Geschenkte Zeit.

Dann beschließe ich zu starten. Ich nehme einen Notizzettel und sortiere alles, was in meinem Kopf ist. Damit ich auch nichts vergesse. Damit ich Sie von Anfang an mitnehmen kann auf meine Reise. Sind Sie bereit? Dann kann es losgehen!

Wenn ich ein neues Buch zur Hand nehme, muss ich erst warm werden, mich einlesen, einige Puzzleteile zusammensetzen. Darum schenke ich einem neuen Buch immer ein wenig Zeit, mit mir vertraut zu werden und ich mit ihm. Ich urteile nicht gleich zu Beginn, sondern lese in erwartungsvoller Offenheit. Ich vergleiche das gerne mit dem Recken und Strecken an einem neuen Morgen. Oder mit dem Aufwärmen vor sportlicher Betätigung. Ich muss in die Gänge kommen. Geschmeidig werden. Und auf einmal bin ich in Schwung. Wenn ich dann so richtig angekommen bin, kann ich ein gerade begonnenes Buch manchmal kaum mehr weglegen, so sehr fesselt es mich. Und wenn das Buch zu Ende gelesen ist, bin ich erfüllt von Emotionen, Gedanken, Ideen für mein Leben, die noch lange nachwirken.

Es ist mein großer Wunsch, dass es Ihnen mit diesem Buch auch so geht. Dass Sie warm werden, in Fahrt kommen, die Lektüre genießen und dass am Ende das Leseerlebnis lange nachwirkt. Gerne weise ich Sie auf eine Besonderheit hin: Sie werden feststellen, dass jede einzelne Geschichte meiner Tagebuchsammlung eine eigene Einheit ist, die Sie auf je eigene Weise anregen möchte. Darum kann es ratsam sein, nicht zu viel auf einmal zu lesen, sondern das Gelesene an geeigneten Stellen mit den eigenen Gedanken zu verknüpfen. Sie können aber auch die Reise ohne Unterbrechungen antreten. Das Tempo bestimmen Sie.

In den 66 Geschichten dieses Buches erzähle ich von den 66 wichtigsten Erlebnissen und Erfahrungen meiner Tour. Manchmal entstanden an einem Tag mehrere Geschichten, und es gab auch Tage, an denen ich schon vorhandene Geschichten vertieft habe. Es wird also nicht jeder Tag abgebildet, doch selbstverständlich sind die Geschichten chronologisch geordnet.

Ich habe mir immer wieder Notizzettel angefertigt. Darauf habe ich Impulse geschrieben, die ich mir merken möchte.
Natürlich kann es sein, dass Sie an anderen Stellen einen kleinen Stopp einlegen oder auch andere, ganz eigene Formen des Vertiefens finden. Probieren Sie es aus.

1

8. April 2018 Heute geht es los. Mein großes Abenteuer beginnt. Nach meinem Reisesegen im Gottesdienst stehe ich abfahrbereit vor der Haustür, einige Erinnerungsfotos werden geknipst und meine Tochter Franzi begleitet mich die ersten Kilometer auf meinem Weg. Das ist fast schon symbolisch zu verstehen. Ihr habe ich es nämlich zu verdanken, dass ich heute diese Reise starte. Hätte sie nicht vor drei Jahren ein Auslandsschuljahr in Neuseeland absolviert, hätte ich nicht die wunderbare neuseeländische Schule kennengelernt. Dort nahm alles seinen Anfang. Die „Rangiora New Life School", auf der Südinsel in der Nähe von Christchurch gelegen, verwirklicht eine Schulkultur, die auf den Haltungen der Wertschätzung und der Dankbarkeit gründet. Jeder Schüler und jede Schülerin wird als unverwechselbares Geschöpf Gottes gesehen, ausgestattet mit unzähligen Gaben und Talenten, die es gemeinsam zu entdecken gilt. Mich hat mein vierwöchiger Besuch an dieser Schule und der lebendige Kontakt zum Schulleiter Brian Seatter so sehr geprägt, dass ich diese Themen ganz bewusst zu Grundhaltungen meines Lebens gemacht habe, sowohl privat als auch beruflich. Genau zu diesen Lebenshaltungen trete ich heute meine Forschungsreise an.

„Freust du dich?" fragt Franzi, als wir abfahren. „Und wie", sage ich, „ich konnte es in den letzten Wochen kaum erwarten." Franzi lächelt und bemerkt, dass mir mein Rad mitsamt dem Gepäck doch etwas Probleme bereitet. „Gar nicht so leicht mit dem ganzen Gepäck, stimmt's?", ruft sie mir zu. „Ich hätte vielleicht üben sollen", sage ich und wir lachen. „Ach, das wird bestimmt noch", sagt Franzi. „Na klar", rufe ich bestätigend. Ich genieße es, mit Franzi loszufahren. Sie hat eine so positive Ausstrahlung – neuseeländisch, könnte ich sagen. Wir radeln jetzt schweigend.

Meine Tour ist eine Forschungsreise auf den Spuren von Wertschätzung und Dankbarkeit, eine Pilgerreise zu mir selbst und eine Pilgerreise zu anderen Menschen, so könnte ich mein Vorhaben beschreiben. Ich erforsche, was diese Reise mit mir macht, wie sie mich verändert, und ich erforsche, wie Dankbarkeit und Wertschätzung Menschen in Bewegung bringen können. Die Universität Kassel hat mich für diese Reise im Rahmen meines Forschungssemesters freigestellt. Und ich bin glücklich, dass meine Familie mich von Anfang an unterstützt hat, diesen Traum zu verwirklichen. Das ist alles nicht selbstverständlich. 66 Tage lang bin ich nun unterwegs.

„Worauf freust du dich am meisten?", fragt Franzi jetzt. „Auf die geschenkte Zeit", sage ich spontan. Dabei gerate ich ins Schwärmen. „Wertschätzung und Dankbarkeit leben, Fahrradfahren, Menschen begegnen …" Franzi unterbricht mich und lacht: „Immer diese Sprüche." „Was meinst du damit?", frage ich erstaunt. „Na ja, Wertschätzung und Dankbarkeit leben, Fahrradfahren, Menschen begegnen, das kannst du jeden Tag, also auch hier zu Hause. Deine Zeit ist doch immer DEINE Zeit." Ich muss nachdenken. Irgendwie hat sie recht. Es liegt an mir, was ich aus meiner Zeit mache und wie ich sie gestalte, auch im Alltag. Wahrscheinlich kommt es gerade auf den Alltag an. „Na, das geht ja schon mal gut los, darüber kann ich dann heute gleich nachdenken", rufe ich Franzi zu. Wieder radeln wir eine ganze Weile schweigend. „Ich freue mich, dass du deinen Traum verwirklichst", sagt sie, als wir anhalten, um uns zu verabschieden. „Ich wünsche dir viel Freude, alles Gute und Gottes Segen auf deiner Tour." „Danke, das ist lieb von dir", sage ich bewegt. Dann öffne ich eine der beiden Satteltaschen und ziehe ein kleines Kärtchen heraus, auf dem meine Kontaktadresse steht, das Motto meiner Tour und ein kleines aufgeklebtes Glied einer Fahrradkette. „Oh, das ist ja süß", ruft Franzi. „Ich überreiche dir feierlich ein

> Wie lebe ich meinen Alltag so, dass ich entdecke: Jeder Tag ist gefüllt mit MEINER Zeit, die ICH gestalte?

kleines Geschenk. Wenn du das Kettenglied von dem Kärtchen löst, kannst du es beispielsweise an deinen Schlüsselbund hängen. Und immer, wenn du es in die Hand nimmst, erinnerst du dich daran, welche Wirkung und Kraft wertschätzende Achtsamkeit und Dankbarkeit haben. Mit diesem Kettenglied sind wir miteinander verbunden." Franzi löst das Kettenglied ab und befestigt es sofort an ihrem Schlüsselbund. Wir umarmen uns, knipsen Abschiedsfotos, und ich radle los. Ein paar Mal muss ich schlucken, dann ist es soweit: Eine ungeahnte Freude macht sich breit. Freiheit. Abenteuer. Entdeckerlust.

Das Abenteuer beginnt …

2

Ein feierliches Gefühl breitet sich in mir aus, als ich die ersten Kilometer fahre. Irgendwie stolz und sehr freudig gestimmt bin ich. Am liebsten würde ich jedem von meinem Abenteuer erzählen, es jedem entgegenrufen, den ich treffe. Ich muss innerlich lachen und genieße meine überschäumenden Gefühle wie ein kleines Geheimnis. Mal abwarten, wann es das erste Mal nach außen dringt, mein Geheimnis. So radle ich dahin, schaue mir die Landschaft an, die ich eigentlich kennen müsste, doch heute ist alles viel bunter und schöner als sonst. Welch ein Geschenk.

Ich fahre und fahre und meine Gedanken schweifen mal da und mal dorthin. 66 Tage werde ich unterwegs sein mit meinem Fahrrad. Wenig habe ich im Gepäck, doch alles, was ich brauche. Je ein Kleidungsstück für alle Wetterlagen, mein Handy für die Kontaktaufnahme und Navigation, mein kleines Tablet für mein Tagebuch und meine Präsentationen an Schulen sowie die Kamera für die Dokumentation. Und als „Motto" habe ich die Themen „Wertschätzung" und „Dankbarkeit" im Gepäck. Dieses Motto steht auf jedem meiner Kleidungsstücke, es ist mein Markenzeichen für die Tour: **Wertschätzung erFAHREN – 66 Tage Dankbarkeit.**

Ich freue mich auf meine Pilgerreise, die Reise zu mir selbst, tief in die Mitte meines Daseins hinein, und die Reise zu anderen Menschen, um Impulse an sie weiterzugeben und um mich auszutauschen: an Schulen, in Kirchengemeinden, im Rahmen von Lehrerfortbildungen und einfach in Begegnungen unterwegs. 66 Tage lang.

Ich spüre Freiheit. Die Zeit scheint grenzenlos. Mehr als zwei Monate. Eine wunderbare Erfahrung und ein großes Abenteuer stehen mir bevor.

Jetzt kommt eine lang gezogene Abfahrt – wie schön. Ich genieße das Tempo, das mein Rad aufnimmt, und ich spüre den kühlenden Fahrtwind. Obwohl das Rad mit den Satteltaschen noch ungewohnt ist, empfinde ich ein stabiles Fahrgefühl. Das gibt mir Sicherheit und Selbstvertrauen. Ich komme ins Träumen.

Doch halt, da kommt eine Kurve … fast hätte ich sie übersehen. Ich bremse energisch – mit klopfendem Herzen komme ich am Rande eines Abhangs neben einem jungen Mann zum Stehen, der mit seinen beiden kleinen Kindern unterwegs ist. Ich atme erleichtert durch.

„Hoppla", ruft er und lacht zusammen mit seinen Kindern. Ich puste immer noch und lache mit. „Au weia, das habe ich unterschätzt", gebe ich zu. „Ich hätte da unten landen können." „Wohin des Weges?", fragt der junge Mann und stellt sich mit seinem Namen vor: „Ich heiße Andreas." „Ich heiße Petra und bin auf einer Tour durch Deutschland und Österreich." Andreas nickt anerkennend. „Kommst du denn aus Deutschland? Oder Österreich? Oder aus einem anderen Land? Wie lange bist du schon unterwegs?" Andreas scheint sehr interessiert zu sein und mustert mein Fahrrad. Jetzt lache ich herzhaft: „Ich bin gerade eben losgefahren und komme aus dem Nachbarort." Andreas stimmt in das Lachen ein, die Kinder lachen erneut mit. Nach einer Weile sagt Andreas nachdenklich: „Ein großes Projekt. Du siehst trainiert aus. Ich fahre auch so gerne Rad, und mein Traum ist es, auch einmal eine lange Tour zu unternehmen. Das habe ich schon öfter gedacht. Und jetzt kommst du daher und machst es mir vor." Andreas lächelt mich an, blickt auf seine Kinder und streichelt sein Baby liebevoll. „Alles zu seiner Zeit", sagt er, schaut in die Ferne und fügt hinzu: „Ich werde versuchen zu trainieren, ich glaube man muss seine Träume immer vor Augen halten." „Das stimmt", sage ich, „ein sehr wichtiger Gedanke." Mehr fällt mir gerade nicht ein. Alles ist so frisch und neu. Es ist ein ganz besonderer Moment.

Welche Sehnsucht möchte ich wachhalten?

Anna, die ältere der beiden Kinder, ist mittlerweile mit ihrem Laufrad schon weitergefahren. Sie ruft ihren Papa, und Andreas verabschiedet sich. „Ich muss weiter, wünsche dir alles Gute." Er läuft los und dreht sich nach einigen Schritten nochmals zu mir um: „Danke für die Erinnerung an meinen Traum." „Euch auch alles Gute und halte deine Sehnsucht wach!", rufe ich ihm hinterher. Ich bleibe noch einen Moment beeindruckt stehen und fahre dann weiter auf meinem Weg.

Meine Reise hat begonnen. Ich fahre langsamer als zuvor und denke nach. Wie schnell und unkompliziert wir ins Gespräch gekommen sind. Und wie offen, freundlich und klar Andreas auf mich wirkte. War es sein Traum, der ihm zur Klarheit verhalf? Oder seine Haltung im Leben? So viele Fragen hätte ich noch an ihn. Es war eine alltägliche Begegnung, einen jungen Familienvater zu treffen – und gleichzeitig war es eine einmalige Begegnung. Welch ein Auftakt! Ich ahne, dass mir meine Reise viele wertvolle Erfahrungen und Einsichten schenken wird. Jetzt wird mir klar: Ich bin heute erst losgefahren, doch schon mitten in meiner Reise angekommen.

Gerade losgefahren und schon mittendrin!

3

Meine erste Nacht verbringe ich bei Daniel und seiner Familie in Bad Hersfeld. Seine Mutter und er haben mich überrascht und sind mir entgegengefahren. Zwei Stunden nach meiner Begegnung mit Andreas treffen wir aufeinander. Ich freue mich sehr und wir vertiefen uns beim Radeln gleich in unser Gespräch. Daniel hat vor einigen Jahren an der Universität Kassel studiert und ist nun Lehrer an einem Gymnasium. Er ist noch sehr jung, hat sein Studium und gleich anschließend seine Promotion ziemlich zügig gemeistert und sich in dieser Zeit wie auch heute sozial und politisch engagiert. Daniel ist ein echtes Phänomen. Er wirkt auf mich nicht gehetzt, im Gegenteil: Er ist wie immer sehr präsent, sehr ruhig, an seinem Gegenüber interessiert. Wenn es jemanden gibt, auf den die Wendung zutrifft, er oder sie „ruhe in sich", dann Daniel. Während wir fahren, erzählt er mir die ganze Zeit von seinen Erfahrungen in der Schule und wie sehr er die Zusammenarbeit mit den Schülerinnen und Schülern genieße. Das macht richtig gute Laune und wir sind zügig unterwegs. Ich glaube ganz fest, auch die Schülerinnen und Schüler schätzen das Zusammensein mit Daniel.

Ein tolles Abendessen ist vorbereitet und wir genießen die Familienzeit, danach sind Daniel und ich alleine im Gespräch. „Jetzt geht es um dich und deine Tour", sagt er. „Ich bin Reporter und interviewe dich: Kannst du deine Tour zusammenfassen? Was ist das Wichtigste für dich?" Ich muss in diesem Moment lachen. „Warum willst du mich interviewen?", frage ich. „Na, du musst auf alles gefasst sein. Du wirst gefragt werden. Das musst du vorbereiten", erwidert Daniel mit einem Augenzwinkern. „Nun, wenn ich unterwegs gefragt werde, werde ich sicher spontan antworten können", sage ich. „Aber okay, ich gebe dir das Interview. Fangen wir an." Wir lachen beide.

Daniel Charakierisiere bitte deine Tour in einem Satz.

Petra Ich unternehme eine Pilgerreise zu mir selbst und …

Daniel Moment, nicht so schnell. Warum reist du denn zu dir selbst? Wo bist du sonst?

Petra Ich glaube, ich bin oft nicht bei mir. In Gedanken bin ich an einem anderen Ort, manchmal zu schnell, manchmal zu langsam, mal in der Zukunft und mal in der Vergangenheit. Kenne ich mich wirklich? Lasse ich mich von außen bestimmen oder entscheide und handle ich aus meinem Inneren heraus? Beachte ich, was der Grund oder das Ziel meines Lebens ist?

Daniel Okay. Das verstehe ich. Wie machst du das aber auf deiner Fahrradtour? Warum brauchst du das Fahrrad dazu?

Petra Ich fange mit der letzten Frage an. Ich habe in meinem Leben schon oft erfahren, dass ich meine besten Ideen in der Bewegung entwickeln kann: beim Joggen, Wandern, Radfahren. Dann überkommt mich ein Gefühl der Freiheit, ich bin ganz bei mir und schmiede Pläne, denke über mein Leben nach oder lasse meinen Gedanken einfach freien Lauf. Das kennen viele Menschen, sie haben diese Erfahrung zum Beispiel beim Pilgern gemacht. Ich bin mit dem Fahrrad unterwegs, weil das eine neue Herausforderung für mich ist und ich einfach Spaß daran habe.

Daniel Das habe ich verstanden.

Petra Und zu deiner ersten Frage, wie ich zu mir reise. Ich habe einen Plan. Jeden Tag beantworte ich auf meinem Weg drei Fragen – und lasse mich überraschen. Das war's. Ich vertraue darauf, dass sich alles Weitere ergeben wird."

Daniel Wie? Drei Fragen?

Petra Ich könnte auch drei Perspektiven sagen oder noch besser: drei Entscheidungen.

Daniel Sind deine Fragen, Perspektiven, Entscheidungen geheim?

Petra Nein, sie sind nicht geheim. Im Gegenteil: Ich möchte sie verbreiten, ich möchte sie allen Menschen, denen ich begegne, erzählen und sie einladen, sich auch auf die Beantwortung dieser Fragen einzulassen. Ich glaube, in den Fragen steckt viel Potenzial.

Daniel Jetzt machst du es aber spannend.

Petra Na klar, das ist sehr spannend, finde ich auch. Weißt du, in jedem Moment unseres Lebens prasselt eine große Menge an Informationen auf uns ein, jeder Augenblick ist von unzähligen Möglichkeiten begleitet, gelebt zu werden. Was wir in uns aufnehmen, worauf wir unsere Aufmerksamkeit richten, was wir also in unser Leben lassen und was wir daraus machen, das ist durch unsere Entscheidung beeinflusst. Meist ist uns nicht bewusst, für welche Perspektive im Leben wir uns entschieden haben, und wir glauben, das Leben meint es eben schlecht oder gut mit uns. Schicksal. Letztlich meint es das Leben jedoch immer gut mit uns, das glaube ich jedenfalls. Das heißt nicht, dass wir vor allem Unglück bewahrt werden. Gewiss können schlimme Dinge passieren, die uns Angst machen und traurig stimmen oder sogar an den Rand der Verzweiflung bringen. Dennoch – das ist mein Glaube – gibt es auch in diesen Situationen das Gute, das wir entdecken können – in der Gewissheit der Gegenwart Gottes.

Daniel Ich verstehe das noch nicht so ganz. Ich verstehe und glaube auch, dass Gott da ist. Aber wie unsere Haltung das alles beeinflusst, ist mir noch nicht klar.

Petra Ehrlich gesagt, fühle ich auch noch nicht immer so, darum will ich diese Haltung in den kommenden 66 Tagen einüben bzw. dieser Haltung nachspüren, mit dieser Haltung meine Erfahrungen sammeln. Dann kann ich dir mehr erzählen.

Ich glaube nämlich, dass wir den Blick auf das Schöne und Gute im Leben lernen können. Meine erste der drei Fragen lautet darum: *Wofür bin ich dankbar?* Oder als Entscheidung formuliert: *Ich bin mir sicher, dass ich heute vieles entdecke, für das ich dankbar sein kann. Mit dieser Brille gehe ich durch den Tag.* Es ist letztlich eine Entscheidung, jeden Tag in der Haltung der Dankbarkeit zu verbringen. Ich stehe morgens in der freudigen Erwartung auf, dass mir der Tag einiges schenken wird, für das ich dankbar sein kann. Ich könnte auch sagen: Gott wird mir an diesem Tag einiges schenken. Und ich verbringe den Tag genau mit dieser Perspektive. Versuche das einmal und schreibe alles auf, für das du dankbar sein kannst. Die Liste wird riesig und es macht viel Spaß, danach zu suchen. Das kann deinen Blick auch davon abbringen, ständig um das zu kreisen, was nicht gut läuft. Und du wirst aufmerksam für die kleinen Dinge.

Daniel Okay, das glaube ich schon. Klingt trotzdem ein bisschen anstrengend. Aber gut, ich werde es einmal versuchen. Und die zweite Frage?

Petra Meine zweite Entscheidung ist es, jeden Tag auf der Suche zu sein nach Aspekten in mir, die ich wertschätzen kann. Sich selbst wertschätzen ist so wichtig. Meist entdecken wir an uns, was schief gelaufen ist, was wir vermasselt haben, was wir nicht gut können. Wir merken oft, was wir verbessern können, anstatt wertzuschätzen, wer wir schon sind. Das ist im Übrigen eine zutiefst religiöse Perspektive. In allen von uns steckt Gottes Ebenbild. In jedem von uns stecken Talente und Schätze, sie wollen entdeckt und gelebt werden. Was meinst du, was jeder und jede aus sich machen könnte, wenn er und sie das beachten würde. Die zweite Frage heißt also: *Was kann ich heute an mir besonders wertschätzen?* Oder als Entscheidung formuliert: *Ich bin mir sicher, heute vieles an mir zu entdecken, das ich wertschätzen kann.*

Daniel Hmm. Ich verstehe. Das fällt manchmal echt schwer. Das geht mir auch so. Und meine Schüler sehen auch immer zuerst, was sie nicht können, dabei übersehen sie oft, wie talentiert sie sind. Jeder hat andere Gaben. Eine tolle Aufgabe.

Petra Danke.

Daniel Und nun, lass mich nachdenken. Ist deine dritte Entscheidung die der Nächstenliebe, also anderen Menschen Wertschätzung entgegenzubringen?

Petra Ganz genau, so ist es. Ich entscheide mich dafür, in allen Menschen, denen ich begegne, einen Schatz und ein unendliches Potenzial zu entdecken. Das bedeutet, dass ich ihnen in einer bestimmten wertschätzenden Haltung begegne und dass ich wertschätzende Handlungen und Gesten verwirkliche. Du kannst es auch Nächstenliebe nennen. Es ist so ein beglückendes Gefühl, Menschen zu zeigen, dass sie wertvoll sind, und Menschen zu helfen, in ihr Potenzial zu kommen. Die Frage lautet also: *Wer begegnet mir heute, den ich wertschätzen kann?* Oder wieder als Entscheidung formuliert: *Ich bin mir sicher, dass ich heute Menschen begegne, die ich wertschätzen kann.*

Daniel Aber wie machst du das, wenn du jemanden doch gar nicht kennst?

Petra Ich schaue Menschen freundlich an, ich bedanke mich bei ihnen, wenn es einen Anlass dazu gibt, ich wünsche Ihnen alles Gute. Tue das einmal und beobachte, wie dein Gegenüber reagiert! Im Übrigen gehe ich davon aus, dass ich auf meiner Tour mit Menschen auch tiefer über meine Themen ins Gespräch komme. Dann lerne ich sie besser kennen und kann sie gezielter wertschätzen.

Daniel Respekt! Aber ich dachte, deine Fragen wären leichter.

Petra Sie sind vielleicht nicht auf Anhieb leicht umzusetzen, aber sie machen viel Freude und es wird von Tag zu Tag natürlicher werden, so durchs Leben zu gehen. Ich glaube jedenfalls daran. Und ich habe keinen Druck, ich bin ganz frei, in diese Haltung hineinzuwachsen. Ich habe 66 Tage Zeit.

Daniel Warum eigentlich 66 Tage? Das soll meine letzte Frage sein.

Petra Ich habe auf diese Frage gewartet, denn das ist ein spannendes Kapitel. In Büchern zur Hirnforschung habe ich gelesen, dass wir durchschnittlich 66 Tage brauchen, um neue Gewohnheiten auszubilden, neue Sichtweisen im Leben einzunehmen. Denn die Synapsen im Gehirn brauchen Zeit, bis sie sich neu verschaltet haben. Das alte Muster wird quasi gelöscht und das neue so stabil herausgebildet, dass wir es anwenden, ohne uns immer bewusst anstrengen zu müssen. Wie ein Trampelpfad, den wir wieder und wieder gehen und der immer deutlicher erkennbar und breiter wird. Der alte Weg wächst zu. Lass es vielleicht 50 oder 70 Tage sein, das wird sich von Mensch zu Mensch und von Sache zu Sache unterscheiden. Ich sehe die Zahl auch einfach symbolisch, ein gutes Motto für meine Tour. Mir ist klar, dass ich weiter üben werde, wenn ich zu Hause bin. Aber ich gehe davon aus, dass am Ende der Tour eine gute Grundlage geschaffen ist.

Daniel Aber Moment mal, handelst du nicht schon so? Ich kenne dich doch wertschätzend und dankbar.

Petra Mir sind Wertschätzung und Dankbarkeit tatsächlich sehr wichtige Haltungen im Leben. Ich glaube allerdings, dass ich diese Haltungen vertiefen kann, also den Trampelpfad ausbauen kann, den ich schon gespurt habe. Ich kann es jedenfalls kaum erwarten.

Daniel Vielen Dank für das Interview. Da habe ich meinen Schülern morgen etwas zu erzählen!

Petra Bitteschön, gerne.

Natürlich hätte noch viel gesagt werden können. Doch es ist genug jetzt. Wir sprechen über dies und das und genießen einen wunderbaren Abend. Als ich dann später ins Bett gehe, merke ich, wie gut mir dieses „Interview" getan hat. Ich durfte vom Herzstück meiner Reise erzählen. Obwohl ich sehr müde bin, liege ich noch eine Weile wach. Ich stelle mir alles genau vor, denke mich in meine kommenden Abenteuer hinein. Ich spüre riesengroße Vorfreude. Mit diesen Gefühlen schlafe ich ein.

4

Die Gespräche mit Andreas und Daniel haben vieles in mir ausgelöst. Ich habe mir am nächsten Tag immer wieder Zeit genommen, diese Begegnungen in mir wirken zu lassen. Dabei habe ich entdeckt, dass mich die Idee der „freudigen Erwartung an das Leben“ besonders bewegen kann. Wenn ich diese Worte in mir zum Klingen bringe, freue ich mich sofort. Ich habe das Gefühl, dass ich gesehen werde. Ich glaube daran, dass das Leben etwas mit mir vorhat und dass ich dazu geschaffen bin, etwas Gutes aus meinem Leben zu machen. Vielleicht hat das Leben in diesem Sinne auch eine freudige Erwartung an mich? Was könnte das sein? Ich denke nach und mir kommt diese eine Frage in den Sinn: „Kann ich ein Leben gestalten, welches Freude in die Welt trägt?“ Das ist ein wunderbarer Gedanke, ein Gedanke, der mich fröhlich in Bewegung bringt.

Nun bricht der dritte Tag meiner Tour an. Es ist 7 Uhr und ich sitze nervös beim Frühstück. Der Wetterbericht hat starken Regen angekündigt und ich weiß noch nicht, wie sich mein Fahrrad mit all dem Gepäck im Regen steuern lässt. Der Wetterdienst ändert übrigens ständig die Prognose: Mal soll es um 12 Uhr regnen, mal um 15 Uhr. Vielleicht fängt es auch früher an? Ich merke, dass ich hektisch werde und mein Frühstück nicht mehr genieße. Dabei wurde es so liebevoll von der Bäuerin vorbereitet, bei der ich übernachtet habe. Die freudige Erwartung ist dahin. Wie schnell das gehen kann, denke ich mir.

In diesem Moment halte ich inne. Was tue ich da eigentlich?, frage ich mich. Ist das nicht verrückt? Ich bin auf einer langen Radreise, da wird es garantiert auch einmal regnen. Dafür habe ich ja die Regenkleidung. Es kommt, wie es kommt. Was soll diese Hektik? Sie bringt gar nichts, nimmt mir nur die Freude weg. Jetzt muss ich lachen. Ich hole tief Luft und genieße den Obstsalat, das knusprige Brötchen, den Tee. Wetterbericht hin oder her. Ich schließe die Augen und stelle mir vor, wie ich fröhlich durch den Sonnenschein radle, dann hole ich in Gedanken meine Regenkleidung aus den Satteltaschen, ziehe sie an und radle ebenso fröhlich weiter. Und ich freue mich auf das Gefühl, das sich einstellen wird, nachdem ich diese Bewährungsprobe bestanden habe.

Dann öffne ich meine Augen, packe ruhig meine Sachen ein und fahre los. Ein warmer Frühlingsmorgen begrüßt mich und ich genieße die Sonne in meinem Gesicht. In diesem Moment bin ich glücklich. Das Glücksgefühl kommt einfach auf mich zu. Mir wird bewusst, wie wichtig es ist, in der Gegenwart zu leben. Natürlich ist es klug, in passender Weise vorzusorgen. Niemand fährt mehrere Wochen ohne Regenkleidung im Gepäck Fahrrad. Doch wenn ich diese Vorkehrungen getroffen habe, kann ich beruhigt sein, kann ich aus dem Vertrauen leben.

Während ich weiterfahre, denke ich an die Lilien auf dem Felde und die Vögel unter dem Himmel, von denen Jesus erzählt. Sie sorgen sich weder um ihre Nahrung, noch um ihre Kleidung oder um den nächsten Tag – Gott schenkt ihnen alles, was sie brauchen. Daran möchte ich mir ein Beispiel nehmen. Ich schaue mich um und ahne, wo hier bald die Blumen blühen werden. Ganz selbstverständlich wachsen sie. Und die Vögel sind schon längst da. Sie sind ja unsere ersten Frühlingsboten. Das ist für mich jedes Jahr aufs Neue ergreifend. Während ich darüber nachdenke, empfinde ich ein starkes Gefühl der Geborgenheit. Wie wunderbar wäre es, dieses Vertrauen immer zu spüren. Egal was geschieht, darauf zu vertrauen, dass da ist, was ich brauche. Ich denke, auch dies ist eine Sache der Übung – genau wie der dankbare und wertschät-

> Aufgabe: Ich werde Vertrauen in mein Leben einüben und beobachten, wie sich das anfühlt.

zende Blick auf das Leben. Ich bleibe stehen und schreibe einige Gedanken in mein Tagebuch.

Wie gut, dass mir meine Reise solche Einsichten schenkt. Wenn ich sie – wie jetzt gerade – am eigenen Leib spüre, sind sie derart intensiv, dass ich sie ganz gewiss in mein Leben aufnehmen kann. Ich bin so gespannt darauf, was ich alles noch erFAHREN werde.

Übrigens: Der Regen kam erst am Abend.

Pausen gehören dazu

5

Es ist Mittag. Ich fahre durch einen kleinen Ort in der Röhn. Hier ist allerhand los. Der Kindergarten ist zu Ende und die jungen Mütter und Väter holen ihre Kinder ab. Manche Kinder zeigen ihre Bastelarbeiten, andere weinen und wieder andere hüpfen neben ihren Eltern auf dem Gehweg nach Hause. Zwei Straßen weiter ist die Grundschule mit einem vergleichbaren Bild, nur sehe ich hier weniger Eltern und mehr Gruppen von Kindern, die ihren Heimweg alleine antreten. Und am Ortsausgang ein Altenwohnheim, einige Menschen sitzen auf einer Parkbank, ich lächle sie an und sie winken mir fröhlich zu.

Während ich dies alles wahrnehme, kommt mir der Gedanke, dass mir auf meiner Radreise in kürzester Zeit das gesamte Leben in all seinen Schattierungen begegnet: junge, alte, fröhliche, traurige, fitte, gebrechliche, geduldige, verärgerte, ... Menschen. Ich fahre an ihnen vorbei und sehe die verschiedenen Situationen wie in einem Film an mir vorüberziehen.

Nach einiger Zeit des Nachdenkens merke ich, dass ich mich verfahren habe. Na so etwas, denke ich. Und ich spüre, wie die Gelassenheit mich glücklich macht, die ich in diesem Augenblick erlebe. Ich fahre also den Weg wieder zurück. Ich freue mich sogar irgendwie darüber, denn ich sehe all die Situationen wieder, die mich zu meiner Erkenntnis gebracht haben – nur einige Minuten später. Das Bild am Altenwohnheim ist vergleichbar, die Menschen auf der Parkbank sitzen noch da, schauen auf und rufen: „Oh, schon wieder da?" „Ja, ich habe mich verfahren, aber das macht nichts", erwidere ich fröhlich. Und sie lachen mit mir. Ich frage mich in diesem Moment, was diese Menschen wohl schon alles in ihrem Leben erlebt haben. Ob sie oft darüber nachdenken und sich dann austauschen, wenn sie so zusammensitzen? Ein unglaublich reicher Schatz an Erfahrungen muss in ihnen wohnen, freudige wie traurige Situationen. Wie sie wohl mit diesen Lebenserfahrungen umgehen? An der Grundschule sehe ich nur noch vereinzelt Kinder, sie laufen alleine nach Hause, sind ins Gespräch vertieft, tauschen Sammelkarten. Am Kindergarten ist es wie leergefegt. Ja, das Leben ist im Fluss, denke ich. Was die Kinder wohl noch alles erleben werden? Ich würde so gerne allen Menschen, an denen ich vorbeikomme, von meinen Erfahrungen erzählen, von der Kraft der Wertschätzung und der Dankbarkeit.

Ich biege ab, meinem heutigen Tagesziel entgegen. Mein neuer Gedanke fasziniert mich noch den ganzen Tag und ich verinnerliche ihn. Immer wenn ich an einer entsprechenden Szene vorbeikomme, sage ich: „Hallo Leben!", mal lauter, mal leiser. Unglaublich, wie ich an einem Tag so vielen Schattierungen des Lebens begegnen kann. Oft denke ich an Erfahrungen und Begegnungen meines eigenen Lebens. Mir wird bewusst, wie jeder Lebensabschnitt sein eigenes Tempo, seine eigenen Chancen und Herausforderungen, seine eigenen Prioritäten besitzt.

Menschen, denen ich begegne, werden zu einem Teil meiner Welt.

Ob die Menschen ahnen, dass sie in diesem Moment zu einem Teil meiner Welt werden?

Ich habe noch etliche Kilometer vor mir. Ich genieße die Natur und das Nachdenken. Die Rhön bietet hierzu viele wunderbare Plätze an. Kein Wunder, dass ich auch am Liebesweg vorbeikomme. Dieses Foto muss sein – es zeugt von meinem Herzensprojekt, zu dem ich aufgebrochen bin.

Der Poppenhausener Liebesweg – Sinnbild für mein Herzensprojekt!

6

Heute werde ich in der Gegend von Schweinfurt von einer fröhlichen Gastgeberin begrüßt, einer Mutter von Zwillingen, die in die dritte Klasse gehen. Ich fühle mich herzlich empfangen und schaue mir das schöne Zimmer mit eigenem Bad an. Auch Extrawünsche sind kein Problem, z.B. eine Kanne heißes Wasser für meinen Tee. Ich genieße das muntere Spiel der beiden Jungs vor dem Haus und wechsle auch einige Worte mit ihnen. Wie viel Energie in Kindern steckt, wie viel Eifer, Freude und Tatendrang, das wird mir an den Jungs deutlich. Ich genieße meine Zeit nach der erfrischenden Dusche und komme mit Andrea, meiner Gastgeberin, ins Gespräch.

Nachdem ich ihr einiges über meine Tour berichtet habe und auch von meinem früheren Beruf als Grundschullehrerin, erzählt sie mir, dass sich ihre Jungs schulisch oft nicht verstanden fühlen. „Klar, die beiden machen manchmal Quatsch und haben immer neue Ideen im Kopf, aber sie sind aufgeweckt und liebenswert, das wird leider oft übersehen." Ich schaue den beiden im Garten beim Fußballspielen zu und kann die Gefühle von Andrea sehr gut nachempfinden. „Immer steht in den Heften, was sie angestellt haben und in welchen Bereichen sie sich verbessern sollen. Ich vermisse, dass sie in all ihren Gaben gesehen werden." Ich schlucke. Im Grunde geht es hier um die dritte meiner Tagesaufgaben, die sich gerade Lehrende immer neu vor Augen führen sollten: andere – in diesem Falle Schülerinnen und Schüler – in ihren Gaben und Talenten zu sehen und diese ans Licht bringen zu wollen. Das ist eine sehr verantwortungsvolle Aufgabe. „Stell dir vor", sagt Andrea, „die beiden haben zwar in den einzelnen Fächern unterschiedliche Noten, aber in dem Bericht, der zusätzlich im Zeugnis steht, sind wortwörtlich identische Texte verwendet worden. Als ob es ein Kind wäre, nicht zwei

Individuen. Wie kann das sein? Sie sind doch unterschiedliche Kinder. Das macht mich sehr traurig." Oh, das kann ich sehr gut verstehen. Vermutlich blicke ich in diesem Moment ratlos drein, vielleicht sogar entsetzt. Ich denke darüber nach, was ich Andrea raten kann. Wie oft geht es uns im Alltag ähnlich. Wir nehmen uns keine Zeit, einen Mitmenschen wirklich kennenzulernen, schauen ihn nur oberflächlich an, urteilen vorschnell. In Andreas Beispiel sieht man dann, welch negative Konsequenzen das haben kann – für alle Beteiligten, zuallererst aber für die Kinder. Es ist so wichtig, dass wir immer versuchen, erste und pauschale Urteile zu revidieren, dass wir jeden Tag neu auf einen Menschen zugehen, den wir längst zu kennen glauben.

„Klar", sagt Andrea und weckt mich aus meinen Gedanken auf, „die Lehrer stehen auch unter Zeitdruck, wahrscheinlich besonders vor den Zeugnissen, und sie verwenden in diesen Berichten vermutlich vorbereitete Satzbausteine, vielleicht hat die Lehrerin es nicht einmal bemerkt. Ich glaube auch, dass sie es gut meint, sonst hätte sie diesen Beruf ja nicht gewählt, und ihr Unterricht ist sicher kindgerecht gestaltet. Trotzdem darf das meines Erachtens nicht passieren." Andrea berichtet mir, dass sie sich immer wieder bewusst Zeit für jeden Einzelnen der beiden Jungen nehme. Und dass sie in diesem Zusammensein so vieles über die individuellen Begabungen und Talente, Wünsche und Sehnsüchte erfahre, die sie dann individuell zu fördern versuche. Die beiden haben zum Beispiel unterschiedliche sportliche und musikalische Talente, sie lesen verschiedene Bücher und hören unterschiedliche Musik. Wie hilfreich und ermutigend wäre es, wenn die Kinder diese individuelle Förderung auch in der Schule erleben würden.

Letztlich kann ich Andrea nur bestärken, ihren Weg weiter zu gehen. Wichtig wäre sicher ein offenes Gespräch mit der Lehrerin. Ich finde es sehr bemerkenswert, wie differenziert Andrea die Situation sieht. Sie macht der Lehrerin als Person keine Vorwürfe, aber

Aspekte ihres professionellen Handelns sind zu hinterfragen – völlig zu Recht. Meines Erachtens ist das ein geeigneter Ansatzpunkt, der dem Gegenüber trotz der kritischen Worte Wertschätzung schenkt. Und ich mache Andrea Mut, diesen Schritt zu wagen und dabei bewusst ihrer wertschätzenden Haltung treu zu bleiben.

Wieder alleine, denke ich darüber nach, wie es wäre, wenn die Jungs bei Brian Unterricht hätten, dem Schulleiter aus Neuseeland, den ich in der ersten Geschichte erwähnt habe. Ihm war es das größte Anliegen, die Talente und Begabungen jedes einzelnen jungen Menschen zu fördern. Ich sehe die beiden Jungs mit Brian vor mir, in bester Laune in schulische Aufgaben vertieft. Oh ja, das ist einer meiner Träume, dass Kinder und Jugendliche so gesehen werden. Brian sagte mir sehr eindrücklich bei meinem Besuch an seiner Schule: „Ich sehe jeden Menschen als Gottes Geschöpf, in das Gott Talente und Gaben gelegt hat. Jeder Mensch trägt darüber hinaus unzählige Lebenserfahrungen in sich, dazu auch viele Lebensfragen. In jedem Menschen steckt ein ganzes Universum von Besonderheiten und Kostbarkeiten, auch schon in den Kindern, na klar. Das macht jede Begegnung einmalig. Wenn ich in diesem Bewusstsein Menschen gegenüberstehe, dann verändert das etwas in mir."

Ich übe heute die Haltung ein, in jedem Menschen ein einmaliges, wertvolles Geschöpf Gottes zu sehen, ausgestattet mit zahlreichen Gaben und Talenten.

Diese Haltung ist für beide Seiten enorm bereichernd, das wird mir heute wieder bewusst.

7

Mies van Hout, Heute bin ich. Zürich: aracari Verlag 2012

Vor ein paar Jahren habe ich ein Bilderbuch in einer kleinen Buchhandlung entdeckt, das mich sofort in seinen Bann gezogen hat. Es heißt „Heute bin ich …“, ist geschrieben und illustriert von Mies van Hout, und es zeigt einen Fisch, der auf jeder Seite des Buches ein bestimmtes Gefühl darstellt. Wir treffen ihn ängstlich, traurig, besorgt, wütend, fröhlich, beschwingt, mutig oder verliebt an. Viele weitere Gefühle werden dargestellt. Das Faszinierende ist, dass der ganze Fisch dieses eine Gefühl lebt, bis in jede einzelne Schuppe hinein bringt der Fisch sein aktuelles Gefühl zum Ausdruck. Er wird voll und ganz von diesem Gefühl bestimmt – oder bestimmt er sein Gefühl? Jedenfalls sind Fisch und Gefühl eine Einheit. Die ausdrucksstarken, leuchtenden Farben und großformatigen Bilder transportieren diese Einheit auf eindrückliche Weise.

Der Einfluss der aktuellen Stimmung auf den ganzen Körper ist bekannt, und doch bringt das Bilderbuch dieses Zusammenspiel so eindrücklich ins Bewusstsein, dass ich immer wieder daran denke, wenn ich entsprechende Situationen erlebe. Heute ist es wieder einmal soweit. Wo fange ich am besten mit dem Erzählen an? Oh ja, an dieser Stelle:

Ich fahre schon eine Weile auf einem Rad- und Wanderweg. Er führt durch Wälder und Felder, ist für den Durchgangsverkehr gesperrt, und darum kann ich mich ganz auf meine Eindrücke und Gedanken auf dem Weg konzentrieren. Ich freue mich und bin ganz bei mir. Manchmal sehe ich auch Waldtiere, die sich allerdings nur kurz zeigen und dann wieder verschwinden. Ein wunderschöner Morgen.

Auf einmal wird diese Ruhe unterbrochen. Ich höre von hinten ein Auto herankommen. Ich fahre rechtzeitig an die Seite, warte dort, bis das das Auto an mir vorüber ist und sich der Staub, den es aufwirbelt, wieder gelegt hat. Wohin der Fahrer wohl unterwegs ist? Das Kennzeichen verrät mir, dass er nicht aus dieser Region stammt. Vielleicht hat er sich verfahren? Ist die Situation möglicherweise unangenehm für ihn?

Ich erinnere mich in diesem Moment daran, wie meine Kinder und ich schon einmal mit Auto und Pferdeanhänger unbemerkt von meinem geplanten Weg abgekommen waren und mitten in einem Dorffest landeten. Rechts und links Verkaufsstände, es wurde immer enger, wir wussten nicht, was wir tun sollten, und hätten uns am liebsten in Luft aufgelöst. Niemand schien von uns Notiz zu nehmen, das war ein merkwürdiges Gefühl, bis ein freundlicher Mann auf unser Autokennzeichen blickte, mich nach meinem Weg fragte und mich Zentimeter für Zentimeter auf eine Straße lotste, die dem Pferd und uns die Befreiung brachte. Ich bedankte mich von ganzem Herzen, und mein Lotse schien sich zu freuen, dass er uns helfen konnte.

Die Gefühle von damals erfreuen mich in diesem Moment. Wie schön, wenn hilfsbereite Menschen dir begegnen, denke ich. Da höre ich auf einmal Geschrei und ich werde in die Gegenwart zurückgeholt. Das Auto, das Anlass meines Nachdenkens war, ist von Wanderern gestoppt worden, die den Fahrer anschreien und ihm zu verstehen geben, dass er hier nicht fahren dürfe. Offenbar eskaliert die Situation, denn jetzt werden die Gesichter der Wanderer feuerrot. Der Fahrer schreit zurück und fährt ruckartig an, dabei wirbelt er deutlich mehr Staub auf als zuvor. Die Gesichter der Wanderer färben sich noch intensiver rot, sie schimpfen lautstark, während ich an ihnen vorbeifahre und schon gar kein Auto mehr zu sehen ist.

Da denke ich an das Bilderbuch. Oh ja, das Gefühl hat die Wanderer voll im Griff. War das nötig? Gewiss nicht. Und gesund ist dies für die Wanderer sicher auch nicht.

In diesem Moment bin ich dankbar: dass die Besucher des Straßenfestes damals so gelassen und hilfsbereit reagierten und dass mir heute wieder einmal bewusst wird, welche Kraft unsere Emotionen haben. Sie können uns beherrschen und uns und anderen schaden – oder wir setzen sie bedacht ein zu unserem eigenen Wohl und dem Wohlergehen anderer. Rücksichtnahme und Hilfsbereitschaft kosten nichts, doch wenn wir uns darin üben, schenken wir uns und anderen so viel.

Welche Situationen kann ich heute mit Nachsicht, Gelassenheit und Humor gestalten? Welche Reaktionen löse ich aus? Wie fühlt sich das in mir an?

Daran erinnere ich mich immer wieder auf meiner Tour. Anlässe gibt es genügend – nicht nur heute.

Nanu? Wie kann ich dir helfen?

8

Heute bin ich unterwegs nach Markt Erlbach; diese Gemeinde liegt bei Neustadt an der Aisch. Dort wohnt Sigi mit ihrer Familie. Mit Sigi war ich in einer Schulklasse, wir haben zusammen Abitur gemacht. Sigi war während der Schulzeit meine beste Freundin, ich war gerne mit ihr zusammen. Auch wenn wir gar nicht so viele gemeinsame Hobbies hatten, konnten wir viel miteinander anfangen. Der Glaube hat uns auf jeden Fall verbunden.

Und wie das so ist: Wir haben Abitur gemacht, und unsere Wege haben sich getrennt. Jede von uns hat eine Familie gegründet, der Alltag hat uns in Beschlag genommen, wir haben neue Freunde in unserem Umfeld gewonnen – und so gerät die beste Freundschaft leider manchmal aus dem Blick. Vor zwei Jahren hat Sigi mich zu ihrem 50. Geburtstag eingeladen und ich musste wegen einer Schulterverletzung kurzfristig absagen. Aber jetzt mache ich es wahr. Endlich. Vielleicht kann unsere Freundschaft wieder aufblühen? Gibt es diese Chance noch nach so vielen Jahren? Ich bin sehr gespannt.

Zunächst aber werde ich in Neustadt an der Aisch einen Fahrradladen aufsuchen und mir neue Reifen zulegen. „Marathon Plus" ist angesagt. Die Radwege sind teilweise so steinig und holprig, dass meine Tourenreifen nicht wirklich geeignet sind. Gerade eben bin ich durch ein Waldstück geführt worden, das viele spitze Steine auf den Wegen hatte. Das hätte zum Verhängnis werden können. Jetzt bin ich wieder auf einem Feldweg angekommen, und ich habe sogar guten Handyempfang. Ich muss schauen, wer mir hier einen Service anbieten kann. Ah, super, da liegt ein Radladen direkt an meiner Route, nur noch 10 min Fahrt. Ein kurzer Anruf bei „Zweirad Hofmann" genügt: Ich darf kommen und erhalte prompt neue Reifen zum Sonderpreis.

„Eine solche Tour muss doch unterstützt werden", sagt der Inhaber und schickt mich in ein Café, während sein Team die Arbeit für mich erledigt. Welch ein Service. Herzlichen Dank!

Jetzt aber zu Sigi: Es geht einige steile Passagen bergauf, und schon bin ich in Markt Erlbach angelangt. Hier wohnt sie also. Ich schaue mich um. Meine Spannung steigt. Ich folge meinem Navi und stehe bald vor der Tür. Mein Herz klopft – ziemlich laut. Mutig drücke ich auf die Klingel.

Die Tür öffnet sich und wir beide kreischen vor Freude und fallen uns in die Arme. Ist das schön. Jetzt mustern wir uns, schauen uns lange ins Gesicht und betrachten uns von oben bis unten. „So lange nicht gesehen und gleich wiedererkannt", ruft Sigi und wir prusten vor Lachen. Sigis jüngster Sohn, Joel, schaut nach uns und schüttelt den Kopf. Dabei grinst er. Ich wette, er findet uns ein wenig albern. Ich stelle mich vor und erkläre ihm, warum wir so aus dem Häuschen sind. Er weiß es schon lange, seine Mama war genauso aufgeregt, meint er, doch jetzt habe die Aufregung ja glücklicherweise ein Ende. Wir lachen wieder. Sigi zeigt mir das Haus. Wunderschön und sehr praktisch eingerichtet. Fünf Kinder hat Sigi mittlerweile und jedes einzelne Kind hat seine individuelle Geschichte. Wie das eben so ist. Joel begeistert mich. Er ist so offen und warmherzig, dazu mit Humor und Witz gesegnet, und ich beglückwünsche Sigi zu diesem Sohn. Joel zieht sich um und wird zum Fußballtraining abgeholt. Langeweile kommt bei fünf Kindern nicht auf. Nun kommen Raphael und David nach Hause. Große, höfliche, genauso offene Jungs wie Joel. Ich freue mich.

Claus, Sigis Mann, trifft etwas später ein. Er war dienstlich unterwegs. In meinen Augen hat er sich überhaupt nicht verändert und auch mit ihm gelingt ein vertrautes Verhältnis sehr schnell. Mich fasziniert dieses Phänomen. Unsere Lebenswege sind so unterschiedlich verlaufen, wir haben uns knapp 30 Jahre lang nicht gesehen, und in kürzester Zeit sind wir vertraut – als wären wir gestern zusammen noch zur Schule gegangen.

Aber es ist in Wirklichkeit viel Zeit vergangen und unsere Leben sind unterschiedlich verlaufen. Mich interessiert, wie es Sigi ergangen ist. Claus ist beruflich sehr viel unterwegs, da war Sigi oft ausschließlich für die Kinder da. Bei fünf Kindern, denen man vieles mit auf den Weg geben möchte, ist das ein Kunststück für sich. Sigi erzählt von Freuden und Schwierigkeiten auf ihrem Weg und sie ist überaus fasziniert von meiner Tour. Ich spüre, dass sie all die Jahre kaum Zeit hatte, ihren eigenen Träumen nachzugehen. Mittlerweile sind die Kinder aber größtenteils selbstständig, die zwei Großen, Johannes und Debora, wohnen schon nicht mehr zu Hause. Da blickt für Sigi an der einen oder anderen Stelle durchaus wieder ein wenig eigener Spielraum durch. Aber wie könnte sie diesen füllen?

Wir diskutieren über alles Mögliche, während Claus und die Jungs Fußball schauen. Ich finde es fantastisch zu hören, wie sich Sigi in ihre Kinder einfühlt, wie sie mit ihnen mitfühlt, ohne dass sie ihre Kinder überbehüten würde. Im Gegenteil: Schon der Jüngste, der jetzt in der 5. Klasse ist, zeigt sehr viel Selbstständigkeit und Verantwortungsbewusstsein. Die Art und Weise, wie Sigi ihre Mutterrolle ausfüllt, sehe ich als eine große Stärke und ein Geschenk für ihre Kinder. Doch da ist noch etwas, das mich fasziniert: Sigi schmiedet Pläne. Sie berichtet mir, welche Ideen sie für eine eigene Veränderung entwickelt hat und welche Schritte sie unternehmen möchte, um herauszufinden, was das Beste für sie ist. Es herrscht Aufbruchstimmung. So ist es gut, finde ich. Claus kommt irgendwann zu uns und ist überrascht von unserem langen Gespräch. Nicht nur, dass wir fleißig diskutieren, zwischendurch haben wir auch Dehnübungen auf dem Boden gemacht und die Faszienrollen getestet. „Wir brauchen noch ein bisschen“, ruft Sigi. „Okay, dann lasse ich euch und gehe schon ins Bett. Gute Nacht", gähnt Claus und zwinkert Sigi liebevoll zu.

Es wird noch ein langer, wunderschöner Abend. Die Nacht ist kurz und der Kaffee am nächsten Morgen stark. Sigi und ich essen unser Müsli und unterhalten uns weiter. „Das ganze Volk ist schon aus dem Haus", sagt sie und lacht. Sigi überlegt: „Ich habe Zeit, komm, ich begleite dich ein Stück auf deinem Weg." Wir räumen die Küche auf und packen unsere sieben Sachen. Dann radeln wir los. Zum nächsten, übernächsten und wieder nächsten Ort. Hier ist eine Stelle, an der ich mich hätte verfahren können, weiß Sigi. Das ist der Platz zum Abschiednehmen. Sie hat ein echtes Talent, Menschen auf einen guten Weg zu führen, denke ich bei mir. Wir umarmen uns und machen ein Abschiedsfoto. Ohne lange Szenen, wie Joel sagen würde, trennen wir uns und fahren unseren eigenen Weg weiter. Jede in ihre Richtung. Doch wir wissen: Es wird keine 30 Jahre dauern, bis wir uns wiedersehen. Gott sei Dank! Und schon kullert die eine oder andere Träne über meine Wangen.

Welche Menschen möchte ich gerne einmal wiedersehen, die mir viel bedeuten, die ich aber aus den Augen verloren habe?

Abschiedsfoto mit meiner Schulfreundin Sigi

9

Jetzt bin ich wieder alleine nach meinen ersten Kilometern mit Sigi. Heute bin ich zum Kloster Plankstetten unterwegs. Die Etappe von Markt Erlbach aus ist über 100 km lang. Heute früh habe ich überlegt, welche Route ich eigentlich wähle. Ich habe mir nämlich vor meiner Tour mehrere Apps heruntergeladen, die mich nun auf meinem Weg unterstützen können. Interessanterweise zeigen sie mir fast nie identische Routen an. Es führen immer verschiedene Wege zum Ziel, und diese Wege sind unterschiedlich beschaffen. Ich kann also nach meinen Vorlieben auswählen: Möchte ich es länger oder kürzer, mehr Feld- oder Waldwege, flacher oder mit Anstiegen versehen, fast immer gibt es mehrere Optionen. Allerdings kann ich mich auf die Angaben nie wirklich verlassen. Da ist es gut, aufmerksam zu sein, die Landkarte zu studieren, eigenständig Wege zu erkunden. Ich kann dann meine Wünsche und Vorlieben noch besser berücksichtigen und fühle mich nicht einfach den Vorgaben ausgeliefert. Ich weiß so auch, wo ich eigentlich gerade entlangfahre und was es in diesem Gebiet alles zu entdecken gibt. Selbstverständlich sind auch dann Überraschungsmomente dabei, und das ist gut so.

Nun habe ich den Main-Donau Kanal erreicht, den ich eine ganze Weile entlangfahren werde. Ich setze mich auf eine Bank und schaue auf das Wasser. Ich bin sehr dankbar, den Weg bis hierher gut gefunden zu haben, hole mein „Pausenbrot" aus den Satteltaschen und genieße es. Da fährt ein Schiff an mir vorbei, jemand winkt und ich winke zurück. Wer ist es, der mir da zuwinkt? Wo wohl das Ziel seiner Fahrt liegt?

Da kommt mir der Gedanke, dass meine Erfahrungen mit der Navigation auf meiner Tour auch für unsere Navigation durch das Leben gelten. Auch durch unser Leben können wir uns navigieren lassen. Da gibt es ganz unterschiedliche Möglichkeiten. Viele „Navigationsprogramme" sind auf dem Markt. Sie unterscheiden sich beträchtlich voneinander. Und doch versprechen so viele ein glückliches oder mindestens sorgenfreies Leben. Sind wir uns dessen bewusst, wer oder was uns wohin navigiert? Ich schmunzle. Wieder so eine Situation, die mir eine Erkenntnis bringt.

Ich denke gerade an Modetrends, Ernährungsprogramme und an Lebensratgeber, die in Fülle auf dem Buchmarkt und im Internet verfügbar sind. Ebenso sind Freizeitangebote auf ihren navigierenden Charakter hin zu überprüfen und ganz zentral natürlich die schulische, betriebliche und universitäre Ausbildung. Selbstverständlich sind auch religiöse Angebote zu nennen. Eine ganz besondere Wegweisung. Auch hier ist das Angebot an Navigationsprogrammen groß.

Sind wir uns eigentlich immer im Klaren darüber, dass eine eigenständige Lebensgestaltung, eine eigenständige Navigation möglich ist? Dass wir unsere Wege selbst wählen können? Dass wir auch die Art und Weise, wie wir diese Wege gehen, gestalten können? Natürlich sind wir auf Orientierungen und Hilfen angewiesen und nicht alles ist jederzeit frei wählbar. Doch es ist enorm hilfreich und geradezu befreiend, sich der eigenen Spielräume bewusst zu werden und diese in die Lebensgestaltung einzubeziehen.

Ich kann hier gewiss keine Patentlösungen anbieten. Eine Schülerin, der ich von meiner Radreise erzählt hatte, sagte mir: „Grenzen sind nur in unserem Kopf vorhanden. Ihre Radreise ist das beste Beispiel dafür." Ich wunderte mich über diese Aussage und fragte nach. Da sagte sie: „Sie haben nicht erzählt, wie anstrengend das werden wird. Sie haben auch nicht erzählt, dass es gefährlich sein kann. Sie haben nichts davon gesagt, dass sie Angst haben, einsam zu sein. Stattdessen haben sie gesagt, dass es eine einmalige Chance ist. Sie haben uns Mut gemacht, unsere eigenen Träume anzupacken. Sie haben betont, wie dankbar Sie sind, dass Ihre Familie Sie unterstützt. Und Sie haben gesagt, dass Sie sich sicher sind, dass Sie mit tollen Erfahrungen und Eindrücken zurückkehren. Ich glaube, es kann gar nicht anders kommen." Ich war sprachlos.

Welcher Weg ist MEIN Weg?

In der Tat: Wir müssen einfach den Mut haben, einen anderen Weg zu gehen, UNSEREN Weg.

Ich glaube, Sigi hat ihren Lebensweg sehr eigenständig gewählt und gestaltet. In dieser Bewusstheit konnte sie mit den Herausforderungen auf ihrem Weg umgehen. Den Lebensweg in wertschätzender und dankbarer Haltung zu gehen, darauf kommt es an. Ich bin der Überzeugung, dass die drei Fragen, denen ich jeden Tag nachgehe, mein individuelles Navi darstellen. Und ich freue mich auf die Wege, die ich in dieser Haltung auf meiner Tour noch erkunden werde.

Das ist so spannend: Mein Blick auf mein Leben vertieft und schärft sich jeden Tag. Schon jetzt erkenne ich die Spuren meiner Reise in meinem Inneren deutlich. Was da wohl alles noch kommen wird?

Ich werde heute und in den folgenden Tagen ganz bewusst auf die Wege achten, die ich fahre. Ich werde die Weggabelungen betrachten, die immer wieder ein schönes Bild für die Weggabelungen in unserem Leben sind. Ich freue mich auf viele „Weg-Bilder", die ich mit meinem Fotoapparat einfangen werde. Dann radle ich doch gleich mal weiter …

10

Heute ist mein erster Ruhetag. Ich bin im Benediktinerkloster Plankstetten angekommen und genieße diesen Tag in vollen Zügen. Welch eine Wohltat. Ich streife durch die Natur, ruhe viel aus, nehme an den Gebetszeiten teil, lasse die vergangenen Tage Revue passieren. Zu den Mahlzeiten sitze ich am Tisch für Einzelgäste. Das ist spannend, weil ich da immer neuen Menschen begegne.

Mir sitzt eine Frau gegenüber, die eine besondere Ausstrahlung besitzt. So nehme ich es jedenfalls wahr. Sie wirkt auf mich aufmerksam und irgendwie freudvoll. Das kann ich nicht von allen behaupten, die ich hier sehe. Gewiss, ich weiß selbstverständlich nicht wirklich, was in einem Menschen vorgeht, wenn ich sein Äußeres sehe, aber ich kann sagen, dass es sehr unterschiedliche Weisen der Ausstrahlung gibt, die ich spüre.

Ich schaue erneut zu der Frau, und unsere Blicke begegnen einander. „Sind Sie auch zum Kräuterkurs hier?“, fragt sie mich – als hätte sie gemerkt, dass ich gerne mit ihr in ein Gespräch eintreten möchte. „Nein, ich habe heute einen Ruhetag auf meiner Radtour, deshalb bin ich hier. Morgen fahre ich schon wieder weiter“, entgegne ich. Und noch bevor sie eine Rückfrage an mich richten kann, fahre ich fort: „Das ist ja interessant, ein Kräuterkurs? Das würde meinem Garten auch guttun.“ Und ich denke an mein Kräuterbeet zu Hause, das – wenn ich es freundlich ausdrücken möchte – mit allerlei Wildkräutern bewachsen ist, die meiner Fürsorge dringend bedürfen. „Ja, es geht darum, wie ein Kräutergarten am besten angelegt werden kann und wie ich die einzelnen Zonen bepflanze. Interessiert Sie das auch?“ Diese Rückfrage gefällt mir. An unserem Tisch sitzen weitere Gäste, die sich – wie soll ich sagen – im Grad der Aufmerksamkeit für unser Gespräch unterscheiden. Zu meiner Rechten sitzen zwei Frauen einander gegenüber, die in ihrer Zweisamkeit verweilen.

Angekommen – im Kloster Plankstetten

Ich spüre, dass sie wenig Anteil nehmen an unserem Gespräch. Das wird gute Gründe haben, ich kenne und verstehe das durchaus. Dann schottet man sich innerlich ab, und diese Haltung ist im Außen spürbar. Und zu meiner Linken sitzt ein Ehepaar einander gegenüber, das sich offenbar für das Gespräch interessiert und uns freundliche Blicke zukommen lässt. Ich empfinde es in diesem Moment als ungemein bereichernd, die verschiedenen Haltungen an unserem Tisch zu erspüren. Ich blicke Barbara an, die sich mittlerweile vorgestellt hat und auf meine Antwort wartet: „Na klar, erzählen Sie davon. Ich mag Kräuter gerne, aber über die Frage mit den Zonen weiß ich ehrlich gesagt gar nichts." Nun legt Barbara los mit ihren Ausführungen, und ich bin sehr überrascht, welch großer Wissensschatz und welch ungeahnte Leidenschaft erkennbar werden. Je mehr ich zurückfrage, desto detaillierter legt mir Barbara ihre Kenntnisse dar. Zwischendurch fragt sie auch nach meiner Radreise und integriert mein Thema sofort in ihre Ausführungen. Sie erzählt, sie sei jetzt im Ruhestand und genieße es, ihrem Hobby nachzugehen. Sie wolle einen Beitrag dazu leisten, dass die Natur erhalten bleibe, dass Schönheit sowie Reichtum der Natur zur Geltung kommen, auch das habe mit Wertschätzung zu tun. „Manche unternehmen Reisen in ferne Länder, ich für meinen Teil genieße es, in meinem Garten zu arbeiten und immer mehr in dieses Thema einzutauchen. Das hört sich jetzt vielleicht übertrieben an, aber es ist ein Traum für mich in Erfüllung gegangen." Barbara lacht. „Sie leben doch auch Ihren Traum, oder? Wer macht sich denn sonst auf einen so langen Weg mit dem Fahrrad?" Ich nicke und freue mich, dass Barbara meine Reise auf diese Weise anerkennt. Jetzt schaltet sich das Ehepaar zur Linken ein. Die Frau, Irene ist ihr Name, sagt: „Mir hat einmal ein Mönch diesen Satz gesagt und ich finde, er passt hier sehr gut: ‚Die Welt wird reich und bunt durch Menschen, die lieben, was sie tun.' Daran musste ich die ganze Zeit denken." Welch schöne Aussage und welche große Wertschätzung, die Irene mit ihren Worten zum Ausdruck bringt. „Das ist ein wunderschöner Satz, vielen Dank", sage ich. Und ich fertige gleich eine kleine Tagebuchnotiz an.

„Die Welt wird reich und bunt durch Menschen, die lieben, was sie tun."

Irene ergänzt: „Ich arbeite als Krankenschwester, und dieser Satz hat mir schon oft geholfen, Patienten daran zu erinnern, dass es mehr gibt als ihre Krankheit. Und ob Sie es glauben oder nicht, es macht viel mit Menschen, wenn sie ihren Träumen und ihren Sehnsüchten nachgehen. Sie konzentrieren sich nicht mehr nur auf ihre Krankheit. Sie werden schneller gesund." Ich betrachte sie sehr interessiert. „Wirklich?", frage ich. Sie nickt. „Wie großartig. Das ist ein echtes Geschenk, dass Sie an diesem Ort arbeiten." Irene freut sich. Ihr Mann fragt, ob er ein Erinnerungsfoto von uns dreien machen dürfe. Und schon ist es im Kasten.

Anschließend lassen wir das Gesagte in uns wirken und genießen den Nachtisch. Die beiden anderen Frauen verlassen nun den Speisesaal, wir aber sitzen noch eine Weile zusammen und tauschen uns angeregt aus. Immer wieder staune ich, was sich alles entwickeln kann, wenn Menschen interessiert aufeinander zugehen. Ich möchte künftige Situationen bewusst in dieser Weise gestalten und beobachten, was sich daraus ergeben wird.

Der Weg in Barbaras Garten:
www.im-gartenreich-jimdo.com

An diesem Abend liege ich noch lange wach. Immer wieder lasse ich meine Eindrücke vor meinem inneren Auge hin- und herziehen. Da kommt mir die Idee, in Barbaras Garten einzutreten …

11

Schon im Gespräch mit Andreas war der Begriff „Traum“ aufgetaucht, auch Barbara hat von ihrem Traum gesprochen und in Irenes Worten ging es ebenfalls um Träume.

Im Kontrast dazu erinnere ich mich an Gespräche, in denen mein Gegenüber die Anfrage stellte, ob ein Traum überhaupt Realität werden könne, d.h., ob ein Traum etwas sei, das man lediglich ersehnen könne, aber zu groß, um tatsächlich gelebt zu werden – und ob eine andere Bezeichnung, wie etwa Wunsch, Zielvorstellung oder dergleichen nicht passender wäre.

Für mich persönlich ist der Begriff „Traum“ eine ausdrucksstarke Bezeichnung. Doch gleichzeitig komme ich ins Nachdenken. Und so nutze ich die wunderbar ruhige Nacht zu einer Recherche.

Der Duden geht von drei Möglichkeiten aus, das Wort „Traum“ zu verstehen:

1. Ein Traum kann als eine Abfolge von Vorstellungen, Bildern, Ereignissen und Erlebnissen verstanden werden, die sich im Schlaf ereignen. Ich ergänze: oder in einem schlafähnlichen Zustand, wenn man an etwas denkt und „abwesend" ist.

2. Ein Traum kann auch als ein sehnlicher, aber unerfüllter Wunsch verstanden werden: „Das wäre mein Traum!"

3. Das Wort „Traum" wird im Duden auch als eine umgangssprachliche Bezeichnung für etwas traumhaft Schönes bezeichnet, für eine Person, eine Sache, ein Ereignis, das wie die Erfüllung geheimer Wünsche erscheint, aber real ist.

Des Weiteren habe ich beim Recherchieren eine Vielzahl von Erfahrungsberichten und Hinweisen darauf gefunden, wie eigene Träume verwirklicht werden können. Es waren so viele, dass ich mich gefragt habe, ob der Begriff nicht derart inflationär gebraucht wird, dass ich aus diesem Grunde einen anderen suchen möchte.

Übrigens ist mir bei der Recherche auch die Frage begegnet, ob man ohne Träume leben kann. Träume werden dabei als so essenziell angesehen, dass ihr Fehlen ein erfülltes Leben behindert.

Dies ist meines Erachtens die weitaus spannendere Frage bzw. Erkenntnis. Das Wort an sich könnte ich gerne durch ein anderes Wort ersetzen, wenn mir eines einfiele, aber die Tatsache, wie belebend und bereichernd Träume sein können, das ist mir auch im weiteren Verlauf meiner Tour so wichtig geworden und das habe ich so sehr am eigenen Leib gespürt, dass ich diese Perspektive nach meiner Tour ganz sicher weiterverfolgen werde. Dazu gehört auch die Frage, was erfülltes Leben überhaupt bedeutet.

Während ich an diesem Buch schreibe und diesen Tagebucheintrag verarbeite, blicke ich selbstverständlich schon auf die abgeschlossene Tour zurück. Dabei entdecke ich, dass meine Erfahrungen tatsächlich alle drei vorgestellten Varianten des Wortes „Traum" vereint haben: Ich habe die Tour als etwas ersehnt, das meine bisherigen Erfahrungen sprengt (zweites Verständnis). Ob sich alles so realisieren lassen würde, das wusste ich nicht. Doch ich habe mir das Beste vorgestellt, d.h., ich habe mir immer wieder ausgemalt, wie es auf der Tour werden würde – das hat mich glücklich gestimmt und ich bin auch des Öfteren mit diesen Vorstellungen eingeschlafen. So kam es vermutlich, dass mir dieser Traum auch manchmal nachts begegnete (erstes Verständnis). Übrigens hatte ich nie einen Alptraum. Und schließlich habe ich dann während meiner Tour erlebt, wie meine Wünsche und Träume wahr werden können, und ich habe sogar erfahren, wie es sich anfühlt, wenn die Realität schöner und größer ist als jeder Traum, den ich zuvor träumen konnte (drittes Verständnis). Was kann es Besseres geben?

12

Nach meinem Ruhetag im Kloster fühlt sich heute die Fahrt sehr leicht an. Als hätte mein Körper ganz besondere Energie getankt. Ich spüre die Regeneration tief und wohltuend. Ich habe Kraft, in die Pedale zu treten. Gedanklich bin ich noch bei meinen Erlebnissen des gestrigen Tages, die ich immer wieder in mir bewege. Offenbar bin ich so in mich versunken, dass mich auf meiner Fahrt niemand anspricht. Das ist eine sehr interessante Erfahrung. Und ich komme zu dem Schluss, dass meine Begegnungen nicht zu unerheblichen Teilen von mir abhängen. Meine Offenheit oder Verschlossenheit ist demnach spürbar, sendet Signale aus. Na klar, wie bei den beiden Frauen gestern Abend, die sich nicht an unserem Gespräch beteiligt haben.

Schon kurz nach Mittag erreiche ich mein heutiges Etappenziel: Alteglofsheim bei Regensburg. Ich freue mich und bin gespannt auf die Familie, in der ich den Nachmittag und die nächste Nacht verbringen darf. Es ist die Familie meines Regensburger Unikollegen Michael. Ich melde mich von unterwegs telefonisch an und frage, ob ich auch jetzt schon kommen dürfe. „Ja klar", ruft es am anderen Ende fröhlich, „wir wollen gerade mit dem Mittagessen beginnen, komm einfach zu uns." Ich freue mich und folge den Hinweisen in das Wohngebiet. In der Garageneinfahrt treffe ich auf Joanna, die mir zuwinkt. Wie viele Kinder hatte die Familie nochmal? Fünf oder sechs? Jedenfalls viele. Da kommt auch schon Michael um die Ecke. „Hallo und willkommen, hier wohnen wir also." Michael hat mich eingeladen, bei ihm zu übernachten, bevor ich morgen meine erste Predigt im Gottesdienst in Regensburg halte. Wir begrüßen uns, und ich freue mich sehr, ihn zu sehen. „Komm! Das Essen steht auf dem Tisch." Wir begeben uns ins Haus und eine stattliche Tafel mit neun Essensplätzen ist vorbereitet. Die fünfjährige Joanna zeigt mir meinen

Platz. Um meinen Teller herum ist ein Kranz aus Wiesenblumen zur Begrüßung gelegt. „Für dich“, sagt sie. Ich bin angetan von der Atmosphäre, die ich gerade einsauge. Da ist diese Familie mit sechs Kindern, gefühlt jedes Alter ist vertreten, ich komme viel früher als angekündigt und werde so willkommen geheißen, als sei ich ein Ehrengast. Wie schön! Ich schaue mich um, während

Joannas Willkommensgruß für mich

alle zu Tisch kommen. Dorothee, die Mutter, wirkt fröhlich und gelassen. Ich werde von rechts am T-Shirt gezogen und Joanna sagt mit Blick auf die Blumenranken: „Das habe ich für dich gemacht.“ Ich freue mich riesig und sage, wie sehr mir mein Essplatz gefällt. Als Joanna ihren Teller leer gegessen hat, fragt sie: „Magst du einziehen? Wir haben noch ein Bett.“ Dorothee lacht. Jetzt fühle ich mich erst recht willkommen.

Nach dem Essen unternehmen wir eine Hausbesichtigung. Jedes Zimmer und jeder Schlafplatz hat eine individuelle Note. Überhaupt habe ich das Gefühl, dass hier jedes Kind in seiner Individualität geachtet und angesprochen wird. Ob das der Schlüssel zu dieser besonderen Familienatmosphäre ist? Es zieht mich wieder an den Tisch, ich möchte mehr erfahren. Jetzt erst, bei meinem Gang in die Küche, fällt mir ein schwungvoller Schriftzug auf: „Haben wir heute schon genug gelacht?“ Welch tolle Idee!

„Wie kriegt ihr das nur hin? Eure liebevolle Atmosphäre begeistert mich.“ Dorothee freut sich. Sie regelt noch kurz ein Anliegen eines Kindes, dann sagt sie: „Wir leben so, dass es allen gut tut.“ Ich beobachte Dorothee. Wie treffend, denke ich. Dorothee ergänzt: „Jedes Kind ist anders, jedes hat eigene Bedürfnisse, eigene Ideen vom Leben. Das will ich unterstützen.“ Natürlich beobachte ich, dass Dorothee die ganze Zeit in Aktion ist, und es ist quirlig um sie herum, aber sie macht einen lebensfrohen, in sich ruhenden Eindruck. Und während Dorothee Aurelius beim Abräumen seines Tellers hilft, frage ich kurzerhand: „Aber wie schaffst DU es, mit sechs Kindern und einem vielbeschäftigten Ehemann, so zu leben, dass es auch DIR gut tut?“ Dorothee setzt sich wieder an den Tisch. Nur noch wir drei Erwachsene sind hier. „Das ist wahrscheinlich die Schlüsselfrage“, sagt Dorothee, sie blickt mich überaus fröhlich an und schaut dann zu Michael. „Erstens unterstützt mich Michael, wo er kann. Und zweitens wissen alle, dass auch ich mein Leben habe und meinen Freiraum brauche. Ich darf auch mal für mich sein. Ich suche mir diese Zeiten im Alltag. Von Zeit zu Zeit darf ich auch ein paar Tage alleine in den Urlaub fahren. Irgendwie kriegen wir das immer geregelt. Denn alle wissen, dass ich das jetzt brauche. Ich darf auftanken.“ Das muss ich erst einmal in mir wirken lassen. Wie schön! Und wie wertschätzend! Dorothee merkt meine Nachdenklichkeit. „Du findest immer eine Lösung, wenn du es wirklich willst.“ Michael nickt und ergänzt: „Wir haben über die Jahre gelernt, immer danach zu fragen: ‚Was tut uns gut?‘ Und nicht: ‚Was gehört sich, wie machen das andere oder wie ist das üblich?‘ Das führt manchmal zu sehr kreativen Lösungen – und es macht Spaß, so zu leben.“ Michael schmunzelt und erzählt von Beschäftigungen am Sonntagmorgen und von Ritualen am Heiligabend. „Und wenn es manchmal eng wird zwischen uns, das ist doch in jeder Familie so, dann erinnern wir uns an das Lachen. Das schafft jedes Mal Luft und Freiheit, wir können durchatmen und neu starten."

„Haben wir heute schon genug gelacht?"

Ich lasse das Gesagte auf mich wirken und bin erfüllt davon. Nach einiger Zeit wird mir bewusst, dass wir drei hier gerade durch unser Gespräch eine Ruheoase erschaffen haben, während um uns herum buchstäblich das Leben wirbelt. Kinder aus der Nachbarschaft sind hinzugekommen, manche verkleiden sich und denken sich eine Spielidee aus, andere spielen schon im Garten. Eine tolle Erfahrung. Und wir trinken hier gerade unseren Kaffee, dürfen das tun, was uns guttut.

Jetzt bin ich an der Reihe, erzähle ausführlich von meinen Erfahrungen, zeige Fotos und Tagebucheinträge. Ich merke, wie ich hier auf wirklich allen Ebenen Wertschätzung erleben darf. Woher kommt all die Zeit für mich?

„Klappt das gut mit deinem Tablet unterwegs? Kannst du damit gut Tagebuch schreiben und all deine Präsentationen vorbereiten?", fragt Michael, der schon die ganze Zeit an meinem Leben aus zwei Satteltaschen interessiert ist. „Ja und nein", sage ich und erzähle von aktuellen technischen Problemen bei der Vorbereitung meiner Schulaktionen und Predigten. „Das muss gelöst werden!" fordert Michael energisch ein, „du bist darauf angewiesen, dass es funktioniert!" Wie recht er hat. In der Zwischenzeit hat Dorothee zum Telefonhörer gegriffen und eine Freundin angerufen, die Rat weiß und den Partner ihrer Tochter zu uns bitten wird. „Dann wird alles gut", beruhigt uns Dorothee. „Er kann das!" Kurze Zeit später erklärt mir Eric alles, was ich für die reibungslose Nutzung meines Tablets wissen muss. Fantastisch. „Du findest immer eine Lösung …" Dieser Satz wird hier wirklich gelebt.

Ich liege wach im Bett, im Haus ist es ruhig geworden. Vor ein paar Tagen habe ich geschrieben, dass ich mit meinem Rad das gesamte Leben treffe, an Stationen des Lebens vorbeifahre, und dass diese mich an eigene Lebenserfahrungen erinnern. Heute habe ich ein anderes Bild vor Augen, oder vielmehr ein ergänzendes, erweiterndes Bild. Ich fahre nicht nur vorbei, ich reflektiere nicht nur eigene Lebenserfahrungen, während ich schaue, etwas von außen betrachte, sondern ich darf eintauchen. An meinen Stationen stelle ich mein Rad ab, es ruht, während ich hineingehe. Ich darf teilhaben an all dem, was das Leben hier im Inneren auszeichnet. Ich darf in dieser mir neuen Welt ankommen, darf das Leben miterleben, als wäre ich eine von ihnen. Und ich darf beobachten und Fragen stellen, ich darf fühlen und verstehen. Meine eigenen Lebenserfahrungen werden immer wieder aufs Neue angerührt und erweitert. Sie werden auch hinterfragt. Und sie werden bereichert. Als würde ich jedes Mal wertvollen Proviant in meine Satteltaschen sammeln. Oh ja, die Satteltaschen. Ab heute sind sie für mich ein Symbol für mein Gepäck, das ich mit auf meine weitere Lebensreise nehme.

Meine Satteltaschen sind gefüllt mit wertvollem „Proviant"…

13

Ich blicke in erwartungsfrohe Gesichter im Gottesdienst der ehrwürdigen Dreieinigkeitskirche in Regensburg. Alle Aufregung ist verflogen, denn ich fühle ein weiteres Mal, dass ich willkommen bin. Mein Fahrrad steht in Sichtweite, direkt am Übergang zwischen Kirchenschiff und Altarraum. Der Gemeindepfarrer, Herr Burkhardt, hat mich schon Tage im Voraus über alles informiert, was ich heute zur Orientierung wissen muss, und er bindet mich in seinen Gottesdienst sehr feinfühlig ein.

Und nun beginne ich meine Predigt, erzähle von Neuseeland, dem Entdecken der Themen Wertschätzung und Dankbarkeit in meinem Leben, ich ziehe Verbindungen zum christlichen Glauben, berichte von meiner Tour und ermutige die Gottesdienstbesucherinnen und -besucher, sich auch auf diesen wunderbaren inneren Weg zu begeben. Während ich hier stehe und spreche, wird mir bewusst, wie tief und nachhaltig meine Erlebnisse schon in den ersten Tagen waren. Dankbarkeit und Vorfreude auf all das, was noch kommt, machen sich in mir breit. Oft schon habe ich erlebt, dass mir bestimmte Erfahrungen noch bewusster werden, wenn ich sie laut ausspreche. Gerade jetzt erfahre ich das erneut. Ich genieße die Beziehung, die sich zwischen den Zuhörerinnen und Zuhörern und mir entwickelt, denn die Aufmerksamkeit und die innere Anteilnahme sind direkt spürbar und finden ihren Höhepunkt im Applaus am Ende der Predigt. Ich freue mich. Ein gelungener Auftakt ist so wichtig, denn das macht Mut für alle weiteren Aktionen.

„Sie haben so recht, dass man seine Träume verwirklichen soll. Ich habe das getan, und das war die beste Entscheidung in den letzten Jahren.“ Beim Kirchencafé, direkt im Anschluss an den Gottesdienst, sitzen wir in großer Runde zusammen, und während ich einen Moment in mich versunken bin, spricht mich meine

Predigt in der Dreieinigkeitskirche zu Regensburg

direkte Sitznachbarin zu meiner Rechten an. Ich blicke in ihr fröhliches Gesicht. „Jetzt bin ich neugierig“, sage ich. „Regensburg war schon immer die Stadt meiner Träume, und als ich im Ruhestand war, meine Kinder aus dem Haus, ich war alleine, da habe ich allen Mut zusammengenommen und hier neu angefangen. Und das Beste ist: Es ist wirklich ein Traum hier. Ich bin so froh, dass ich diesen Schritt getan habe.“ Sie genießt jetzt offenbar das Gefühl, das sich in ihr breit macht, denn sie macht eine Pause. Dann ergänzt sie: „Träume verwirklichen ist ein Thema für Jung und Alt. Immer kann man neu starten. Man muss nur offen sein und den ersten Schritt wagen. Dann kann man sich nicht mehr entziehen.“ Ich freue mich mit ihr und wir tauschen uns noch einige Minuten aus. Was sie über ihr Leben und ihre Erfahrungen erzählt, ist sehr beeindruckend für mich. Oh ja, Mut zahlt sich aus! Da meldet sich die Frau zu meiner Linken zu Wort. Sie wollte sich schon die ganze Zeit einklinken, hat aber auf das Ende des vorigen Gespräches gewartet. „Ja, das kann ich bestätigen, und die Predigt hat mich daran erinnert, jeden Tag MEINE Träume zu leben. Das können auch kleine Dinge sein. Und diese Erwartung, diese Hoffnung, die ich jetzt gerade tief in mir spüre, motiviert mich. Und wissen

Jeden Tag MEINE Träume leben, wie geht das?

Sie was? Ich bin 81 Jahre alt. Ich fahre auch gerne Fahrrad, aber um von A nach B zu kommen. Sie haben mich angeregt, dass ich das Fahren künftig mehr genieße.“ Sie lacht, und ich habe den Eindruck, als könnte sie im nächsten Moment aufspringen und einem ihrer Träume entgegenradeln. So eine Energie. Welch wunderbare Lebenserfahrungen sich hier mit dem Thema meiner Radreise verbinden. Ich spüre, dass diese Menschen gerade jetzt zu einem Vorbild für mich werden. Ich freue mich, dass es gerade ältere Menschen sind, die mich hier begeistern. Denn ich bin ja auch nicht mehr die Jüngste.

Während ich nachdenke, kommt mir eine Situation aus meiner Jugend in den Sinn, ich muss so 13 oder 14 Jahre alt gewesen sein. Damals habe ich meine Mutter gefragt, ob das Leben für sie jetzt eigentlich immer noch so spannend sei wie als Kind oder Jugendliche. Ob es nicht festgefahren sei, jeden Tag der gleiche Trott. Ob sie noch Ziele im Leben habe. Meine Mutter reagierte damals sehr verständnisvoll; sie sagte, sie habe sich das auch als Kind gefragt. Und dann stellte sie fest: „Du wirst es selbst sehen und erleben, das Alter, in dem du dich gerade befindest, ist immer genau das richtige für dich. Ob du 20 oder 50 bist. Und wahrscheinlich auch mit 70 oder 80. Das kann ich dir später sagen. Im Moment fühlt es sich einfach richtig an. Und ich glaube, das gilt ein Leben lang.“ Mich hat diese Antwort damals sehr beruhigt. „Und noch etwas“, sagte sie, „ich möchte nicht tauschen. Ich möchte nicht noch einmal jung sein. Auch wenn meine Kindheit durch Krieg und Trauer geprägt war, war das MEIN einzigartiges Leben. Ich habe so viele Erinnerungen, an die ich gerne denke. Es gab ja auch viel Gutes und Schönes damals. Du musst immer nur die Augen aufmachen, dann findest du es.“

Dass mir diese Situation jetzt wieder in den Sinn kommt! Ich glaube, ich habe in Sachen Dankbarkeit und Wertschätzung viel von meiner Mutter gelernt. Und hier in Regensburg treffe ich Menschen, die in dieses Denken einstimmen. Das gibt mir viel Hoffnung und Fröhlichkeit ins Herz. Ob das Leben langweilig oder spannend ist, das ist keine Frage des Alters.

Es ist Mittag, das Kirchencafé neigt sich dem Ende. Eine starke innere Verbindung ist in dieser kurzen Zeit entstanden. Ich freue mich und schüttele allen zum Abschied die Hände.

Jetzt geht es weiter, die Donau entlang und Österreich entgegen. Wann sehe ich wohl zum ersten Mal die Berge?

An
Projekt „dankenswert“
Uni Kassel
Ev. Theologie

Henschelstr. 2
34109 Kassel

Am Sonntag Misericordias Domini besuchte ich in Regensburg den Gottesdienst in der Dreieinigkeitskirche. Da predigte die radfahrende Professorin von Ihrer Uni in Kassel sehr schön und zu Herzen gehend über ihr Studienprojekt „Dankbarkeit und Wertschätzung“. Am Kirchenausgang bekamen wir das kleine Faltblatt mit Ihrer Adresse geschenkt und darin ein paar Stichworte zu dem Thema und ein Kettenglied zum Erinnern an das Gehörte. Darauf las ich u.a. auch die Aufforderung,

GeDANKEN

eigene, dazu beizusteuern. Das habe ich jetzt vor.

Ich bin eine alte Frau von 82 Jahren und seit etwa 20 Jahren gehört zu meinem täglichen Abendritual, dass ich mich bei meinem himmlischen Vater für wenigstens 10 Gaben bedanke, die ich an diesem Tag von Ihm bekam. Ich halte dabei einen kleinen Rosenkranz mit 10 Perlen in den Händen, den mir meine liebe katholische Schwägerin einmal aus Altötting mitbrachte. Ich lasse den Rosenkranz langsam durch meine Finger gleiten und sage bei jeder Perle: „Danke, lieber Gott für ....“ Dabei gehe ich den Tag noch einmal rückwärts zurück, vom Abend bis zum Morgen. Dieses Ritual bekam ich von einer Nichte, die Religionspädagogin ist, geschenkt und ich bin darüber sehr froh.

Vielleicht bedeutet mein Beitrag für das Projekt „Danken, Wertschätzen“ der Uni Kassel ja eine Anregung. Es würde mich freuen.

Liebe Grüße

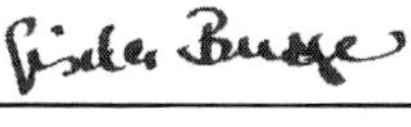

Brief einer Regensburger Gottesdienstbesucherin

14

Als ich Regensburg hinter mir lasse, komme ich nahe der Donau durch eine wunderschöne grüne Allee. Plötzlich entdecke ich eine Intensität der Farben und ein Frühlingserwachen, wie ich es die ganzen Tage zuvor noch nicht erlebt habe. Oder habe ich jetzt erst die Augen dafür geöffnet? Der Frühling liegt nicht nur in der Luft, mit einem Mal entdecke ich ihn überall. Wie das duftet!

Es kommt mir in diesem Moment so vor, als wäre ich dem Frühling entgegengefahren. Und mit dem Frühlingserwachen fahre ich dem Leben entgegen, ja mitten in das Leben hinein. Ich fühle LEBEN.

Den Frühling zu begrüßen und zu spüren, wie sich das Leben in mir ausbreitet, das ist etwas Großartiges. Ich beschließe in diesem Moment, dass ich mich JETZT und IMMER ausstrecken möchte in Richtung LEBEN, dass ich JETZT und IMMER in mir aufnehmen möchte, was mein Leben nährt – und das ist nicht nur im Frühling möglich.

Ich wünsche mir, dass dieses Bild, dieses Gefühl, dieses innere Verlangen und Genießen immer bei mir bleiben. Während ich so dahinfahre und diesen Gedanken in mir bewege, fällt mir ein Gedicht ein, das Johann Wolfgang von Goethe zugeschrieben wird und über meinem Schreibtisch hängt. Es begleitet mich schon lange. Ich schaue es mir mehrmals täglich an, darum trage ich es mittlerweile in mir.

Ich bin mir sicher, dass die Sehnsucht nach einem Leuchten im Inneren ein Gefühl ist, das Menschen zu allen Zeiten und an allen Orten empfinden. Das Gedicht bringt dies auf den Punkt. Und ich habe dieses Leuchten heute erneut erfahren.

Licht ins Herz

Auch das ist Kunst,
ist Gottes Gabe,
aus ein paar sonnenhellen Tagen
sich so viel Licht ins Herz zu tragen,
dass, wenn der Sommer längst verweht,
das Leuchten immer noch besteht.

Johann Wolfgang von Goethe zugeschrieben

Wenn ich auf gut ausgebauten Radwegen unterwegs bin, so wie jetzt gerade, hat das Radfahren eine wunderbar meditative Komponente. Bestimmte Ereignisse und Gedanken ziehen an mir vorüber und durch mich hindurch, ich lasse sie auf mich wirken, bewege sie in meinem Inneren und entdecke mal früher, mal später ihren besonderen Reiz für mich, den Bezug zu meinem Leben. Ich lege dann eine Pause ein und schreibe meine Erkenntnisse nieder. So kann ich sie immer und immer wieder in Ruhe bedenken.

Wie kann diese Offenheit mich weiter begleiten – auch wenn meine Radreise längst vergangen ist?

15

Ich habe schon davon berichtet, dass mich die Verhältnisse auf den Radwegen manchmal überraschen. So auch heute. Ich fahre Österreich entgegen und plötzlich endet der zuvor gut ausgebaute Radweg und weicht einem teils sehr schmalen, schwer befahrbaren Pfad. Natürlich werde ich jetzt langsamer und ich kann nicht mehr meinen Gedanken nachgehen, weil der Weg meine volle Aufmerksamkeit fordert. „Ich werde es schaffen", denke ich bei mir, und meine gute Laune bleibt erhalten; schließlich muss es ja auch einmal Herausforderungen geben.

Doch schon nach 40 km ist mein Akku völlig leer. Nein, am Rad habe ich keinen Akku, ich meine die Kraft in meinen Beinen. Aus damit. Ich halte einfach an und setze mich ins Gras. Ich trinke aus meinen Wasserflaschen und esse einen Powerriegel. Das tut gut. Ich lasse meine Gedanken schweifen. Da fällt mir ein: Immer wieder habe ich schon von Pilgern gehört und gelesen, die an eine Stelle gekommen sind, an der sie am liebsten alles hingeworfen hätten, an der sie gerne umgekehrt oder mit dem Zug weitergefahren wären. Meistens sogar schon ziemlich zu Beginn. Das scheint ein verbreitetes Phänomen zu sein. Wie spannend. Ich höre und fühle in mich hinein. Würde ich gerne umkehren? Die Fahrt beenden? Abbrechen?

Nein, natürlich nicht! Ich will weiter. Na klar. Trotz der Erschöpfung habe ich Freude an diesem wunderbaren Tag. Es kommt mir gar nicht in den Sinn, aufzugeben. Schon allein der Gedanke empört mich; ich setze ihn auf die nächste Wolke und lasse ihn ziehen.

Ich lege mich nun entspannt hinein in das Gras und genieße die Ruhe. Da denke ich an meinen Besuch in Lappland vor einigen Wochen, ganz im hohen Norden Finnlands. Hier durfte ich sehen und miterleben, was es bewirkt, wenn Menschen etwas durchhalten, was sie sich vorgenommen haben.

Damit auch Sie das nachvollziehen können, muss ich jetzt ein wenig ausholen. Machen Sie es sich bequem, so wie ich es mir gerade im Gras bequem mache. Und freuen Sie sich mit mir darauf, Ihre Gedanken und Gefühle nach Finnland hin auszustrecken.

Finnland ist berühmt für sein erfolgreiches Bildungssystem. Und irgendwie scheint das Lernen dort auch ganz natürlich und mit Freude zu gelingen. Stimmt das wirklich, was ich in Büchern gelesen und in Filmen gesehen habe? Das habe ich mich in der Vergangenheit schon oft gefragt. So freute ich mich riesig über die überraschende Einladung einer finnischen Familie, die ursprünglich aus Österreich stammt, ihre neue Heimat im Norden kennenzulernen und einen Einblick in das Bildungssystem zu bekommen. Wie ich diese Familie kennenlernte? Nun ja, auch das ist eine eigene Geschichte. Kurz gesagt: Über das Kommentarfeld bei einem Interneteinkauf. Und etwas ausführlicher gesagt: Ich las von den wunderbar vitalisierenden und immunstärkenden Eigenschaften der Chagapilze. Sie reifen bei klirrender Kälte, wie sie nur im hohen Norden anzutreffen ist, jahrzehntelang an Birken. Daraus werden Extrakte, Tinkturen und Teevarianten gefertigt. Mir schien Chaga passend für meine Radreise zu sein. Und so wollte ich die Produkte testen. Doch mittlerweile gibt es viele Anbieter, die Chaga zu teilweise völlig überhöhten Preisen verkaufen, und leider werden auch im Internet irreführende, teilweise widersprüchliche Informationen verbreitet. Ich verglich die Anbieter, forschte nach und landete am Ende bei Mikki. Er leitet eine Firma, die verantwortungsbewusst arbeitet und verschiedene Chagavarianten zu fairen Konditionen anbietet. Dazu gibt er auch ganz persönliche Tipps und beantwortet Fragen seiner Kunden innerhalb kürzester Zeit – und sehr wertschätzend. Ich bedankte mich einfach für den Tee, er antwortete und so kamen wir ins

Vielen Dank für den leckeren Tee.
Gern geschehen, lassen Sie ihn sich schmecken.
Oh, Sie sprechen deutsch?
Ja, wir kommen ursprünglich aus Österreich.
Ach, das ist ja spannend.
Wie gefällt es Ihnen denn in Finnland?

Gespräch … und landeten beim Thema „Wertschätzung“. „Wenn du Wertschätzung in der Schule hautnah erleben möchtest, dann solltest du zu uns kommen“, schrieb Mikki. „Ich kann dir den Kontakt zu unserer Schule vermitteln und meine Kinder erzählen dir sicher gerne von ihren Erfahrungen“. Gesagt, getan. Auch meine Mitarbeiterin Marie Sophie kam mit und durfte mit mir zusammen diese wertvollen Erfahrungen sammeln. Zwei Wochen vor Beginn meiner Radtour kamen wir von dort erst zurück. Die Eindrücke sind also ganz aktuell. Oh ja, ich könnte hier vieles erzählen, doch das würde ein eigenes Buch ergeben. Ich denke gerade daran, wie sich die Kinder und Jugendlichen in der klirrenden Kälte von minus 27 Grad im März mit Langlaufski und in Thermoanzügen auf ihren Schulweg begaben, wie die Sonne schon früh am Morgen unsere Nasen kitzelte und sanft unsere frostige Haut wärmte, wie uns ein mollig warmes Schulgebäude mit Fußbodenheizung empfing und wir zum ersten Mal Lehrer und Schüler sahen, die den ganzen Schultag lang in Socken umherliefen … Ich schließe die Augen und sehe die Erlebnisse vor mir. Schon allein diese Rahmenbedingungen sind nachhaltig in mir verankert.

Wir waren beeindruckt von der Ruhe, der Gelassenheit, der Fröhlichkeit, dem Gemeinschaftsgeist und der Motivation von Schülern und Lehrern, Kindern und Erziehern. Auch von der Gastfreundschaft und Offenheit unserem Besuch und unseren Hospitationen gegenüber. Wir haben uns sehr wohlgefühlt. Eine unter vielen Gelingensbedingungen, die wir dort beobachten konnten, passt genau zu meiner heutigen Situation: Von klein auf werden Kinder und Jugendliche unterstützt, das umzusetzen bzw. zu Ende zu führen, was sie sich vorgenommen und begonnen haben. Sei es ein Puzzle, das zu schwer gewählt wurde, die Teilnahme an einem Spiel, das plötzlich langweilig wird, eine schulische Aufgabe, die zu viele Hindernisse erkennbar werden lässt, die Fortsetzung eines Hobbys, das auf einmal keinen Spaß mehr macht. Erzieherinnen und Erzieher, Lehrerinnen und Lehrer begleiten die Kinder und Jugendlichen behutsam, unterstützen sie, beraten sie und helfen ihnen, das Begonnene zu beenden. Manchmal wird auch gemeinsam entschieden, das Begonnene nicht zu beenden. Das ist natürlich keine starre Vorgabe, sondern von der Situation abhängig. Dazu braucht es Einfühlungsvermögen, Erfahrung und Liebe. Das konnten wir in den besuchten Bildungseinrichtungen beobachten, aber auch in Barbaras und Mikkis Familie mit ihren Kindern Vilho, Freija und Aili.

Freija, 14 Jahre alt, führte uns durch ihre Schule. In ihrer Klasse verbrachten wir die meiste Zeit. Uns fiel auf, wie heterogen die Zusammensetzung war, Kinder aller Leistungsniveaus, auch Kinder mit starken Lernbeeinträchtigungen konnten wir erleben. Wir wurden auf einen Jungen aufmerksam, der deutlich langsamer arbeitete und sich auch langsamer bewegte, jedoch mitten in der Gemeinschaft zu sein schien, die alle Kinder der Klasse umfasste. Wenn er nicht weiterwusste, schaute er suchend um sich und schon half ein Mitschüler oder eine Mitschülerin. Unkompliziert, völlig selbstverständlich, einfach nebenbei. Ich wollte von Freija wissen, wie sie diese auf mich sehr natürlich wirkende Inklusion erlebt. Sie zuckte mit den Achseln und schien mein Anliegen nicht wirklich zu verstehen. „Hier arbeiten alle in ihrem Tempo. Jeder kann Dinge gut und andere vielleicht nicht so gut. Dann helfen wir uns gegenseitig. Jukka ist nett und manchmal echt witzig. Aber was möchtest du eigentlich genau wissen?“ Ich hatte die Antwort bereits erhalten. In diesem Moment war es mir unangenehm, überhaupt gefragt zu haben.

Auch Vilho, 16 Jahre alt, bestätigt diese Haltung in einem abenteuerlichen Interview im Freien, bei dem wir beide dick eingemummelt vor dem Holzhaus der Familie in märchenhafter Winterkulisse standen, vor uns Marie Sophie mit der Videokamera, die dankenswerterweise trotz der eisigen Temperaturen funktionierte: „Hier wird niemand zurückgelassen. Die Lehrer setzen sich sogar mit dir hin, wenn du krank warst, und zeigen dir, was du versäumt hast. Sie kommen auf dich zu und fragen dich: ‚Wann hast du Zeit, dass wir uns die Sachen anschauen?' Ich glaube, es ist ihnen echt wichtig, dass du wieder auf dein Level kommst. Sie wollen, dass du einfach gut lernen kannst und wieder Spaß hast." Danke, Vilho.

Gespräch mit Vilho im hohen Norden

Barbara ist Erzieherin und kennt sich mit dem Bildungssystem sehr gut aus. Auf unsere vielen Fragen antwortete sie geduldig. Es schien ihr wichtig zu sein, dass wir das Grundanliegen verstehen. Unter anderem sagte sie über die finnische Bildungsphilosophie: „Wer etwas durchhält, was er sich vorgenommen hat, und wer das sogar trotz mancher Hindernisse schafft, geht gestärkt daraus hervor. Zum einen wird auf diese Weise eine immer bessere Selbsteinschätzung unterstützt. Die Kinder und Jugendlichen lernen sich also kennen, sie wissen: Das kann ich. Das gelingt mir. So kann ich es anpacken. Zum anderen wachsen damit auch Erfolgszuversicht und Lernfreude. Das kennt doch jeder, wie eine bestandene Prüfung, eine bewältigte Aufgabe motiviert. Und schließlich erkennen die Kinder und Jugendlichen immer besser, wo ihre Stärken, ihre Talente, ihre Interessen liegen. Darum sind die Schülerinnen und Schüler hier so selbstständig. Darum sehen sie die Lehrerinnen und Lehrer als Helfer und Begleiter auf dem eigenen Weg durch das Leben an, fast wie Freunde an ihrer Seite. Aber verstehe das bitte nicht falsch: Hier herrscht ein natürlicher Respekt, der das Verhältnis in beide Richtungen betrifft. Ich kann an allen meinen Kindern sehen, wie gut das tut." Oh ja, das konnten wir auch auf Schritt und Tritt dort erleben. Gerne denke ich an meine vielen Erfahrungen zurück, sie bringen mich zum Träumen und ermutigen mich.

„Wer etwas durchhält, was er sich vorgenommen hat, und wer das sogar trotz mancher Hindernisse schafft, geht gestärkt daraus hervor." Dieser Satz hat jetzt gerade eine enorme Wirkung auf mich. Ich richte mich wieder auf, nehme einige Tropfen Chagatinktur zu mir, die ich selbstverständlich auf meiner Tour dabeihabe, springe auf, als wäre mein Akku randvoll, packe meine Sachen zusammen und radle weiter.

Der Weg bleibt beschwerlich, aber ich komme am Abend fröhlich an meinem Ziel an. Denn die ganze Zeit bewege ich meine Erinnerungen an Finnland in meinem Herzen. Und am Ende habe ich Barbaras Satz etwas abgewandelt, denn jetzt weiß ich: „Etwas durchzuhalten, was *ich* mir vorgenommen habe – auch wenn Schwierigkeiten auftauchen – das macht *mich* glücklich."

16

Im Benediktinerkloster Vilshofen treffe ich Bruder Ulrich. Es ist Abend, die Gebetszeiten sind vorüber und wir sitzen in der Caféteria des Klosters. Morgen früh ist er für das Vorbereiten des Frühstücks seiner Brüder zuständig, er muss dafür gegen 4.30 Uhr aufstehen. Dennoch nimmt er sich viel Zeit für das Gespräch mit mir, und ich habe den Eindruck, dass er sich diese Zeit gerne nimmt. Das ist natürlich die beste Basis. Ich freue mich sehr.

Bruder Ulrich kommt aus dem Rheinland, war Postbeamter und hat gerne in seinem Beruf gearbeitet. Das berichtet er mir. Und mich interessiert, wie er zum Kloster gekommen ist.

„Wie soll ich sagen. Ich habe auf einmal Liebe gespürt. Ich war verliebt – in Gott. Damals war ich 24 Jahre alt. Ich bin noch in jenem Jahr ins Kloster eingetreten und habe es bis heute nicht bereut. Es ist wie eine Erfüllung meiner Träume." Ulrich schaut aus dem Fenster und ich bin erstaunt, dass auch er von Träumen spricht. Und von der Liebe. Ulrich vergleicht seine Beziehung zu Gott immer wieder mit einer Liebesbeziehung. „Wer verliebt ist, wagt als nächstes den Schritt in die Ehe, ohne alles schon voraussehen zu können. So ist es auch bei mir gewesen. Ich bin so dankbar, dass ich diesen Schritt immer bejahen konnte, das Klosterleben gehört zu mir und ich gehöre zu Gott." Natürlich gebe es auch Höhen und Tiefen und er sei ein Mensch, ausgestattet mit menschlichen Stärken und Schwächen. Das betont er immer wieder. Bruder Ulrich lacht und erzählt: „Es menschelt bei uns – wie überall. Gott sei Dank. Niemand ist perfekt. Beispielsweise hatten wir im Kloster eine Zeit – das ist schon lange her –, da hat es sich der eine oder andere erlaubt, morgens auch einmal liegen zu bleiben. Ich nehme mich da nicht aus. Ein Teil von uns hat also einfach die erste Gebetszeit ausgelassen. Na ja, und dieser

Teil wurde immer größer. Das wollten wir aber irgendwann nicht mehr. Wir haben uns dann zusammengesetzt und unsere Erfahrungen ausgetauscht. Wir haben überlegt, wie wir wieder zurückfinden können. Mir ist dabei klargeworden: Ich möchte morgens nicht verschlafen mit Gott sprechen, deshalb habe ich es mir angewöhnt, noch etwas früher aufzustehen, um beim Gebet ganz wach zu sein." Bruder Ulrich spricht in diesem Zusammenhang auch über den Umgang mit der eigenen Lebenszeit. „Ich mache mir immer wieder Gedanken darüber, wie ich meine Zeit mit Gott verbringe. Du kannst eine Ehe auch nicht nebenbei führen. Das ist es, was ich für mich erkannt habe. Es ist aber kein Rezept für alles und jeden. Du kannst niemandem etwas verordnen. Es ist eine innere Entscheidung, wofür du dir Zeit gönnst."

> „Es ist eine Lebenshaltung, wie du mit deiner Zeit umgehst."

Ich spüre diesen Worten nach. Eine wirklich schöne Wendung, „sich Zeit gönnen". Ich empfinde dabei ein positives Gefühl, ein Gefühl der Gelassenheit und inneren Zufriedenheit. Ulrich fährt fort: „Es ist eine Lebenshaltung, wie du mit deiner Zeit umgehst. Ich mag die vielen Rezepte nicht, die immer wieder zu lesen sind: Mach dies oder das, und du bist entspannt. Hier oder dort findest du zum Glück. Auf mich wirkt das wie ein Rezept ohne Beipackzettel. Du musst vielmehr in dich hineinhören, ich persönlich beginne immer mit meiner inneren Haltung und dem Hören, bevor ich etwas anpacke."

Ich höre Bruder Ulrich sehr gerne zu. Er findet wunderschöne Worte, die mich innerlich anrühren. Ich stelle mir die Frage, wofür ich mir Zeit gönne und wie ich mit meiner Lebenszeit umgehe. Das hatte ja auch meine Tochter am ersten Tag meiner Tour in mir angestoßen. Mir wird bewusst: Wenn ich alle meine Aufgaben, die sich mir in meinem Alltag stellen und die ich mir im Alltag stelle, in dieser Haltung ausführen würde, dann wären meine Tage zu kurz bzw. übervoll. Genau darum führt diese

Fülle wohl immer wieder zu einem Gefühl des Gehetztseins und der Enge, trotz der Freude, die ich in diesen Tätigkeiten erlebe. Jetzt, während meiner Tour, empfinde ich die Konzentration auf das Wesentliche als derart erholsam und erfüllend, dass ich den starken Impuls spüre, meinen Alltag bewusst zu ordnen, um die Prioritäten anschließend neu zu setzen. Entrümpeln also. Nachdenken, was wirklich wichtig ist und was ich getrost verabschieden kann. Meine Zeit sinnvoll gestalten.

Als könnte Bruder Ulrich Gedanken lesen, führt er meinen inneren Dialog fort: „Es ist ein Wahnsinn, dass so viele Menschen nie zur Ruhe kommen, immer gehetzt sind, ihren Urlaub herbeisehnen, um wieder einmal aufzutanken – wenn es denn gelingt –, und danach geht es wie vorher weiter. Das erzählen mir unsere Gäste recht oft, und sie meinen, mit einer Woche Klosterleben sei alles wieder gerichtet. Das geht natürlich nicht. Ganz ehrlich: So wollte ich nicht leben." Oh ja, das klingt schon beim Zuhören anstrengend. Ich freue mich umso mehr auf die Sortieraufgabe und die Klarheit, die sie für mich bringen wird.

Bruder Ulrich ist der Bibliothekar des Klosters. Er liebt diese Arbeit. Er erzählt, wie er mit seinen 70 Jahren immer angespornt sei, Neuerungen umzusetzen, beispielsweise in der Katalogisierung. Er berichtet auch mit einem Augenzwinkern, wie er kürzlich das ganze Computerprogramm durcheinandergebracht habe. Dann lacht er: „Ach, mit 70 Jahren darf ich auch mal Fehler machen." Ich bin überrascht über sein hohes Alter, ich hätte ihn zehn Jahre jünger geschätzt. Und Ulrich hat viel Humor, finde ich. Als ich ihm das sage, erwidert er: „Eine achtsame Lebensweise, gepaart mit der Fähigkeit, über dich selbst auch gerne mal lachen zu können, das hält dich jung." Jetzt müssen wir beide lachen.

Ich genieße das Gespräch mit Bruder Ulrich. Ich könnte ihm stundenlang zuhören. Und mir wird deutlich, dass er sich im Klosterleben nicht eingeengt fühlt, sondern Freiheiten erkennt und diese fröhlich nutzt. „Natürlich gibt es hier einige Rahmenbedingungen, wie in jeder Familie auch", sagt er noch. „Aber wie du deine Beziehung zu Gott lebst und gestaltest, da hast du viele Freiheiten. Die lebe ich jeden Tag. Und übrigens: Ich liebe es, in den Urlaub zu fahren und zu wandern. Ich mag die Berge. Ich liebe es, abends auch mal ein Glas Wein zu trinken und gute Bücher zu lesen. Oder wenn Freunde zu Besuch kommen, dann verbringe ich viel Zeit mit ihnen – so wie jetzt mit dir." Bruder Ulrich holt Brot, Käse und Wein und wir genießen unseren Abend im Gespräch. Bruder Ulrich schenkt mir zum Abschied ein Fläschchen Kräutergeist. „Das kannst du vielfältig verwenden, z.B. für deine Muskeln jeden Morgen und Abend. Dann bleibst du fit. Oder zum Gurgeln, auch bei Übelkeit, Magenbeschwerden und vielem mehr ist unser Kräutergeist beliebt. Er ist sogar bis nach Sibirien bekannt. Darauf sind wir stolz. Übrigens: Wie du ihn anwendest, steht alles auf dem Beipackzettel." Bruder Ulrich lacht. Und ich mit ihm. Ich freue mich sehr und wir wünschen uns eine gute Nacht. Ich bin zutiefst erfüllt von diesem Abend und reibe meine Beine gleich ein. Wie gut das tut.

Schweiklberger Kräutergeist für frische Muskeln

17

Ich fahre durch Passau. Das ist eine wunderschöne Stadt. Jetzt sehe ich sie mit eigenen Augen. Ich mache viele Fotos unterwegs.

Rast in Passau am Donauufer

Doch heute sind auch zahlreiche Autos auf den Straßen, und leider führt mein Navi mich zwischendurch auf eine Straße, die keinen eigenen Radweg besitzt. Die Fahrt ist beschwerlich. Ich muss mich konzentrieren, denn manchmal brausen die Autos doch sehr dicht neben meinen Satteltaschen vorbei. In mir fühlt es sich eng an. Bald verlasse ich diese Straße wieder. Nach und nach weitet sich mein Inneres, die wunderschöne Natur und ein herrlicher Radweg begrüßen mich.

Da vorne: Österreich – nichts wie hin. Das ist ein feierliches Gefühl, ich rolle über die Grenze. Der Radweg bleibt großartig und leitet mich durch einen Wald. Ich atme tief durch und suche fröhlich einen geeigneten Rastplatz.

Da komme ich an einem kleinen See vorbei, es gibt Baumstämme zum Sitzen direkt am Wasser. Dahin steuere ich mein Rad.

Ich nehme mein Tagebuch und schreibe hinein:

Es braucht nicht viel, um glücklich zu sein.
Ein Ruheplatz nach der Anstrengung,
ein Lächeln, ein gutes Wort,
Sonne am Himmel schenkt Sonne ins Herz,
Freundlichkeit des Autofahrers,
obwohl ich ihn ausgebremst habe,
ein wunderbarer Kaffee, Eis mit Sahne,
ein Gedankenblitz,
spielende Katzen, eine blühende Wiese,
ein duftender Frühlingswald,
freundliche Gastgeber,
Menschen, die sich öffnen, und dieser herrliche See.
Ich bin glücklich und frage mich: Was zählt?
Wie kann ich die Leichtigkeit des Seins bewahren?
Den Glauben an das Gute?
Gottes Gegenwart weiter spüren?
Ich atme tief ein, und ich genieße es,
nichts zu denken.
Einfach sein. Im Augenblick. Frieden.
Eins mit mir.
Das braucht es, das brauche ich,
um glücklich zu sein.

Ich setze meine Fahrt fort und komme an der Donau entlang durch hübsche Dörfer. Das feierliche Gefühl begleitet mich nach wie vor. Ich sehe eine kleine Kirche und halte an, um sie zu fotografieren. Sie gefällt mir einfach, sie sieht gepflegt aus. Oh, was ist das? Mein Rad steht so, als würde die Kirche auf dem Sattel mitfahren. Das ist eine geradezu symbolische Perspektive: Ich habe meinen Glauben immer dabei – egal, wohin ich unterwegs bin. Ich pflege ihn, suche die Verbindung zu Gott. Dieses Bild ist ein Geschenk.

Mein Glaube fährt mit

18

Ich radle stundenlang einsam dahin. Mein Ziel ist Aschach an der Donau.

Der Radweg ist gut ausgebaut, immer der Donau entlang, auf eine gewisse Weise auch monoton. Doch ich genieße ihn, den heutigen Weg. Ich lasse meinen Gedanken freien Lauf. Ohne bestimmte Absicht kommen und gehen sie. Ich fühle mich wieder sehr nahe bei mir und bin glücklich.

In diesem Moment erinnere ich mich ganz intensiv daran, wie ich mich vor ein paar Jahren wissenschaftlich mit der Frage der Bedeutung der Lehrerpersönlichkeit auseinandersetzte. Diese Auseinandersetzung brachte die Erkenntnis hervor, dass Lehrende besonders durch das wirken, was sie ausstrahlen. Da ich meine ersten Berufsjahre als Grundschullehrerin verbracht habe, weckte diese Erkenntnis in mir die Frage, woran sich meine ersten Schülerinnen und Schüler wohl noch erinnern. Immerhin waren seit ihrer Einschulung schon über 25 Jahre vergangen. Für mich war dieser Anlass eine Gelegenheit, gedanklich in die damalige Zeit zu reisen. Ich war gespannt. Und ich schrieb sie an. Durch Facebook konnte ich sie rasch finden.

Es dauerte nicht lange, und die ersten Antworten kamen in mein Postfach gepurzelt. Wir freundeten uns an und ich konnte in den Fotogalerien sehen, wie die Zeit vergangen und was aus den Kindern von damals geworden war. Spannend. Genauso spannend waren aber auch die Antworten auf meine Fragen für mich.

Erste Reaktionen:

- Hallo Frau Freudenberger, das ist ja eine Überraschung.
- Ohaaaa, meine Grundschullehrerin. Ich habe mich erst einmal hingesetzt und meine Augen geschlossen. Das ist schon sooo lange her.
- Oh, sehr gerne mache ich bei Ihrer Umfrage mit. Das ist ja schön!
- Ich kann's nicht glauben. Sie haben mich gefunden. Wie toll!
- Wissen Sie was? Ich bin auch Lehrerin.

Die Rückmeldungen zeigten mir eines sehr deutlich: Was meine ehemaligen Schülerinnen und Schüler in Erinnerung behalten haben, das ist meine Haltung ihnen gegenüber. Sie beschrieben meinen Charakter als junge Lehrerin, wie sie ihn damals wahrgenommen und bis heute im Gedächtnis behalten haben. Und um dies zu untermauern, erzählten sie von Begebenheiten, anhand derer sich diese Erinnerung besonders gut veranschaulichen ließ. Bei vielen Geschichten war ich geradezu gerührt. Eine Schülerin schrieb mir sogar ein Gedicht.

Daniels Rückmeldung las ich mit Herzklopfen. Daniel war in meinem Sportunterricht als Zweitklässler gestürzt und hatte sich das Bein gebrochen. Es war ein komplizierter Bruch, der ihn noch lange beeinträchtigte. Damals war er ein begabter Kunstradfahrer gewesen und sehr erfolgreich, ein echtes Talent mit Zukunft. Ich erinnere mich an meine innere Verzweiflung als junge Lehrerin. Warum musste das passieren? Doch jetzt schrieb Daniel nichts davon, vielmehr erzählte er von beglückenden Erlebnissen seiner ersten Schuljahre, die ihn geprägt hätten und an die er gerne denke. Auf meine Rückfrage zu den Folgen seines damaligen Unfalls antwortete er mir, der Unfall sei längst vergangen und er habe gar nicht daran gedacht, als ich mich mit meiner Frage an ihn wandte. In seiner Kindheit habe er dann ohnehin lieber Fußball gespielt. „Aber ich habe mich gleich mal auf mein Kunstrad gesetzt, ich besitze es nämlich noch. Ich habe es nicht verlernt!" Ich verspürte in diesem Moment große Erleichterung. Ich war dankbar. Und irgendwie tief getröstet. Natürlich wusste ich, dass sich seine Eltern um ihn gekümmert hatten, mir nie Vorwürfe machten und mich von Anfang an beruhigten. Daniel hatte ein gutes Umfeld, um gestärkt aus dieser Lebensphase zu gehen. Das hatte ich damals miterlebt und ich war sehr froh darüber. Und doch war unser jetziger Austausch so wichtig für mich.

Ein spannendes Kapitel, unsere Erinnerungen. Dass diese selbst nach so langer Zeit emotional bewegen, ist mir durchaus bekannt, dies aber am eigenen Leib zu spüren, ist etwas ganz Besonderes. Ich denke noch an die eine oder andere prägende Begegnung aus früherer Zeit. Ich setze mich auf eine Bank und betrachte das ruhig dahinfließende Wasser der Donau. Schwäne ziehen vorüber. Sie verändern die Struktur des Wassers für einige Zeit, dann ist äußerlich alles wieder wie zuvor. Dies ist ein Bild für meine Gedanken und Emotionen am heutigen, so ruhigen Tag. Sie bewegen etwas in mir, und die Bewegung hinterlässt Spuren. Doch immer wieder kehre ich zur Ruhe zurück.

Schwäne ziehen vorüber und laden zum Nachdenken ein…

19

Ich wache auf, es ist 6 Uhr. Ich habe ein wunderschönes Zimmer, nein eine luxuriöse Suite, in einem Gästehaus, das auch ein Thailändisches Restaurant beherbergt. Gebucht habe ich diese Zimmerkategorie nicht, doch der Inhaber sagte mir gestern Abend bei meiner Ankunft, es habe heute niemand dieses schöne Zimmer gebucht, da könnte ich es ja nutzen. Ich kam aus dem Staunen nicht mehr heraus. Warum tut er das?, habe ich mich gefragt. Offenbar hatte ich den Joker gezogen. Doch am Abend blieb meine Frage unbeantwortet.

Jetzt bricht der neue Tag an, ich liege im Bett, genieße meine Suite, lasse den gestrigen Abend Revue passieren und denke an den Tag, der vor mir liegt. Nach dem Frühstück werde ich nach Feldkirchen an der Donau radeln, um in der dortigen Mittelschule meine allererste Schulpräsentation auf der Tour zu halten. Die Schülerinnen und Schüler sind zwischen 10 und 14 Jahre alt, alle werden in der Aula versammelt sein. Ob sie wohl Interesse zeigen? Wie wird meine Präsentation ankommen? Welche Fragen werden sie stellen? Wie wird das Kollegium, wie wird der Schulleiter reagieren? Viele Fragen – und meine Vorfreude ist riesengroß.

Ja, tatsächlich reine Vorfreude, denn ich habe ja Sabine. Sie ist meine Kontaktperson, und auf Sabine ist Verlass. Das weiß ich – auch wenn ich sie kaum kenne. Ich habe sie auf einer Tagung vor einigen Wochen getroffen, auf der ich eigentlich nur kurz mein Projekt, meinen Traum, vorgestellt hatte. Fast nebenbei, zur Auflockerung quasi. „Das ist was für uns, ich würde mich freuen, du würdest zu uns kommen“, rief sie mir damals entgegen. Ob sie wohl Schulleiterin ist, fragte ich mich. Schließlich muss so etwas doch abgestimmt und vorbereitet sein. Doch Sabine beantwortete gleich selbst meine Fragen: „Ich habe einen tollen Chef, der wird zustimmen, er ist sehr offen, es wird ihm gefallen. Und für die Schüler ist es wichtig." „Dann komme ich gerne", sagte ich, und wir waren uns einig. Heute also sollte dieser Tag sein. Sabine wird alles gut vorbereitet haben, da bin ich mir sicher.

Vor meinem Schulbesuch habe ich aber eine andere „Mission". Ich möchte herausfinden, was es mit meinem Gastgeber auf sich hat, dem Österreicher im Thailändischen Restaurant. Denn da war gestern nicht nur die Geste, mir das beste Zimmer zur Verfügung zu stellen, ich hatte zudem den Eindruck, dass er mich von innen heraus anstrahlte. Als würde er ein Geheimnis in sich tragen. Was ist da los? Ob ich das erfahre? Und ich springe erwartungsfroh aus dem Bett.

Rasch bin ich geduscht, verstaue alle meine Sachen in meine Satteltaschen und steige die Treppe in Richtung Frühstück hinunter. Es ist sehr früh, wirklich früh, sodass ich hoffe, die Erste zu sein. So ist es. Im Restaurant liegt noch ein Hauch von asiatischem Essen in der Luft, ansonsten duftet es herrlich nach Frühstück. An drei Tischen ist Frühstücksgeschirr aufgedeckt. Ich wähle den mittleren Tisch, da er nah an der Theke steht, an der der Wirt das Frühstück zubereitet. Er lächelt mich an und serviert meine Getränke und Speisen. Ich bekomme ein kleines Buffet auf meinen Tisch, so kommt es mir vor. Von allem etwas. Liebevoll angerichtet. Köstlich. Dann setzt er sich mit einer Tasse Kaffee selbst an einen Tisch, ganz in meiner Nähe. Er scheint Zeit zu haben und schlägt die Zeitung auf. „Es ist wunderschön hier", sage ich. „Freut mich", erwidert er und schaut auf. „Ein schönes Fleckchen Erde, ich genieße es auch." Der Frühstücksraum, gleichzeitig auch Restaurant, ist geschmackvoll eingerichtet. Ruhig gehalten, wertige Möbel, viel Raum zum Atmen. Halb asiatisch, halb europäisch, aber nicht gestückelt, sondern integriert, stimmig. Einzigartig. „Darf ich fragen, wie Sie zu einem Thailändischen Restaurant kommen? Sie sind Österreicher, nicht wahr? Ich finde, dieser Raum hat eine ganz besondere Ausstrahlung." Er lacht. „Danke, und ganz einfach, meine Frau stammt aus Thailand. Darum das Thailändische Restaurant." Er schaut mich nachdenklich an und fährt fort: „Meine Frau hat mir eine neue Sicht auf das Leben gezeigt, seitdem bin ich glücklich." Blitzartig richtet sich mein Körper auf, ich schaue ihm in die Augen. Ist das das Geheimnis? Und er sagt das so einfach am frühen Morgen von Tisch zu Tisch? Jetzt werde ich erst recht neugierig. Und plötzlich beginnt er zu erzählen, als würde er meine Neugierde spüren: „Ich wundere mich gerade, warum ich Ihnen das jetzt erzähle. Aber glauben Sie mir: Das Leben ist spannend. Es hält Glück für den bereit, der es wirklich finden möchte." Ich schaue ihn erwartungsvoll an. Aber da klingelt sein Handy. Er geht einige Schritte zur Seite und telefoniert. So wende ich mich wieder meinem Frühstück zu. Wusste ich es doch, da ist irgendetwas, triumphiere ich innerlich. Was mag das Spannende sein, das er gerade erlebt? Und was bedeutet seine Rede vom Glück? Ist vielleicht ein Enkelkind unterwegs? Oder seine Einnahmen sind gestiegen? Hat er im Lotto gewonnen? Immerhin weiß ich jetzt seinen Namen: Ewald.

> „Das Leben hält Glück für den bereit, der es wirklich finden möchte."

Ewald beendet das Telefonat und kommt zurück. Er liest jetzt Zeitung. Hat er mich vergessen? Oder denkt er nach? Ewald schaut auf: „Wissen Sie, ich kenne zwei Leben: Das Leben des Vielbeschäftigten, Rastlosen, Gestressten, zwar erfolgreich, doch ohne Freizeit, stattdessen gehetzt, das ist mein altes Leben. Und ich kenne das Leben der Achtsamkeit, des Staunens, der Muße. Das ist mein neues Leben. Sicher könnten wir hier mehr Gäste haben. Wir haben viel investiert, dieses Haus nach unseren Vorstellungen umzugestalten. Ob sich das auszahlt? Weiß ich nicht. Das ist auch nicht meine Frage. Manche sagen, ich hätte auf das falsche Pferd gesetzt. Aber nein, das habe ich nicht. Der Wert des

Lebens ist anders zu bemessen. Ich liebe mein Leben – so wie es JETZT ist." „Das hört sich wirklich spannend an. Aber war es nicht schwer, das alte Leben aufzugeben?", frage ich. „Immerhin waren Sie erfolgreich." „Erfolg hin oder her, ich hatte genug. Ich habe mir eine Auszeit gegönnt, und wie es das Leben manchmal so will, genau da habe ich meine Frau kennengelernt. Dann war es sonnenklar. Ich fange neu an." „Ich finde das mutig", sage ich anerkennend. „Was wirklich Mutiges kommt erst noch!" entgegnet er und sein Blick ist der geheimnisvolle Blick von gestern. Da ist also noch etwas?

In diesem Moment kommt ein Pärchen zur Tür herein, und unser Gespräch ist augenblicklich beendet. Immer wenn es spannend wird, verrückt. Ich sacke ein wenig in mich zusammen. Ewald zeigt den Gästen ihren Tisch und serviert auch ihnen ihr kleines Buffet. „Thank you", höre ich die beiden sagen, und sie unterhalten sich auf Englisch weiter. Ich atme auf. Unser Gespräch bleibt offenbar unter uns. Als Ewald sich mir nähert, flüstere ich ihm zu: „Verraten Sie mir noch Ihr mutiges Projekt?" Ewald setzt sich wieder zu mir, dieses Mal näher. „Wir waren in Thailand. Meine Frau hat gesehen, dass in ihrer Heimat die alten Traditionen nicht mehr gelebt werden, wie es für Mensch und Natur gut ist. Sie war sehr traurig darüber. Und dann hat sie ihren Traum geboren. So haben wir den Entschluss gefasst, unsere Zelte hier abzubrechen, nach Thailand zu ziehen und den Traum meiner Frau gemeinsam zu verwirklichen. Nach alten Traditionen leben. Mit der Natur leben. Selbstversorger sein. Gäste einladen. Andere ermutigen und anstecken, begeistern." Ewald blickt in die Ferne – oder blickt er in sich hinein? „Das fühlt sich so toll an, als wäre es in einem Film, als wäre es nicht echt. Warum muss das Leben immer im gleichen Trott bleiben? Raus – deinen Träumen hinterher", ruft Ewald,

> „Warum muss das Leben immer im gleichen Trott bleiben? Raus – deinen Träumen hinterher."

springt auf und bereitet uns noch einen Kaffee zu. Ich bin fasziniert und sehe die beiden vor mir, wie sie ihren Träumen entgegenschweben. „Darf ich Sie besuchen kommen?“, sprudelt es aus mir heraus. „Das möchte ich unbedingt sehen!“ Ewald holt seine Visitenkarte und sagt. „Hier ist meine E-Mail Adresse. Würde mich freuen. Wir bleiben in Kontakt.“ Ich bedanke mich und schaue auf die Uhr. Gerade richtig, um aufzubrechen.

Aber ich muss meine Gedanken erst einmal sortieren. Ich bin wirr im Kopf. So kann ich nicht in die Schule kommen. Ich gehe in mein Zimmer und setze mich kurz auf mein Bett. Mir gehen so viele Fragen durch den Kopf: Warum treffe ich hier die ganze Zeit auf Menschen, die mir so Wichtiges zeigen? Woran liegt das? Weil ich danach suche? Vielleicht. Weil ich meine Wahrnehmung darauf richte? Möglich. „Das Leben ist spannend. Es hält Glück für den bereit, der es wirklich finden möchte.“ Das hat Ewald gesagt. Also, los geht's. Ich springe auf, schnappe meine Satteltaschen und fahre meinem nächsten Abenteuer entgegen.

Im Nachhinein kann ich sagen: Die Begegnung mit Ewald war eine Initialzündung. Ab diesem Augenblick hat sich etwas verändert: In mir, in meiner Wahrnehmung, in meinen Begegnungen. Die Geschichten werden intensiver, überraschender, noch sprudelnder vor Glück.

20

Der Weg von Ewalds Gästehaus bis zur Schule beträgt knapp eine halbe Stunde, und ich habe bis zu meinem angekündigten Eintreffen noch eine volle Stunde zur Verfügung. Also kann ich mir Zeit lassen. Ich überquere die Donau und biege in einen Feldweg ab, der mich gemütlich zu meinem Ziel führen wird. Der Weg ist sehr angenehm zu fahren, und ich kann mich einstimmen auf meine Präsentation. Ich betrachte die Obstbäume rechts und links, die mich in ihrer beginnenden Blütenpracht begeistern. In einer lang gezogenen Kurve sehe ich vor mir einen Weg nach rechts abbiegen. Er schlängelt sich von einem Obstbaum aus sanft in den Wald. Die Felder rechts und links sind bestellt. Welch schöner Anblick. Ich bleibe stehen und lasse dieses Bild auf mich wirken.

Ist das nicht ein Sinnbild für unseren Lebensweg? Wir sehen meist einen Teil unseres Weges vor uns, wir wissen, was in der nächsten Zeit auf uns wartet, müssen diesen Weg jedoch erst noch gehen und unsere Erfahrungen selbst sammeln. Diese (relative) Vorhersehbarkeit gilt allerdings nicht für den gesamten Lebensweg, selbstverständlich nicht. Weggabelungen werden kommen, wir dürfen und müssen Entscheidungen treffen, die wir jetzt noch nicht kennen. Sie sind – in der Sprache dieses Bildes – im Wald verborgen. Ich stelle mein Fahrrad an die Abzweigung, gehe einige Schritte zurück und betrachte diese neu komponierte Szenerie. Sie stellt auch neue Fragen: Was nehme ich mit auf meine Lebensreise? Was packe ich in die Satteltaschen? Das ist doch eine Schlüsselfrage. Im wörtlichen Sinn auf meiner Tour und im übertragenen Sinn auf unserer Tour durch das Leben. Ich hole meine Kamera und halte dieses Bild fest. Ich denke an die Schülerinnen und Schüler, denen ich gleich begegnen werde. Was haben sie in ihren Satteltaschen? Was holen sie heute heraus? Und was werden sie aus unserer Begegnung in ihre Satteltaschen packen?

Wohin führt meine Lebensreise?

An der Schule angekommen, werde ich schon erwartet. Der Schulleiter begrüßt mich fröhlich: „Herzlich Willkommen! Sabine hat schon viel von Ihnen erzählt, ich freue mich, dass Sie hier sind. Es ist alles vorbereitet.“ Ich nehme im Lehrerzimmer Platz und schaue mich um. Die anwesenden Lehrkräfte machen einen entspannten Eindruck, sie sprechen miteinander und lachen. Herr Weißenböck, der Schulleiter ist gut gelaunt und verbreitet eine vertrauensvolle Atmosphäre. Da kommt auch schon Sabine um die Ecke. „Guten Morgen! Na, gut geschlafen? Wir sind alle gespannt. Komm, wir schauen uns die Technik an.“ Jetzt geht alles sehr schnell. Wir prüfen die Präsentation, die Laustärke des Mikrofons, und schon nehmen die ersten Klassen in der Aula Platz. In Windeseile ist sie gefüllt, die Schüler schauen mich gespannt an und sitzen auf breiten Treppenstufen wie in einem Hörsaal.

Ich hole tief Luft und lege los. Ich erzähle von meiner Route, von den Beweggründen meiner Fahrt und zeige viele Fotos, anhand derer ich die Themen Wertschätzung und Dankbarkeit konkret mache. Nach etwa zehn Minuten „hängt" die Präsentation, nichts bewegt sich mehr. Und während sich einige an der Technik zu schaffen machen, sage ich: „Okay. Wir nutzen die Zeit einfach für Fragen. Ich bin gespannt. Packt sie aus." Auf einmal gehen mindestens 20 Finger nach oben. Und da kommen noch mehr. „Gab es schon eine Panne?" „Was essen Sie unterwegs?" „Ist es nicht einsam, so alleine?" „Was haben Sie alles in Ihren Satteltaschen?" „Was hat Ihre Familie dazu gesagt?" „Hatten Sie schon einmal Angst?" „Welche Tiere haben Sie gesehen?" „Würden Sie das noch einmal machen?" „Schicken Sie uns Bilder von unterwegs?" „Sind Sie schon dankbarer geworden? Wie fühlt sich das an?" „Was war ihr schönstes Erlebnis?"

Ich bin verblüfft von so vielen spannenden Fragen im Gepäck – und in diesem Moment fühle ich mich pudelwohl. Denn ich bin in meinem Element: Gespräche mit Schülerinnen und Schülern sind meine Lieblingsdisziplin im Unterricht. Und genau das ist doch das eigentlich Spannende – die Schülerinnen und Schüler bei ihren Fragen und Eindrücken abzuholen und sie mitzunehmen auf die Reise.

Nach der Beantwortung der ersten Fragen läuft die Präsentation wieder, um nach kurzer Zeit erneut stecken zu bleiben. Sie ist jetzt ohnehin nicht mehr wichtig. Denn wir sind im Gespräch und wollen auch nicht gestört werden. Dieser Gedanke amüsiert mich. Planung ist wichtig, Flexibilität jedoch oftmals entscheidend. Das gilt übrigens für beide Seiten. Beide sind aufeinander bezogen, beide sind für das Gelingen verantwortlich. Und ganz gewiss sind es gerade die Schülerinnen und Schüler, die den Vormittag bereichern.

Ich denke kurz an eine Unterrichtsstunde in meiner zweiten Klasse vor vielen, vielen Jahren, in der der Schulrat zu Besuch war. Das war am Ende meiner „Probezeit“ als Lehrerin. Ich habe damals ein Bilderbuch eingesetzt und Figuren und Bildausschnitte mit Magneten an die Tafel geheftet. Die Klasse saß im Kinositz davor. „Sonne und Wind. Wer ist der Stärkste?“, diese bekannte Fabel war das Thema. Mitten im Unterricht fielen die Bilder von der Tafel ab, eines nach dem anderen. Oh nein, dachte ich, wie unglücklich. Ich hatte auch keine Klebestreifen für diesen Notfall vorbereitet. Da rief Julia: „Guck mal, der Wind will gewinnen.“ Sie war richtig empört, offenbar war sie mitten in der Geschichte. Der Schulrat lachte und rief: „Klasse!“ Die Kinder drehten sich zu ihm um, mir schien, sie hatten seine Gegenwart vergessen. „Komm doch in den Kreis“, ermutigte Julia den Schulrat. „Dann kannst du besser sehen und bist nicht alleine.“ Ich hielt die Luft an. Und tatsächlich: Er kam und setzte sich zu den Kindern. Es lief daraufhin vieles anders als geplant – und es machte Spaß. Ich erinnere mich so gerne daran.

Und ähnlich läuft es heute: Die Fragen der Schülerinnen und Schüler sind einmalig und vermitteln mir ein Gespür dafür, was Kinder und Jugendliche an meiner Tour interessiert. Sie geben mir auch Tipps für meine kommenden Schulbesuche. Welch ein Auftakt. Ich bedanke mich bei ihnen mit einem Applaus – und sie bedanken sich bei mir mit einem Applaus.

Die Schulglocke beendet unsere Aktion, die Kinder und Jugendlichen bewegen sich in ihre Klassenräume zurück. Einige erkunden noch mein Fahrrad. Auch Sabine entschwindet in ihren Unterricht. Gemeinsam mit dem Schulleiter laufe ich durch das lichtdurchflutete, moderne Schulgebäude, und wir schauen in jedes Klassenzimmer hinein. Wir verteilen meine Andenken mit dem Kettenglied und meiner Kontaktadresse.

„Danke, dass Sie gekommen sind. Sie haben uns etwas ganz Wichtiges gezeigt.“ Herr Weißenböck schüttelt mir die Hand und fährt fort: „Jeder kann im Alltag Dankbarkeit und Wertschätzung leben, es gibt so viele Gelegenheiten dazu – jeden Tag neu. Wir machen uns das nur zu wenig bewusst. Ihr Vortrag wird weiterwirken, da bin ich mir ganz sicher." Und er schenkt mir einen kleinen Engel, den ich sorgsam in meine Satteltaschen packe.

„Jeder kann im Alltag Dankbarkeit und Wertschätzung leben, es gibt so viele Gelegenheiten dazu – jeden Tag neu."

Schon steht Sabine wieder da. „Mein Unterricht ist aus. Jetzt essen wir in der Schulküche und dann geht's aufs Rennrad. Ich habe meines dabei. Ich begleite dich nach Linz. Wir nehmen die Bergetappe." Gesagt, getan. Nach dem leckeren Essen wirft sich Sabine in ihre Rennradmontur. Einige Schülerinnen und Schüler beobachten uns, wie wir uns für den Start fertigmachen. „Frau Lehrerin, Sie sehen lustig aus", ruft ein Mädchen Sabine zu. Sabine lacht herzhaft. „So habt ihr mich noch nicht gesehen, ich müsste auch mal mit dem Rad zur Schule kommen." Wir machen ein paar fröhliche Erinnerungsfotos, und schon geht es los.

Nun ja, Sabines Rad ist deutlich leichter als meines. Und sie ist trainiert, fährt oft lange Touren in der Gruppe und mit ihrem Mann. „Aber du bist Bergspezialistin", entgegnet Sabine augenzwinkernd. Wir lachen. Auf dem Weg unterhalten wir uns pausenlos. Bald schon geht es bergauf, wir keuchen voran und erreichen ohne Rast den Gipfel. Von hier aus haben wir einen herrlichen Blick ins Donautal. Sabine fotografiert mich, das Bild sieht aus wie ein Schattenriss. „Für dein Tagebuch". Und schon geht es bergab, kurze Zeit später wieder bergauf, wir absolvieren ein anstrengendes Training.

Sabine hat ein Gespür dafür, was mir auf diesem Weg schwerfallen könnte. Gerade wenn es um den Balanceakt mit meinen Satteltaschen geht, z.B. auf Schotter bergab. Sie hält immer an den richtigen Stellen an, einmal schiebt sie sogar mein Rad in unwegsamem Gelände. Ich spüre, was es bedeutet, sicher geführt und begleitet zu werden. Ich kann mich auf Sabine verlassen. Dieses Gefühl ist großartig. Ein eindrückliches Bild für die Begleitung durch Gott. So anschaulich und greifbar wird mir das auf einmal bewusst. Und ich denke bei mir: Viel besser als jedes Navi ist jemand, dem ich mich so anvertrauen kann.

Hoch über dem Donautal

21

Manchmal treffe ich auf Menschen, die reden, reden, reden. Ich habe das Gefühl, ich werde von ihrem Wortschwall erdrückt. Ich würde am liebsten fliehen, alles fühlt sich eng an. Manchmal treffe ich auf Menschen, die ebenfalls viel reden. Ich fühle mich wohl in ihrer Nähe und ich habe das Gefühl, bereichert zu werden. Was macht den Unterschied?

Manchmal begegne ich Menschen, die Fragen stellen, und ich fühle mich ausgesaugt. Doch manchmal begegne ich Menschen, die Fragen stellen, und ich fühle mich gesehen und geachtet.

Mit der Art unserer Worte und mit unserer Haltung können wir viel bewirken. Wir können den anderen erdrücken oder dem anderen einen Raum eröffnen. Was macht den Unterschied aus?

Genau heute ist der richtige Zeitpunkt, diese Frage zu bedenken. Mein Tagebucheintrag entsteht spätabends im Bett. Ich bin in Linz bei einem guten Freund zu Besuch und zur Übernachtung auf meinem Weg eingeladen. Wir kennen uns schon seit der Studienzeit. Ich bin mir sicher, dass mir sein Name sofort einfiele, wenn mich jemand fragen würde, wer aus meinem Bekanntenkreis gerne und viel redet. Klar: Ingo natürlich! Glücklicherweise zählt Ingo zu der oben beschriebenen zweiten Gruppe von Menschen. Und da ich auf meiner Tour schon vielen Menschen mit ganz unterschiedlichen Charakterzügen begegnet bin, fällt mir das heute besonders auf. Ich denke also über meine Erfahrungen nach.

Ich genieße das Zusammensein mit Ingo, wir lachen viel, denn er ist ein Mensch mit Humor, und er führt mich durch seine Erzählungen hinein in andere Welten – als würde ich gerade ein gutes Buch lesen. Das ist Ruhe und Entspannung für meine Seele. Ingo ist Theologe und Bibliothekar. Er leitet eine Universitätsbibliothek. Daneben hat er ein unglaublich spannendes

Hobby, fast schon ein zweites Standbein: Er ist „Costumed Live Interpreter" und tritt bei „Living History"-Veranstaltungen auf, meist in einer herausgehobenen Position. Er trägt also historische Kleidung und macht für die Zuschauer und Zuhörer Geschichte lebendig. Klar, werden Sie jetzt denken, dieser Mensch muss ja ein immenses Wissen haben: Ein wandelndes Lexikon und ein wandelnder Geschichtenerzähler. Welches Bild haben Sie gerade vor Augen? Sehen Sie ihn in der historischen Kleidung oder zwischen Bücherregalen oder beim Studieren in alten Büchern? Oder am Computer sitzend? Ich finde es immer sehr interessant, mir bewusst zu machen, welche inneren Bilder ich mir auf der Grundlage des Gelesenen zurechtlege. Darin schwingen immer auch Gefühle mit. Würden Sie Ingo gerne kennenlernen? Vielleicht denken Sie auch: Wie kann er denn zu der zweiten Gruppe von Menschen zählen?

Ehrlich gesagt, genau diese letzte Frage hat mich bewegt, als ich zu Bett gegangen bin nach einem erfüllten und reichen Abend, an dem ich so viele Geschichten gehört habe. Darum will ich von Ingo erzählen. Ich habe allerhand von ihm gelernt.

Drehen wir das Rädchen ein paar Stunden zurück. Als ich eintreffe, begrüßt mich Ingo mit der Küchenschürze. „Unser historisches Mahl ist gleich bereitet", sagt er – fast schon singend. „Dusche dich und mache es dir gemütlich." Ich schaue mich in seiner Küche um: Auf dem Tisch steht historisches Geschirr, es dampft aus den Töpfen, und auf der Fensterbank wartet schon der Nachtisch, ein Käsekuchen, gebacken nach einem Rezept aus dem 18. Jahrhundert. Mir läuft das Wasser im Mund zusammen, ich dusche so schnell ich kann und setze mich zu Tisch.

„Gerade im rechten Moment", ruft Ingo, ein Wecker klingelt und markiert das Ende des Kochvorgangs. Ingo serviert die Speisen: einen Kartoffelauflauf, leckeres Brot und Gemüse in einer fantastischen Soße. „Alles vegetarisch, extra für dich!", sagt er, und ich bedanke mich von Herzen. Ingo erzählt von den Rezepten und merkt augenzwinkernd an, dass ich eine willkommene Versuchsperson sei, denn er müsse demnächst eine größere Zahl von Gästen bekochen. Wenn ich also morgen meine Radreise fortsetzen könne, sei das schon einmal ein gutes Zeichen. Wir lachen. „Da bin ich aber froh, dass ich dir zu diesem Zwecke dienen kann", und ich verneige mich. Mich interessiert jetzt brennend, wie es ihm so geht, was er beruflich und privat gerade erlebt, und wir tauschen uns angeregt aus. Die Speisen und Getränke schmecken köstlich.

Irgendwann kommt mir der Gedanke, den ich eingangs formuliert habe. Warum macht es so viel Freude, Ingo zuzuhören? Ich bin wahrlich keine Größe im Bereich des historischen Wissens, ich würde meine Kenntnisse als höchstens durchschnittlich einschätzen. Auch greife ich privat eher zu anderen Büchern als zu denen, die Ingo gerne liest. Und genau darum interessiert es mich: Was macht diesen Abend zu einer erfüllten Zeit? Warum höre ich Ingo gerne zu? Ich spüre, dass es noch etwas anderes ist als die Tatsache, dass ich mich freue, ihn nach langer Zeit wiederzusehen.

Und so frage ich ihn kurzerhand, wie ihm das gelingt. Ingo lacht. „Ganz einfach", sagt er, als hätte er sich auf diese Frage vorbereitet. „Es ist ein tolles Gefühl, wenn du merkst, dass sich dein Gegenüber für das interessiert, was du erzählst. Als würde der Funke überspringen, der auch mich wieder bereichert. Ich habe mich mit diesem Thema schon viel befasst und – du wirst es dir denken – auch Bücher dazu gelesen. Eigentlich ist es ganz einfach, so sehe ich das jedenfalls."

Jetzt macht er eine Pause. Worauf wartet er? „Verrätst du mir dein Geheimnis?", frage ich neugierig.

„Geheimnis? Hmm." Ingo lacht. „Also: Erstens brauchst du ein ernsthaftes Interesse an deinem Gegenüber. Eine Freude daran, diesen Menschen kennenzulernen, mit diesem Menschen zusammen zu sein, diesem Menschen etwas zu erzählen. Oder einer Gruppe von Menschen. Wenn ich also eine Geschichte erzähle, dann nicht in erster Linie, weil sie mir so gefällt oder weil es eben gerade mein Job ist – obwohl das natürlich auch stimmt –, sondern vor allem, weil ich Freude daran habe, andere zu begeistern. Weil ich gerne möchte, dass sie etwas in den Geschichten lieben lernen. Weil sie vielleicht sich selbst dann neu entdecken lernen u.s.w."

„Das kann ich sehr gut nachvollziehen. Und zweitens?", frage ich.

„Zweitens kommt dann eine bestimmte Weise der Gesprächsführung hinzu. Das unterscheidet sich natürlich, je nachdem, ob ich es mit einer Person zu tun habe oder mit einer Gruppe von Menschen, ob ich mein Gegenüber schon kenne oder noch nicht. Das ist ja klar. Der Begriff ‚Gesprächsführung' hört sich auch etwas zu technisch an für das, was ich sagen will. Es ist viel mehr als eine Methode. Es ist irgendwie vor allem eine Art der Begegnung, wie schon bei dem ersten Punkt. Ich habe mir angewöhnt, immer bemüht zu sein, Aussagen meines Gegenübers aufzunehmen. Ich möchte nicht einfach mit dem Sprechen wie aus heiterem Himmel beginnen, denn dann kommen die Menschen nicht mit mir mit, sondern bleiben Zuschauer und Zuhörer. Also möchte ich zuerst herausfinden, was sie interessiert, was sie auszeichnet, wo sie stehen – dann kann ich ihnen Wege anbieten. Wenn ich aufgreife, was mein Zuhörer sagt und was ihn bewegt, und wenn ich diese Gedanken dann mit meinen Gedanken und Geschichten weiterführe, dann entsteht eine Verbindung und wir können zusammen das Neue erkunden. Dann entwickelt sich auch für mich oft Neues. Ich bin nämlich auch neugierig, sehr sogar. Ich spule nicht einfach etwas ab. Ich entdecke so gerne unbekannte Blickwinkel, spannende Gedanken, Fragen, die ich mir noch nie gestellt habe usw. Und glaube mir, das ist toll."

Die Art und Weise, wie Ingo spricht, ist also auf das Interesse an seinem Gegenüber bezogen. Ein großartiges Fundament für das Gespräch mit anderen Menschen. Ich freue mich so sehr, dass ich Ingo gefragt habe. „Das werde ich in mein Tagebuch schreiben", sage ich. „Aber noch wichtiger: Ich nehme diese Gedanken mit auf meine Tour und bin gespannt, wohin sie mich führen." „Gerne doch", erwidert Ingo.

„Jetzt schneiden wir den Käsekuchen an." Ingo schwingt das Messer und schneidet zwei stattliche Stücke zurecht. Wir genießen – dieses Mal schweigend. Ich muss nachdenken.

Plötzlich kommt mir noch die folgende Frage in den Sinn: „Wie findest du eigentlich Zeit, deinen Interessen nachzugehen? Ich meine, dein Tag ist voll durch deine vielen Aufgaben. Wie und wann findest du zu dir?" Ingo denkt nach, dann sagt er: „Das Erste wirst du dir denken. Ich liebe, was ich tue, meistens jedenfalls." Ingo erzählt, dass er in seinem Beruf natürlich auch unliebsame Aufgaben zu bewältigen habe, aber das sei halt so und könne sicher gar nicht anders sein. Darauf müsse man sich einstellen, aber nicht den Schwerpunkt legen. Und am besten solle man das alles mit Humor nehmen, dann gehe es leichter von der Hand. Ich sehe Bruder Ulrich vor mir. Ingo und Ulrich kennen sich gut, beide sind Bibliothekare. „Und dann habe ich in den letzten Jahren hier in Österreich ein Ritual entwickelt." Jetzt strahlt er förmlich und ich merke, dass etwas Besonderes kommen muss. Ingo lehnt sich zu mir nach vorne und flüstert: „Morgens, bevor ich in die Bibliothek gehe, setze ich mich mit einem Buch, das nur einen einzigen Zweck erfüllt, in ein Café. Und der Zweck ist, dass ich dieses Buch lesen möchte, weil es mich interessiert. Ich trinke meinen Morgenkaffee, ich lese dabei, und diese Zeit genieße ich sehr! Mindestens eine Stunde, oft auch länger. Meine Lebensfreude wird angefacht, einen besseren Start in den Tag kann es für mich nicht geben."

Ich sehe Ingo im Café vor meinem inneren Auge, versunken in sein Buch. Ein wunderbares Ritual. Und ich beginne zu träumen. „Solche Rituale müssen natürlich mit den Lebensbedingungen vereinbar sein." Ingo holt mich in die Gegenwart zurück. „Ich kann es mir leisten, um 9 Uhr in die Bibliothek zu kommen. Dafür findest du mich manchmal auch noch um 21 Uhr dort. Die Arbeit erledigt sich nicht von selbst. Aber nach meinem Cafébesuch habe ich definitiv die meiste Energie." Wieder stelle ich mir Ingo vor, wie er fröhlich gelaunt seinen Arbeitsplatz betritt. Die Mitarbeiterinnen und Mitarbeiter werden es ihm danken, da bin ich mir sicher.

Welcher Start in den Tag schenkt mir Energie? Welches Ritual könnte ich entwickeln?

Der Eintrag heute ist lange geworden. Ich sitze wach und vergnügt im Bett, dabei ist es schon nach Mitternacht. Welch ein bereichernder Abend. Ich werde noch lange an diese Inspirationen denken, da bin ich mir sicher. Und sie in mein Leben einladen. Ich halte einen Moment inne, spüre diesen Gedanken nach und kuschle mich glücklich in meine Bettdecke ein.

Ingo in seiner historischen Kleidung, hier als Wurstfabrikant Bäuerle um 1910

22

Wenn ich an Schulen und in Kirchengemeinden bin oder wenn ich Menschen einfach unterwegs treffe und wir ins Gespräch kommen, gebe ich meine Kontaktadresse weiter und das Kettenglied, das an die Lebenshaltung der Wertschätzung und Dankbarkeit erinnert. Einige befestigen das Kettenglied direkt an ihrem Schlüsselbund oder einem Reißverschluss. Wer sich entschließt, das Kettenglied täglich mit sich zu führen, möchte in dieser neuen Haltung leben. Und sehr häufig finde ich von diesen Menschen abends Nachrichten in meinem Postfach. Da sind Gottesdienstbesucher, die gerne die Predigt nachlesen möchten. Da sind Kinder und Jugendliche, die noch eine Frage stellen oder ihre Eindrücke ganz persönlich schildern wollen. Da sind Menschen, die einfach gerne Kontakt halten wollen, vielfach auch die Gastgeberinnen und Gastgeber meiner Unterkünfte. Es macht mir immer Freude, die Nachrichten zu lesen und mich mit all den Weggefährten auszutauschen.

Heute schreibt Max – kurz nachdem ich an seiner Schule war:

Was ich noch sagen wollte: Vielleicht brauchen Sie auch eine Schlagzeile. Wie in den Zeitungen oder im Internet. Also, ich meine, Sie könnten schreiben, dass etwas Schlimmes passiert ist und Sie es gesehen haben oder was Ihnen selbst unterwegs passiert ist. Also irgendwelche Pannen, Unfälle u.s.w. Ich schreibe das, weil ich heute in der Zeitung nach Berichten gesucht habe, die etwas von Glück oder Dankbarkeit erzählen. Da habe ich nur etwas im Sportteil gefunden. Aber sonst geht es doch meistens um schlechte Nachrichten.

Max hat mit seiner Beobachtung etwas sehr Wichtiges angesprochen, er hat eine spannende Entdeckung gemacht. Natürlich hat sie mich nachdenklich gestimmt. Brauche ich tatsächlich etwas „Schlimmes“, damit meine Zeilen Aufmerksamkeit erzielen? Nun, ich habe nichts Dergleichen zu erzählen: Zum Glück – Gott sei Dank.

Na ja, wenn ich ganz angestrengt nachdenke: Da war ein Radweg, der an einer Kompostieranlage endete. Das Navi zeigte einen Weg hindurch, doch ich durfte dort nicht fahren. Also musste ich einen Umweg nehmen. Na und? Ich hatte es ja nicht eilig. Einmal musste ich mein Rad Treppenstufen hinauftragen und kurze Zeit später kilometerlang an einer Autobahn durch das kniehohe Gras schieben. Fahren war nicht möglich. So habe ich mein Rad eben geschoben und mir bewusst gemacht, wie gut ich es auf den meisten Etappen habe. Einmal suchte ich lange Zeit nach einer Möglichkeit, meine Wasserflaschen aufzufüllen. Ich habe intensiv erlebt, wie schwer mir das Fahren in dieser Situation fiel. Meditieren war nicht mehr möglich. Doch wie glücklich war ich bei der nächsten Quelle, die trinkbares Wasser schenkte. Ein unglaubliches Gefühl der Freude. Und im Übrigen: Ich war jeden Tag gesund und mein Rad hatte keine einzige Panne. Gott sei Dank!

Frisches Quellwasser – wie gut das tut!

Aber natürlich hat Max auch recht. Ich stelle mir gerade eine Tageszeitung vor, die schon auf der Titelseite lauter Glücksgeschichten und Geschichten der Dankbarkeit bringt. Und ich stelle mir die irritierten Gesichter der Zeitungsleser vor. Die erste Geschichte mag sie freuen, aber dann würden sie die Skandale suchen. Oder? Außer vielleicht an Weihnachten, da dürfte solch eine Sonderausgabe gut ankommen. Woher kommt das? Warum wollen Menschen von Unglücksfällen lesen und Nervenkitzel erleben?

Unser Gehirn ist seit Beginn der Menschheitsgeschichte darauf ausgerichtet, schneller und stärker auf negative Einflüsse und Gefahren zu reagieren als auf positive Erlebnisse. Was früher hilfreich war und dem Überleben in der rauen Natur diente, ist heute größtenteils hinderlich. Auch wenn unsere Lebensumstände heute ganz andere sind, reagiert unser Gehirn nach wie vor höchst sensibel auf Gefahrensituationen, egal ob wir sie tatsächlich erleben oder davon lesen. Die Aufmerksamkeit ist fokussiert. Der Rest unseres Körpers läuft auf Sparflamme. Darum sind Menschen wie magisch angezogen von Horrornachrichten und Unglücksgeschichten. Natürlich ist eine solche Fokussierung in Extremsituationen sinnvoll, aber nicht als Dauerzustand. Ich will damit keineswegs sagen, dass wir nicht erfahren sollen, welches Leid in der Welt herrscht und was Menschen anderen Menschen, Tieren und der Natur antun. Es gäbe jedoch auch anderes zu berichten. Ich bin mir sicher, dass wir ebenso empfindsam werden können für all die erfreulichen, mutmachenden, lebensfördernden Geschichten. Und dass diese uns zum Umdenken und ins Handeln bringen könnten – auf dass sich das Gute verbreitet.

Genau an dieser Stelle komme ich auf das Thema meiner Tour zurück. Denn darum geht es mir. Aus den vielen Eindrücken, die auf mich einströmen, das Gute herauszufiltern und zu fördern. Beim Schlechten nicht wegzusehen, sondern einen Beitrag zum

Guten zu leisten. Möglichkeiten gibt es zuhauf. Wir müssen nur die Augen dafür öffnen.

Lieber Max,
vielen Dank für deine Nachricht, du bist ja sehr aufmerksam, und ich finde es beachtlich, dass dir genau das auffällt. Es ist tatsächlich so, dass wir besonders auf Unglücksnachrichten mit Aufmerksamkeit reagieren. Erinnerst du dich, was ich über unsere Wahrnehmung erzählt habe? Dass unsere Vorfahren in der frühen Menschheitsgeschichte permanent darauf ausgerichtet sein mussten, Gefahren zu erkennen, damit sie sich schützen konnten. Im Alltag lauerte die Gefahr an jeder Ecke. Es ging um das Überleben. Und das Gehirn des Menschen hat sich genau für diesen Zweck entwickelt, es reagiert blitzschnell auf Bedrohung und sendet Alarmsignale in den Körper, damit er entsprechend schnell reagieren kann. Das gilt noch heute. Auch dein Gehirn arbeitet auf Hochtouren, wenn du am eigenen Leib Gefahr erlebst, und ebenso, wenn du darüber liest, es bereitet auch dann die Flucht vor. Höchste Konzentration ist angesagt. Diese menschliche Reaktion machen sich die Verfasser der Nachrichten zu Nutze. Wenn Skandale und Unglücke entsprechend dargestellt werden, ziehen sie die Leserinnen und Leser genau auf diese Weise an. Dadurch lernen wir, die Welt mit bestimmten Augen zu sehen.
Mir ist auf der Tour nichts passiert, das in solch eine Schlagzeile münden könnte. Doch ich habe vieles erlebt, das auf ganz andere Weise außergewöhnlich war: Z.B. die Erfahrung, dass mein Reiserad keine einzige Panne hatte. Es gab weder einen Platten noch sonst etwas, das mich ausgebremst hätte. Oder denke nur an Ewald. Ich habe euch von ihm erzählt: Er wagt einen Neuanfang in Thailand. Dazu gehört eine gewaltige

Portion Mut. Ich meine, das ist Abenteuer genug. Darüber könnten die Zeitungen einmal berichten.
Gerade kommt mir die folgende Idee: Sprecht doch in deiner Klasse einmal darüber, wie ihr positive Nachrichten in die Welt senden könnt. Beispielsweise könntet ihr jede Woche eine entsprechende Meldung auf die Homepage eurer Schule stellen oder eine Schülerzeitung mit genau diesem Ziel regelmäßig gestalten. Schreibt eure Lokalzeitung an, ob sie eure Geschichten der Dankbarkeit, Wertschätzung und Achtsamkeit verbreiten möchten, erzählt überall von eurem Vorhaben und lasst andere Menschen daran teilhaben, indem sie solche Geschichten bei euch einreichen. Sucht ein Projekt, das ihr mit eurer Hilfe unterstützen könnt. Es gäbe noch viele Ideen. Ich bin gespannt, was du daraus machst.
Bis bald und liebe Grüße, Deine Petra Freudenberger-Lötz

Es dauert ein paar Tage, da bekomme ich von Max diese Nachricht in mein Postfach:

Hallo Frau Freudenberger, vielen Dank für die ausführliche Antwort auf meine Frage. Das ist ja wirklich verrückt mit den Nachrichten. Das mache ich, ich habe gleich meinen Freunden von der Idee mit der Zeitung erzählt. Wir diskutieren im Klassenrat darüber, welche Aktion wir als Erste auf die Beine stellen oder ob uns noch etwas anderes einfällt. Das ist sehr spannend! Dankeschön und noch eine gute Fahrt! Max

Noch bevor ich auf die Nachricht von Max antworten kann, schreibt er mir am kommenden Tag erneut:

Hallo, ich bin es wieder. Wir haben diskutiert und uns informiert, und wissen Sie, auf was wir gestoßen sind? Etwas Un-

glaubliches. Eine echte Schlagzeile: Die „Schenk-Ökonomie" von Nipun Mehta. Er hat ganz viel Gutes bewirkt, indem er nach dem Grundsatz lebt, der von Mahatma Gandhi stammt: „You must be the change you want to see in the world", also so ungefähr „Sei selbst die Veränderung, die du in der Welt zu sehen wünschst." Das ist so cool, er hat eine ganze Bewegung gegründet und bietet viele kostenlose Dienste an. Sein „Unternehmen" wird immer größer. Erst hat er Geld verschenkt, dann seine Zeit und am Ende sich selbst: Er hat ein kostenloses Restaurant eröffnet, eine kostenlose Zeitschrift und kostenlose Dienstleistungen angeboten. Er hat keine Gegenleistung erwartet. Und auf einmal machten ganz viele Menschen mit. Er bekam auch unglaublich viele Spenden. Die Sache wächst und wächst. Er bringt so viel Gutes in die Welt. Genial. Er hat schon viele Menschen angesteckt. Uns auch. Wir probieren es aus. Übrigens gibt es die meisten Informationen über ihn auf Englisch, sodass wir unsere Englischstunden auch nutzen dürfen. Unsere Lehrerin findet die Idee sehr gut. Tschüss. Dein Max

„Sei selbst die Veränderung, die du in der Welt zu sehen wünschst."
Mahatma Gandhi

Danke für diese Inspiration, Max. Danke vielmals. Mich hast du auch angesteckt.

Jetzt, während ich dieses Buch schreibe und längst wieder zu Hause bin, begegnet mir übrigens Gutes am laufenden Band. Ich frage mich, wo ich meine Aufmerksamkeit denn vorher hatte. Die Menschen, die mir jetzt in dieser Weise begegnen, gab es auch vor meiner Reise. Ich unterstelle jetzt einmal, dass sie nicht alle auf einmal ihren Lebensstil geändert haben. Doch ich habe meine Sicht verändert.

23

Heute fahre ich nach Amstetten, genauer gesagt nach Euratsfeld. Ich treffe Willi. Willi habe ich auf der Lehrerfortbildung kennengelernt, auf der ich auch Sabine zum ersten Mal getroffen habe. Willi fiel mir gleich auf. Na ja, zuerst deshalb, weil er zu spät kam. Der Tagungsort war kurz vor der Fortbildung verlegt worden und Willi hatte einfach nicht mehr an diese Verlegung gedacht. So fuhr er zunächst zum ursprünglichen Tagungsort. Dort stellte er fest, dass er am falschen Ort war, informierte die Tagungsleitung über seine Verspätung und kam dann nach ungefähr einer halben Stunde an. Vielleicht war es auch nach einer Stunde. Vergnügt betrat er den Raum, keine Spur von Anspannung oder Hetze. Er entschuldigte sich, setzte sich auf den freien Stuhl und lauschte meinen Ausführungen. Ich war in diesem Moment von seiner Haltung sehr beeindruckt. Willi hätte auch gehetzt ankommen können, er hätte sich Vorwürfe machen können oder sich fragen können, was die anderen von ihm denken. Ich vermute, diese innere Haltung hätten wir ihm angemerkt.

Auch im weiteren Verlauf fiel Willi mir auf. Er bedankte sich, wenn ihm eine Unterrichtsidee oder ein anderes Element meiner Präsentation zusagte. Er gab viele wertschätzende Rückmeldungen, hatte ein umfangreiches theologisches Wissen, das er unaufdringlich einbrachte. Und er betonte immer wieder, dass ihm die Zusammenarbeit mit den Kindern und Jugendlichen in der Schule sehr viel gebe.

Als die Tagung zu Ende war und ich nachsehen konnte, wo sein Heimatort liegt, entdeckte ich, dass ich sein Zuhause in meine Route leicht einbauen könnte. So fragte ich ihn, ob ich ihn besuchen dürfe, denn ich wollte ihn gerne näher kennenlernen. Willi lud mich daraufhin zum Übernachten ein und zum Besuch seiner Schule am darauffolgenden Tag.

Im Mostviertel stehen die Birnbäume in voller Blüte…

Jetzt bin ich also unterwegs zu Willi. Ich bin schon sehr gespannt. Immer wieder halte ich an und fotografiere Obstbäume. Ich befinde mich im sogenannten Mostviertel Österreichs, und die Birnenblüte ist auf ihrem Höhepunkt – herrlich. Saftig grüne Wiesen, strahlend blauer Himmel, weiße Blütenpracht und mein leuchtend blaues Fahrrad. Eine wunderschöne Komposition. Willis Haus finde ich nicht auf Anhieb. Die Reihenfolge der Hausnummern will mir nicht einleuchten. Und so fahre ich ein wenig ratlos im Kreis herum. Endlich entdecke ich Hausnummer 7. Geschafft. Ich läute. Und da steht auch schon Willi in der Tür. „Herzlich Willkommen, welche Freude, du hast es geschafft und unser Haus gefunden." „Ja, zum Glück, ich habe dein Haus mehrfach umkreist." Wir lachen. „Ich habe es gesehen und mich gefragt, wie viele Runden du fahren möchtest", sagt Willi augenzwinkernd, „manchmal strampeln wir uns ab und sind schon längst angekommen." Tolles Bild, denke ich. „Komm, ich zeige dir dein Zimmer und dann trinken wir Kaffee." Willis Familie hat einen eigenen Gästebereich, in dem ich freundlicherweise wohnen darf. Dort liegen auch Spielsachen von den Enkelkindern. Ich genieße eine ganze Weile die warme Dusche, dann suche ich die Küche auf. Auch im Haus ist es nicht ganz leicht, die Wege zu finden. Doch dieses Mal klappt es schneller.

Willi strahlt mich an. „Toll, was du machst. Sicher hast du schon viel erlebt." „Ja, das habe ich wirklich – und ich bin sehr froh, heute bei dir zu sein." Willi lacht. „Meine Frau kommt auch bald nach Hause. Dann gibt's Jause, und zum Sonnenuntergang fahren wir auf den Berg. Das wird bestimmt schön heute Abend, die Sicht ist gut. Und du kannst uns alles fragen, was dich interessiert."

Bei Sonnenuntergang sitzen wir im Gras. Es ist ein warmer Abend, wir sehen ins Tal, und das Farbenspiel verbreitet eine herrliche Stimmung. „Du hast eine ganz besondere Ausstrahlung", sage ich, „gerne würde ich mehr über dich erfahren." Willi lächelt. „Danke, dass du mich fragst. Ich erzähle dir gerne von meiner Geschichte. Meine Schüler fragen mich auch immer danach. Ich komme aus Ecuador. Ich stamme aus einer armen Familie. Meine Mutter war eine sehr gläubige Frau, sie hat mir immer erzählt, dass Gott uns liebt. Und sie hat diese Haltung gelebt, sie hat daran geglaubt. Wahrscheinlich habe ich das von ihr." Willi schweigt. Dann fährt er fort: „Ich wollte meine Familie unterstützen und habe als Kind nachmittags, also nach der Schule, gearbeitet, ich war Schuhputzer. Aus Dankbarkeit. Ich wollte das. Glaub mir, man kann nicht pauschal über Kinderarbeit urteilen. Hätte mir das jemand verboten, ich wäre tief traurig gewesen. Kinderarbeit ist nicht gleich Kinderarbeit. Ich hatte gute Umstände, gute Zeiten, keine harte Arbeit. Und die Männer, denen ich die Schuhe geputzt habe, waren nett zu mir. Ich habe schnell gelernt, wie man Schuhe blitzblank putzt. Das hat mir Spaß gemacht. Immer, wenn Männer mit feinen Anzügen kamen, habe ich mich besonders angestrengt. Ich wollte, dass sie wiederkommen. Ich habe mir die Anzüge ganz genau angesehen. Und eines Tages hatte ich einen Traum: Ich wollte später einmal solche Anzüge tragen wie diese Männer. Mein Traum hat mir ganz viel Kraft gegeben, er hat mich angespornt. Ja, er hat meinen Alltag verwandelt. Ich habe ihn jeden Abend vor dem Schlafengehen und jeden Morgen beim Aufwachen geträumt. Und ich habe danach gehandelt. Nach der Pflichtschulzeit habe ich die Abendschule besucht. Und tatsächlich konnte ich mein Theologiestudium beginnen. Ich wollte Priester werden, allen Menschen von Gottes Liebe erzählen. Denn alleine hätte ich meine Träume nicht verwirklichen können." Ich kam aus dem Staunen nicht heraus. Was für eine Geschichte. Willi erzählt weiter: „Aber manchmal kommt

„Mein Traum hat mir ganz viel Kraft gegeben, er hat mich angespornt. Ja, er hat meinen Alltag verwandelt."

alles anders, als wir es planen." Willi blickt seine Frau Hermine liebevoll an. „Hermine war in Ecuador, sie hat bei einem Hilfsprojekt mitgearbeitet. Ich habe sie gesehen und es war um mich geschehen." Wir lachen. „Das reimt sich", ruft Hermine. „Glaub mir, ich habe es mir nicht leicht gemacht. Ich habe mit Gott gerungen. Denn eine Frau bedeutete, dass ich kein Priester werden konnte. Leider ist das bei uns immer noch so. Nun gut, ich will nicht klagen. Irgendwann hatte ich mich entschieden. Und es war so hilfreich, dass Hermine nie gedrängelt hat. Sie hat auf mich gewartet. Dieses Mal und noch weitere Male. Nicht weil ich unpünktlich war, sondern weil es nicht leicht ist, die Heimat zu verlassen. Und wir mussten nach Österreich. Hermines Eltern ging es nicht gut. Glaube mir, das ist etwas ganz anderes, hier zu leben." Oh ja, das glaube ich sofort. Auch wenn ich diese Erfahrung nicht am eigenen Leib gemacht habe. Ich kann es mir dennoch in Ansätzen vorstellen. Wieder schweigen wir. „Wann musste sie denn noch warten?", frage ich. Willi erzählt – spürbar nachdenklich: „Unser erstes Kind war schon auf der Welt, und ich fühlte mich in Österreich noch immer nicht zu Hause. Ich musste nochmals nach Ecuador, dort einige Zeit leben, um zu erkennen, welcher Platz für mich bestimmt war. Ich habe unseren Sohn mitgenommen. Das war der größte Vertrauensbeweis, den eine Mutter geben kann – ihren unzufriedenen Mann mit einem kleinen Jungen ziehen lassen. Viele haben den Kopf geschüttelt und zu Hermine gesagt, sie sei verrückt. Aber sie hat mir vertraut." Willi streichelt Hermine zärtlich. „Für mich war diese Zeit Gold wert. Irgendwann, ich glaube, es war nach 6 Wochen, kehrte ich zurück. Und jetzt war Österreich meine Heimat."

Mittlerweile ist es dunkel, nur die Lichter der Stadt sind zu sehen und in der Ferne die Sterne am Himmel. Wir drei sitzen im Gras und schweigen. Eine solche Geschichte hatte ich nicht erwartet.

„Komm, wir fahren zurück. Es wird kalt", unterbricht Willi mein Nachdenken. Zu Hause angekommen, sitzen wir um den Küchentisch und setzen die Unterhaltung fort. „Dankbar sein, Gott lieben, niemals aufgeben zu träumen, das sind wichtige Grundsätze, die ich in meinem Leben gelernt habe und die ich weitergebe. Darum fühle ich mich in der Schule so wohl. Die Kinder hören mir aufmerksam zu und ich spüre, dass sie das ernst nehmen, was ich sage. Das erfüllt mich mit Dankbarkeit. Ich kann in der Schule ebenso gut wirken wie als Priester."

Ich nicke bestätigend. „Das ist eine ganz außergewöhnliche, wunderbare, mutmachende Geschichte", sage ich. „Deine Schüler können sich glücklich schätzen." „Du wirst sie morgen kennen lernen", erwidert Willi. „Dann könntest du sie fragen, ob sie glücklich sind." Willi schmunzelt. „Und nicht, dass du dich wunderst, ich trage natürlich in der Schule immer einen Anzug, egal wie heiß es ist." Wir lachen wieder und begeben uns langsam zu Bett. Ich bin so gespannt auf morgen.

> „Dankbar sein, Gott lieben, niemals aufgeben zu träumen …"

Mit Willi – von seinen Schülern für uns eingefangen

24

Um 6.30 Uhr treffen wir uns in der Küche zum Frühstück. Willi hat Brötchen geholt und trägt schon seinen Anzug. Hermine hat den Tisch wunderschön gedeckt. Nach dem Gebet wünschen wir uns einen guten Appetit. „Mal sehen, wie lange du mit deinem Rad brauchen wirst", sagt Willi und kaut genüsslich an seiner Gebäckstange. „Der Ort und die Schule liegen auf dem Berg, und die Anfahrt ist steil." Willi lacht. „Da kannst du schön trainieren". „Na klar", sage ich, und ich freue mich wirklich auf die Fahrt.

Wir fahren gemeinsam los, Willi mit dem Auto und ich mit dem Rad. Er hat gleich zur ersten Stunde Unterricht, während meine Präsentation erst um 10 Uhr beginnt, ich habe also ausreichend Zeit. Die benötige ich auch. Ich wusste nicht, dass es hier an der Donau solche Anstiege gibt. Trotzdem habe ich Muße zum Nachdenken. Das genieße ich.

An der Schule in Neustadtl an der Donau angekommen, werde ich schon erwartet und im Lehrerzimmer in die Gespräche einbezogen, als gehörte ich dazu. Die Schulleiterin hat erst kurzfristig von Willis Idee erfahren, mich an die Schule einzuladen. Sie hat diese Aktion sofort begrüßt und allen Klassen die Teilnahme ermöglicht. Wir treffen uns im größten Raum der Schule. Alle Schülerinnen und Schüler passen hier hinein, allerdings sitzen sie recht beengt. Die Jüngsten sitzen vorne, die Ältesten hinten. Unzählige Augenpaare sind auf mich gerichtet. Es geht los. Dieses Mal gibt es keine Pannen, alles geht seinen gewohnten Gang. Als ich die Fragerunde eröffne, sagt Florian: „Ich habe erst einmal keine Frage. Ich möchte etwas sagen, also eine Beobachtung. Ich habe gemerkt, dass Sie uns die ganze Zeit, wie soll ich sagen, anlächeln, so die ganze Zeit freundlich schauen. Ihnen macht die Reise Spaß, oder?" Ich nicke und bin sehr überrascht. Clemens geht noch einen Schritt

Hohe Aufmerksamkeit in Neustadtl an der Donau

„Mut zum besten Leben."

weiter: „Und wenn das stimmt, was Sie sagen, mit der Dankbarkeit und was sie so bewirkt, dann ist Ihre Reise doch das Beste, was Sie gerade machen können. Ich finde das mutig. Mir fällt da ein Slogan ein: ‚Mut zum besten Leben'. Das klingt doch gut, stimmt's?" Ich nicke und schaue Willi an. Er zwinkert mir zu. Zeit zum Nachdenken bleibt mir nicht, denn nun ist Leandra an der Reihe: „Ich glaube, es ist für Sie das Beste, und für mich zum Beispiel ist bestimmt etwas anderes das Beste. Auch was für mich mutig ist, ist vielleicht für Sie nicht mutig und umgekehrt." „Na klar, wir sind alle unterschiedlich", erwidere ich. „Ich glaube, in eurem Alter hätte mein ‚bestes Leben' auch anders ausgesehen als jetzt. Ich vermute auch, dass ich mich gar nicht gefragt habe, was das beste Leben für mich ist. Ist das tatsächlich eine Frage, die ihr euch manchmal stellt?" „In Reli schon", ruft Max zielsicher und schaut auf Willi. „Also das ist ja das Wichtigste in Reli. Da können wir toll reden." „Frau Professor, aber denken Sie die ganze Zeit nach? Ist das nicht anstrengend? Ist das nicht langweilig?" „Und so lange sind Sie unterwegs, haben Sie kein Heimweh?" „Haben Erwachsene eigentlich Heimweh?" „Was machen Ihre Kinder so lange?“ „Telefonieren Sie jeden Tag?“ Ich atme durch und los geht’s, wir stürmen durch die Fragen bis zum Gong. Jetzt bin ich erschöpft. Und ziemlich glücklich. Welch ein Erlebnis. Willi kommt auf mich zu: „Gratulation, da hast du den Schülerinnen und Schülern ganz wichtige Dinge für ihr Leben gesagt“. Er lacht. „Jetzt eine Tasse Kaffee? Wir haben eine Schulstunde Zeit, dann geht es nochmals in den Religionsunterricht. Du kommst natürlich mit.“

Die Gespräche im Lehrerzimmer ziehen an mir vorüber. Ich genieße den Kaffee und bin innerlich bei den Fragen der Kinder und Jugendlichen. Dass sie sich so sehr auf meine Reise einlassen konnten und diese tiefgreifende, überaus rasante Diskussion entstand, fasziniert mich.

Unsere Pause vergeht wie um Flug und ich finde mich mit Willi bei den zwölfjährigen Schülerinnen und Schülern ein. Ich setze mich ans Lehrerpult, Willi steht. Ich habe einen guten Überblick, kann sehen, wie die Augen der Kinder gespannt auf Willi gerichtet sind. Er fragt sie, bis wohin sie am Ende der letzten Stunde gekommen waren, und alle bringen sich wieder auf den aktuellen Stand. Das Thema wird weiter entfaltet. Zwischendurch kommen unvermittelt auch einmal persönliche Fragen: „Wie war das bei Ihnen, als Sie so alt waren wie wir?“, „Erzählen Sie doch bitte einmal!“ Willi lässt sich auf die Fragen ein, hält aber sein Thema gekonnt im Blick. Und nun kommt „Methode Willi“, so nenne ich sie einmal. Willi verändert ständig seinen Standort im Klassenzimmer und die Schüler drehen sich jeweils in diese Richtung: nach vorne, nach hinten, an die Seite. Alle sitzen auf den Tischen, nicht auf den Stühlen. Diese Auflockerung bringt hohe Aufmerksamkeit – und zahlreiche Erkenntnisse: Wir können unsere Richtung ändern. Wir können verschiedene Perspektiven wählen. Wir lassen uns auf etwas Ungewohntes ein usw.

Während ich noch über diese methodische Vorgehensweise nachdenke, fragt Willi mich: „Hast du auch Fragen an die Kinder? Jetzt können wir dein Thema ja nochmals aufgreifen." Und prompt drehen sich alle Schülerinnen und Schüler in meine Richtung. Wie eine Choreographie. Fast muss ich lachen, denn als Willi auf mich zuläuft, sehe ich, dass er doch tatsächlich seine Schuhe ausgezogen hat. Mit Socken steht er da, wie die Lehrer in Finnland. Ich überlege rasch, wie ich diese Chance nutzen könnte. Und ich spüre, dass ich am liebsten wissen möchte, was den Kindern am Religionsunterricht gefällt, denn mir scheint, er ist ein wichtiger Teil ihres Schullebens. Und so frage ich sie danach. „Unser Lehrer", rufen sie, und Willi lacht. „Das ist kein Witz", sagt ein Schüler. „Unser Lehrer versteht uns. Wir können ihm alles sagen." „Und er nimmt sich Zeit, also wenn wir etwas wirklich Wichtiges haben, dann hat unser Thema Vorrang." „Unser Lehrer lacht viel mit uns, er hat uns einmal gesagt, dass alles leichter wird, wenn man auch mal über sich lachen kann. Also lachen wir oft." „Wir bringen ihm unseren Dialekt bei. Da gibt es immer was zu lachen." Willi ist spürbar bewegt bei diesen Aussagen. Jetzt sehe ich, dass ein Zettelchen die Runde macht, auch Willi sieht es und lässt die Schüler gewähren. Welch eine Atmosphäre. „Frau Professor, wir gehen raus. Fototermin." Alle springen auf, ich laufe mit. Das war der Inhalt des Zettels. Sie wollten ein Erinnerungsfoto machen – für Willi und mich. „Du sammelst doch Fotos, hat unser Lehrer gesagt."

Nach dem Fototermin verabschieden wir uns. Willi schaut mich an. „Gott behüte dich – und lass was von dir hören!" „Das werde ich – und Gott behüte auch dich. Danke für alles." Wir schauen uns noch einmal schweigend in die Augen. Dann fahre ich los – mutig den Berg hinab. Ja, das ist mein bestes Leben. Welch ein herrlicher Tag.

25

„Haben Erwachsene eigentlich auch Heimweh?“ Diese Frage bewege ich, als ich gemütlich die Donau entlang radle. Im Moment bin ich zufrieden und glücklich, so wie es ist. Es kommt mir nicht in den Sinn, nach Hause zu wollen, denn ich habe das Gefühl, dass ich daheim bin. In mir. Ich entdecke meine Heimat in mir neu, jeden Tag. Ein ebenso starkes Heimatgefühl ist da, wenn ich mit meinen Kindern telefoniere oder sie mir Fotos über WhatsApp senden. Ich fühle mich mit ihnen tief verbunden, es ist ein wunderschönes, aber kein schmerzendes Gefühl. Heimweh würde ich eher mit einem Schmerz verbinden.

Was ist eigentlich „Heimweh"?
Ein kurzer Blick in einschlägige Lexika verrät, dass als Heimweh die unbefriedigte Sehnsucht nach der Heimat bezeichnet wird, die in der Fremde auftritt – also im Zuge des Getrenntseins. Heimweh gebe es bei Kindern, Jugendlichen und Erwachsenen. Kinder, die zum ersten Mal eine oder mehrere Nächte auswärts verbringen, seien sehr häufig betroffen. Aber Heimweh sei eben nicht nur ein Phänomen, das bei Kindern auftrete. Erstmals sei im 17. Jahrhundert dieses Phänomen erforscht worden. Der Schweizer Arzt Johannes Hofer habe bei seinen Patienten Melancholie, Schwermut und Trauer in Situationen diagnostiziert, die wir als Auslöser für Heimweh kennen. Hofer nannte das Phänomen „Heimweh" damals „Nostalgia" und „Schweizerkrankheit".

Wenn ich innehalte und diese Informationen auf mich wirken lasse, so komme ich erneut zu dem Schluss, dass „Heimweh“ für mich derzeit kein Thema ist. Dennoch spricht mich der Begriff „Heimat“ sehr an. Eine Sehnsucht nach Heimat spüre ich. Aber es ist ein positives Gefühl. Und ich merke, dass ich diese Sehnsucht hier auf meiner Reise stille. Heimat ist also viel mehr als ein Ort. Heimat ist ein Gefühl der Verbundenheit. Es geht um die Verbundenheit mit lieben Menschen und liebgewonnenen Orten sowie um die Verbundenheit mit dem, was mich im Inneren auszeichnet.

In diesem Moment denke ich an die Kirche auf meinem Sattel, die mein Fotoapparat vor in paar Tagen eingefangen hat. Ich schaue mir das Foto noch einmal an. Wenn es stimmt, dass ich Heimat dann spüre, wenn ich mit dem verbunden bin, was mich im Inneren auszeichnet, dann schenkt mir mein Glaube eine ganz besondere Heimat. Ich habe diese Heimat immer dabei, quasi auf meinem Sattel. Ich bin nie alleine.

Und so schreibe ich Annalena, die diese Frage stellte:

Liebe Annalena,
über deine Frage musste ich länger nachdenken und habe für mich eine Antwort gefunden. Vielleicht entwickle ich diese Antwort auch noch weiter. Unsere Antworten hängen ja immer von den Erfahrungen ab, die wir im Leben sammeln.
Zunächst einmal kann ich sagen, dass auch Erwachsene unter Heimweh leiden, wenn sie getrennt werden von Menschen oder Orten, die sie lieben. Obwohl ich gerade weder an meinem Wohnort bin noch mit meiner Familie zusammen meinen Weg fahre, spüre ich allerdings kein Heimweh. Ich fühle sogar Heimat in mir. Wie kann das sein?, habe ich mich dann gefragt. Ich habe durch deinen Impuls darüber nachgedacht, was Heimat für mich bedeutet. Heimat ist für mich ein Gefühl der Verbundenheit. Tief im Inneren fühle ich mich verbunden: mit meiner Familie, mit Gott, mit meinen Glaubensüberzeugungen. Ich treffe jeden Tag auf so freundliche Menschen, dass auch diese mir das Gefühl der Heimat schenken. Sicher würde es anders in mir aussehen, wenn eines meiner Kinder krank wäre und ich nicht zu Hause sein könnte, oder wenn Ereignisse zu Hause stattfinden würden, die ich gerne miterleben würde. Dann würde ich Sehnsucht spüren, dort zu sein,

würde mich als getrennt erleben und Heimweh entwickeln. Und auch das Folgende ist zu bedenken: Ich habe diese Radreise freiwillig begonnen. Es war ein großer Traum von mir, den ich jetzt tatsächlich lebe. Ganz anders wäre es, wenn ich gezwungen worden wäre, von zu Hause fort zu ziehen. Wenn du an die vielen Flüchtlinge denkst, die ihre Heimat verlassen mussten – sie werden Heimweh spüren. Umso wichtiger ist es, ihnen Geborgenheit zu schenken und ihnen somit eine neue Heimat anzubieten. Wenigstens ein kleiner Anker der Heimat in ihrem Inneren.

Kannst du das nachvollziehen? Welches sind deine Gedanken dazu?

Liebe Grüße, Deine Petra Freudenberger-Lötz

Auf Annalenas Antwort muss ich nicht lange warten.

Hallo Frau Lehrerin, danke für Ihre Antwort. Das kann ich gut nachvollziehen. Warum sollten Erwachsene also kein Heimweh haben? Aber vielleicht weniger, denn sie können mehr selbst bestimmen, als Kinder es können. Ich muss jeden Tag zur Schule, aber Sie haben Ihren Beruf selbst gewählt. Wenn ich mir durchlese, was sie zur Heimat schreiben, dann fühle ich mich manchmal in der Schule heimisch, also Heimat in der Schule. Ich glaube, ich gehe auf eine gute Schule. Ich spüre Heimat vor allem dann, wenn ich merke, jemand versteht mich und ist da für mich. Das können Lehrer oder andere Schüler sein. Lernt man das als Lehrerin oder Lehrer eigentlich? Also ich meine, dass man so unterrichtet, dass die Schüler Heimat spüren? Ich habe den Eindruck, manche können das richtig gut. Andere wieder nicht. Na ja, Menschen sind halt verschieden. Aber als Lehrer müsste man das können, finde ich. Ob man das auch nachträglich lernen kann? Vielleicht

könnte es Nachhilfe für Lehrer geben? So als eine Art AG. Sie haben ja gesagt, dass wir Ihnen Nachdenkaufgaben schicken sollen. ☺
Viele Grüße und viel Spaß noch, Deine Annalena

Als ich Annalenas E-Mail lese, bin ich überrascht. Wie tiefgreifed und einfühlsam ihre Gedanken sind! Und dann noch ihr Vorschlag, eine Heimat-AG für Lehrende einzurichten, großartig! Wie dieses Angebot wohl angenommen werden würde?

Liebe Annalena,
das ist spannend, was du über Heimat in der Schule schreibst, hab vielen Dank für deine Anregung. Ich habe die Idee, dass ich von deinem Brief während der Lehrerfortbildungen berichte, die ich noch auf meiner Reise gebe. Außerdem würde ich ihn gerne in mein Buch aufnehmen. Bestimmt lassen sich viele Menschen von dir inspirieren. Ich werde dir dann davon berichten.
Deine Petra Freudenberger-Lötz

Ich spüre Heimat in meinem Inneren …

26

Ich freue mich auf mein nächstes Etappenziel: Melk. Das Benediktinerkloster steigt imposant über der Donau auf und bei meiner Ankunft hat sich die Kulisse durch die Abendsonne wie für Ansichtskarten oder Reiseführer vorbereitet – traumhaft schön. Ich stelle mein Rad ab und fange ein paar Fotos ein. Dann setze ich mich auf eine Bank und hole tief Luft. So intensive Erlebnisse liegen hinter mir. Sabine, Ingo, Willi, dazu die beiden Schulen.

Moment mal. Was hat Ingo mir über das Kloster Melk erzählt? Melk sei einen ganzen Tag auf meiner Reise wert, das betonte er immer wieder. „Du musst unbedingt zu Pater Gottfried in die Bibliothek. Sie ist riesig und enthält einen großen Schatz mittelalterlicher Handschriften. Also, du solltest natürlich die ganze Führung machen. Kennst du ‚Im Namen der Rose'?" „Klar", sagte ich stolz, „habe ich gelesen, verschlungen." „Wenn du dort bist, wirst du an den Novizen ‚Adson von Melk' erinnert werden. Weißt du, die Bibliothek im Kloster Melk und die Bibliothek bei ‚Im Namen der Rose' haben einige Gemeinsamkeiten, zum Beispiel haben beide einen großen Brand im Mittelalter erlebt. Leider. Eine wechselhafte, spannende Geschichte. Geh da auf jeden Fall hin." Na, wenn das kein Insider-Tipp ist. Ich beschließe, morgen einen Tag in Melk zu bleiben. Denn es wird mir auch gut tun, mein Tagebuch auf den aktuellen Stand zu bringen. All das noch einmal in mir zu bewegen, was ich erlebt habe. Ich hatte ja noch keine Zeit, die Eindrücke der vergangenen Tage ausführlich niederzuschreiben. Jetzt sind die Erinnerungen noch frisch. Also fasse ich diesen Entschluss. Ich freue mich. Übermorgen fahre ich einfach die doppelte Etappenlänge. Volle Kraft voraus!

Die Aussicht auf diesen morgigen Tag spornt mich sofort an. So radle ich zu meiner gebuchten Unterkunft, um

Stift Melk in der Abendsonne

einzuchecken und für eine weitere Nacht anzufragen. Es klappt – super! Ich hätte großes Glück, sagt der Portier. „Gerade hat jemand abgesagt. So können Sie noch eine Nacht bleiben. Melk ist ausgebucht, das wäre sonst nicht leicht geworden. Morgen ist hier das Barockfestival, es gibt überall kostenlose Konzerte und andere historische Veranstaltungen. Direkt in Ihrem Zimmer können Sie sogar die schöne Musik genießen, einfach Fenster auf. Übrigens: Es wird deswegen nachts nicht laut in der Stadt, keine Sorge.“ Nein, Sorge habe ich nicht, ich bin im Gegenteil fasziniert von den Aussichten für den morgigen Tag. Das wird ein Abenteuer – zur richtigen Zeit am richtigen Ort muss man sein! Bestimmt strahle ich jetzt von einem Ohr zum anderen.

Die Gastgeber meiner Unterkunft sind Franzosen. Während ich mich mit dem Portier unterhalte, fällt mir wieder auf, dass ich es so gerne höre, wenn Franzosen deutsch sprechen. Überhaupt habe ich die französische Sprache lieben gelernt – auf recht ungewöhnliche, doch eindrückliche Weise. Mehr dazu später.

Ich beziehe mein Zimmer und wage als erstes einen Blick aus dem Fenster: Tatsächlich, hier wird eine Bühne aufgebaut. Großartig. Ich dusche ausgiebig und ziehe meine feine historische Abendgarderobe an. Ich lache. Ich bin genau richtig hier.

Ich schlendere durch die Gassen. Die Restaurants sind gut besucht. Da entdecke ich in einer kleinen Pizzeria noch freie Plätze. Es ist die Pizzeria Kamilo. Dort lasse ich mich nieder und genieße den Abend. Ich betrachte die Menschen, die an mir vorüberziehen, schick gekleidet und in bester Stimmung. Nein, ich wollte nicht tauschen. In meinem Merinoshirt, meiner Trekkinghose und meinen bunten Laufschuhen geht es mir blendend. Ich knabbere die Pizzastangen und esse den besten griechischen Salat auf meiner Tour. Ein echter Geheimtipp, dieses Lokal. Irgendwann wird es kühl und ich ziehe mich in mein

Zimmer zurück. Bettruhe ist angesagt. Ich knipse das Licht aus und kuschele mich ein.

Am nächsten Morgen genieße ich das Frühstück. Es fühlt sich gut an, einen „Ruhetag“ vor mir zu haben, und ein weiteres Mal freue ich mich über meine Gastgeber. Zwar ist ja bekannt, dass die meisten Franzosen nicht besonders üppig frühstücken, aber ein Franzose in der österreichischen Gastronomie verbindet offenbar das Beste der französischen Küche mit den besten Gepflogenheiten des Gastgeberlandes, und voilà – ich finde mich inmitten von Käse, Früchten, Baguette und Brötchen, Kuchen, Säften und vielem mehr wieder. Der Wirt ist ein äußerst fröhlicher Gastgeber, der mir seine Köstlichkeiten ausführlich erläutert. Ich lasse mir Zeit für das Frühstück und ziehe dann los auf Ingos Spuren.

Die Klosteranlage habe ich schnell erreicht und informiere mich zunächst über einige geschichtliche Hintergründe. Ich stelle mir dabei Ingo vor, wie er mich in seinem historischen Kostüm in die Geschichte einbindet und ich mich in einem anderen Jahrhundert wiederfinde. Nun beginne ich mit der Führung – diese wird in Form einer Selbst-Führung angeboten. Ich laufe einen vorgegebenen Weg entlang und kann überall verweilen, wo ich möchte, und die Informationen auf mich wirken lassen, so lange ich möchte. Das fühlt sich für mich sehr gut an. Jeder hat doch andere Interessen, denke ich – und ich freue mich schon auf die Bibliothek. Als ich in den zweiten Raum eintrete, trifft mich der Schlag. Fast jedenfalls. Ich rufe laut: „Ingo … Was machst du denn hier?“ Zum Glück bin ich gerade alleine. Ich spreche nämlich mit einem Gemälde. Nachdem sich meine Starre gelöst hat und ich mich versichert habe, dass die Luft rein ist, schreite ich näher auf das Gemälde zu. Okay, es ist doch nicht Ingo. Das Gemälde zeigt Jakob Prandtauer, Baumeister des herrlichen Barockbaus von Stift Melk. Aber warum ist er gekleidet wie

Ingo? Ich suche auf meinem Handy die Bilder, die Ingo mir aus seinen Living History Veranstaltungen geschickt hat. Mich hat vor allem das Bild aus Bruchsal so fasziniert. Hier ist es. Ich vergleiche – täuschend ähnlich. Kann es sein, dass dieses Gemälde Ingos Vorbild war? Also natürlich nicht umgekehrt. Ich muss lachen und schüttele den Kopf. Ja, so muss es sein.

Ingo als Balthasar Neumann im Bruchsaler Schloss

Ich drehe mich um und sehe gegenüber das Modell des Klosters. Filigran angefertigt. Wieder schaue ich auf Prandtauer. Er blickt aus dem Bilderrahmen auf das Werk, das er geschaffen hat und das ihn offenbar mit Stolz erfüllt – so wirkt dieses Arrangement jedenfalls auf mich. Und ich kann das gut verstehen. Ich erinnere mich in diesem Moment an eine Kinderfrage aus dem Religionsunterricht: „Wie hat sich Gott wohl gefühlt, als er die Welt erschaffen hatte?“ Tolle Frage. Die Gefühle Prandtauers erahne ich. Aber kann Gott fühlen? Gefühle machen das Leben ungemein vielfältig, bunt, reich. Das merke ich auf meiner Tour jeden Tag. Doch vermag ich nicht auf Gott zu schließen. Weil wir nicht anders als in menschlichen Kategorien über Gott denken können, stelle ich mir die bunte Vielfalt in unendlich großer Fülle auch für Gott vor. Diese Eindrücke begleiten mich die gesamte weitere Führung – bis in die Bibliothek hinein. Und ich beschließe, „Im Namen der Rose“ erneut zu lesen.

Am Nachmittag ist das Barockfest in vollem Gange. Die Bedienungen in den Gasthäusern und viele andere Menschen tragen barocke Kleidung. Es macht mir Spaß, durch die Gassen zu schlendern. Ich setze mich in ein Eiscafé nahe eines Freiluftkonzerts, genieße meinen Eisbecher und tippe alle meine Erinnerungen, Gedanken und Erfahrungen der letzten Tage in mein Tagebuch ein. Es ist ein wirklich produktiver, gleichzeitig entspannter Nachmittag. Zwischendurch mache ich Pause, wechsle den Ort und lausche einem anderen Konzert – bis spät in den Abend hinein. Meinem Restaurant von gestern Abend statte ich einen weiteren Besuch ab und falle anschließend müde ins Bett. Ein erfüllter Tag liegt hinter mir.

Aber nun geht's weiter. Der Morgen der Abfahrt ist gekommen. Eine lange Tour wartet auf mich, und meine Beine sind in Radellaune. Nach dem Frühstück fragt mich der Wirt, was meine Aufschrift auf dem Trikot bedeute. Gerade will ich mit meinen Ausführungen einsetzen, da beginnt er zu erzählen. Dankbar sei er, dass er hier in Österreich gelandet sei. Er schätze Österreich sehr. Denn ihm gefalle besonders die Mentalität der Österreicher. „Weißt du", sagt er, „die Österreicher sind wie Kinder. Manchmal jedenfalls. Sie haben etwas an sich, das mich an Kinder erinnert. Sie feiern und spielen, sie lachen viel, sie nehmen alles nicht zu ernst. Ich mag das." Ich muss gestehen, dass mir der Vergleich zu Kindern seither noch nicht gekommen ist. Aber irgendwie ist da etwas dran. An den zwei besuchten Schulen habe ich hohe Gastfreundschaft erlebt und ein unkompliziertes, spontanes, fröhliches und irgendwie spielerisches Vorgehen. Spielerisch? Ich weiß nicht, ob dieser Begriff passend ist. Ich spürte eine gewisse Leichtigkeit. Und viel Humor. Flexibilität obendrein. Es herrschte eine angenehme, wertschätzende Stimmung. Aber kann ich das verallgemeinern? Das weiß ich (noch) nicht. „Ich finde diesen Vergleich sehr spannend", sage ich zum Wirt, der auf meine Antwort wartet. „Ich werde das noch erforschen – auf meiner Forschungsreise." Und augenzwinkernd setze ich meinen Weg fort.

27

Ich bin in Klosterneuburg angekommen und wohne ganz oben auf dem Ölberg. Ja, wirklich, so heißt dieser Berg. Ein sehr steiler Berg mit Straßen von bis zu 20 Prozent Steigung. Nicht leicht, dort mit meinem bepackten Reiserad ans Ziel zu gelangen. Ich frage mich, warum ich nicht besser hingesehen habe, als ich hier gebucht habe. Ach, was soll's. Wer hier wohnt, hat diesen Anstieg jeden Tag. Schmunzelnd trete ich in die Pedale und komme an – Gott sei Dank. Mein Zimmer ist traumhaft. Sehr geräumig mit eigenem Bad und einer kleinen Küche. Ich darf die Waschmaschine nutzen und es mir in dem herrlichen Garten gemütlich machen. Was habe ich vorhin gedacht? Warum ich hier oben gebucht habe? Jetzt weiß ich es. Alles hat seine zwei Seiten. Hier oben ist es wunderschön, ich komme in Urlaubsstimmung. Ich schaue mich genauer um. Es fühlt sich südländisch an, und alles ist liebevoll gestaltet. Ich lege mich auf einen Liegestuhl und genieße die Ruhe.

Heute Abend werde ich abgeholt. Von Claudia. Ich bin Claudia noch nie persönlich begegnet, aber wir haben uns schon E-Mails und am Ende auch WhatsApp-Nachrichten geschickt. Claudia ist am Netzwerk „dankbar leben" beteiligt, ein spannendes Projekt, ausgehend vom Lebenswerk des Benediktinermönchs David Steindl-Rast. Ich habe zum Netzwerk Kontakt aufgenommen, weil die Grundhaltung der Dankbarkeit uns eint, und Claudia schlug dieses Treffen vor. Claudia kommt aus Wien angefahren, ich steige am Fuße des Ölbergs in ihr Auto, und nun suchen wir ein gemütliches Lokal für unseren Austausch. Ich freue mich sehr auf den Abend und werde nicht enttäuscht. Claudia ist eine angenehme Gesprächspartnerin. Sie erzählt mir, wie sie zum Thema „Dankbarkeit" gekommen ist und wie sie es in ihrer

> www.dankbar-leben.org

Arbeit als Kinder- und Jugendcoach einsetzt. Claudia ist Architektin, doch sie hat im Laufe der Jahre dieses zweite Standbein für sich entdeckt. Sie ist ein paar Jahre älter als ich und schreitet in Siebenmeilenstiefeln voran – sie erinnert mich an meine Lehramtsstudierenden, die sich engagiert ihrem frisch gewählten Berufsziel hingeben. Sie saugt alles auf, was dazu geeignet sein könnte, Kinder und Jugendliche bestmöglich zu begleiten. Das ist ihr Anliegen, das ist ihre Mission und ihre Vision. Und sie strahlt vor Glück, als sie mir erzählt, wie sie einem Mädchen in einer schwierigen Lebenslage helfen konnte.

Im Gespräch kommt sie mir innerlich jedoch ein wenig unruhig vor, als würden die vielen Möglichkeiten, die sie zur Verwirklichung ihres Herzensanliegens in der Literatur und auf Kongressen förmlich einsaugt, noch keine klare Struktur ergeben und sie im Grunde überfordern. Ich spüre den Impuls, dies auszusprechen, und fange einfach damit an: „Claudia", sage ich, „ich bin wirklich beeindruckt von allem, was du bereits auf die Beine gestellt hast." „Freut mich, dass du das so wahrnimmst." Claudia unterbricht mich auf einmal. „Doch glaube mir, ich fühle mich manchmal überfordert, weiß gar nicht, wo ich anfangen soll. Es gibt so viele gute Ideen, die ich umsetzen könnte. Wenn ich ein Buch zu meinem Thema lese, genieße ich es, genauso wie die Tagungen, doch danach fühle ich mich erdrückt." Ich bin überrascht. Claudia spricht selbst aus, was ich ihr sagen wollte. Das erleichtert mich, jetzt kann ich direkt darauf zugehen. „Ich kann dich verstehen. Es hört sich an, als wäre es einfach zu viel des Guten". „Und was würdest du tun?", fragt sie und rückt etwas näher an mich heran. „Hast du einen Tipp?"

Ich überlege, wie ich ihr am besten veranschaulichen kann, was ich empfinde. Da kommt mir eine Idee. Claudia liebt die Pflanzen in ihrem Garten und die sich jetzt im Frühling entfaltende Blütenpracht, das hat sie mir erzählt. „Pass auf: Du wirkst auf mich erfüllt von deinem Herzensanliegen, und was du erzählst, ergibt für mich ein stimmiges Bild. Es ist wie ein schöner Blumenstrauß, den du in deinem Garten pflückst und der für dein Zuhause, deine Ausstrahlung und deinen Geschmack typisch ist. Wer den Strauß irgendwo stehen sieht und dich kennt, wird sagen: ‚Ah, Claudia war hier'. Ich denke, du solltest diesen Strauß ins Zentrum stellen. Das bist du. Nicht jede Blume, sei sie für sich betrachtet noch so hübsch, wird gut zu deinem Strauß passen.

Wie sieht MEIN Strauß aus?

Dein Strauß IST schon wunderschön, deine Haltung IST schon wegweisend, du hast schon so viel erreicht. So kannst du in aller Freiheit prüfen, was dir begegnet. Das wäre für mich das Kriterium." Claudia strahlt. „Danke, dass du das so sagst, das ist so ein passender Vergleich." Ich freue mich mit ihr. Jetzt schweigen wir. Claudia denkt nach. Sie strahlt immer noch. „Du hast recht", sagt sie auf einmal. „Ich glaube, ich vernachlässige deine zweite Frage. Ich vergesse fast, wo meine eigenen Stärken liegen, wenn ich von anderen höre, was sie alles machen. Ist das nicht seltsam? Warum denke ich nicht daran?" Ich überlege. Dann sage ich: „Vielleicht, weil wir gelernt haben, uns nicht so sehr in den Mittelpunkt zu stellen? Weil das egoistisch wirken könnte? Aber genau deshalb habe ich die zweite Frage in die Mitte der drei Fragen gestellt. Du darfst dich selbst wertschätzen. Du bist es wert. Du bist geradezu aufgerufen, dir klar zu machen, wo deine Stärken liegen, deine Talente und deine Ziele. Und ich bin mir sicher: Dann bleibt dein Strauß wunderschön und es bleibt dein individueller Strauß – und je mehr du in diese wertschätzende Haltung dir selbst gegenüber kommst, desto passender wirst du den Strauß binden können, wenn du jemanden beschenken möchtest. Desto besser wirst du andere unterstützen können, ihre Talente und Stärken zu entdecken und zu leben. Claudia nickt. „Das ist ein schönes Bild, ich werde es mir merken."

Claudia denkt nach, und ich auch. Ich bin irgendwie überrascht über meine Bildersprache und habe das Gefühl, dass ich ihr diese Tipps so anschaulich geben konnte, weil ich diesen Prozess selbst durchmache. Wenn ich es mir recht überlege, geht es mir tatsächlich oft wie Claudia. Da lade ich mir alles Mögliche auf, weil ich davon begeistert bin, und am Ende ist mein Tag überfüllt und ich bin erschöpft. Was also zuerst wie ein neuer Motor aussieht, entpuppt sich kurze Zeit später als Hindernis. Ich habe mich heute selbst in Claudias Stimmung wiederentdeckt. Claudia hat mir einen Spiegel vorgehalten.

Als ich am Abend ins Bett gehe und die Nachricht von Ingo sehe, der fragt, ob ich mir schon das Kloster angeschaut habe, antworte ich: „Nein, ich war so lange mit Claudia im Austausch." „Ich kenne den Austausch gar nicht, wo du dich immer triffst." Ich muss seine Nachricht zwei Mal lesen. Dann krümme ich mich vor Lachen. Er dachte wohl, es sei eine Kneipe oder ein Café. Wenn dem so wäre, müsste es wohl eine riesige Café- oder Restaurantkette sein, so oft wie ich im Austausch bin. Vielleicht sollte ich besser auf meine Wortwahl achten. Ich lüfte das Geheimnis und schlafe vergnügt ein.

Der „Austausch" gibt Rätsel auf…

28

Am nächsten Morgen staune ich nicht schlecht. Ich möchte mir bei einem Bäcker mein Frühstück besorgen, gehe gerne mal zur Abwechslung zu Fuß, doch da muss ich den ganzen Ölberg hinunterlaufen. Immerhin gibt mir das die Gelegenheit, nochmals meinen gestrigen Gedanken nachzugehen, ein Schild mit der Prozentangabe der Steigung zu fotografieren, außerdem wird so mein Appetit angeregt. Ich bin früh unterwegs, kurz nach 6 Uhr ist es, und an mir fahren einige Autos vorbei, vermutlich sind die Menschen auf dem Weg zur Arbeit. Ob sie gerne dorthin fahren? Ob sie sich freuen auf den Tag? Plötzlich bin ich wieder von einem deutlichen Gefühl der Dankbarkeit berührt. Erstens, weil ich es als großes Geschenk wahrnehme, am heutigen Tag in aller Ruhe einfach zu Fuß zum Bäcker unterwegs sein zu dürfen, und zweitens, weil mir klar wird, dass ich meine Arbeit liebe und sie niemals gegen eine andere eintauschen wollte. Und dass ich dankbar bin für die Möglichkeit zu dieser großartigen Forschungstour. Mit meinen Brötchen im Rucksack und anderen Kleinigkeiten trete ich den Rückweg an. Der Himmel hat sich inzwischen bedenklich zugezogen und es beginnt zu stürmen. Nanu, denke ich, es wird doch nicht gleich regnen? In diesem Moment legt es los, ein Platzregen setzt ein, ich bin sofort pitschnass. Natürlich habe ich meine Regenkleidung nicht dabei. Dazu kommt: Heute früh ist es noch ziemlich kalt und ich beginne zu frieren. Doch je höher ich den Ölberg hinaufkeuche, desto wärmer wird mir. Der Regen macht mir auf einmal nichts mehr aus, er fühlt sich dank der Anstrengung wie eine erfrischende Dusche an. Ich bin dankbar, nicht frieren zu müs-

Der steile Ölberg in Klosterneuburg

sen. Ich bin dankbar, dass die Verkäuferin in der Bäckerei mir in weiser Voraussicht eine zusätzliche Tasche mitgegeben hat, denn mein dünner Leichtgewichtrucksack hätte die Brötchen niemals trocken gehalten. Ich bin dankbar, dass ich fröhlich mein Zimmer erreiche und nach einer weiteren Dusche mein Frühstück im Trockenen genießen kann. Herrlich. Ja, alles hat zwei Seiten, denke ich wieder. Immer finde ich Anlass zur Klage und immer auch Anlass zur Dankbarkeit. Die alles verändernde Frage ist: Welchem Gefühl gebe ich mich hin? Wohlwissend, dass meine aktuellen Anlässe nicht gravierender Natur sind, es sind Kleinigkeiten. Ich denke jedoch, wenn ich an Kleinigkeiten übe und lerne, wo immer es geht der Dankbarkeit den Vorrang zu lassen, dann wird sich diese Haltung durchsetzen.

Der Himmel klart auf. Ich habe meine Kleidung trockengefönt und begebe mich auf eine kleine Erkundungstour, denn gegen Mittag habe ich einen Massagetermin. Na klar, Beine lockern, das ist wichtig. Regelmäßige Körperwartung und Wartungstermine für das Rad habe ich rechtzeitig eingeplant. Am Ende hat sich dies auch wirklich als sehr nützlich erwiesen: Wie schon einmal erwähnt, hatte ich keine einzige Panne mit meinem Rad und auch körperlich war ich immer fit.

Und so komme ich nach meiner Rundtour in einer sehr einladend gestalteten Praxis an und werde von Tina freudig begrüßt. Ihre Chefin, Brigitte, ist außer Haus. Bei ihr hätte ich mich gerne persönlich für den Termin und die motivierende E-Mail bedankt. Sie hat mein Thema nämlich aufgegriffen und als wichtig und spannend bezeichnet. Das hat mich gefreut – wie das Anfeuern der Zuschauer bei einem Radrennen. Auch Tina ist sehr freundlich. Sie fragt mich, welche Massagetechnik angewandt werden soll, und wir einigen uns auf eine Kombination aus Faszien- und Sportmassage. Mit ihren wohltuend kräftigen Massagegriffen setzt Tina ein und nach einer Weile des Schweigens, in der sie den Zustand meiner Muskeln erkundet, kommen wir ins Gespräch. Tina gefällt mein Thema, ihr kommen gleich viele Erlebnisse in den Sinn, die sie zusammen mit ihrem kleinen Sohn hatte. „Wissen Sie, wie ich mir das merke?“, fragt sie. „Nein, jetzt bin ich aber gespannt.“ „Ich habe ein großes Glas zu Hause, so ein Bonbonglas. Immer, wenn ich eine Situation erlebe, die mich dankbar stimmt, dann schreibe ich die Geschichte auf einen Zettel und lege den Zettel in das Glas. Mein Sohn sammelt ebenfalls Geschichten und ich schreibe sie für ihn auf. Oft haben wir auch gemeinsame Erlebnisse. Gerade abends überlegen wir uns, ob wir etwas Schönes erlebt haben, das wir für unsere Sammlung aufschreiben und in das Glas legen können. Und wir lesen dann natürlich auch immer eine Geschichte. Wir merken, dass jedes erzählte Erlebnis unsere Stimmung ändert. Denn wir rufen die Gefühle von damals ein weiteres Mal in unser Herz. Besonders wichtig finde ich die Geschichten, wenn es mir einmal nicht so gut geht. Dann stöbere ich in meinem Glas und bekomme neue Energie, neuen Mut und Freude in mein Herz.“ „Das ist eine wirklich tolle Idee“, sage ich begeistert.

Dankbarkeit im Glas

Wieder schweigen wir einen Moment. „Und was haben Sie zuletzt erlebt, wenn ich fragen darf?“, platze ich neugierig heraus. Nach einer Pause sagt Tina: „Unsere letzte Geschichte war diese: Mein Sohn und ich waren einkaufen und hatten einen wirklich vollen Wagen, mit dem wir zur Kasse fuhren. Als ich die Ware aufs Band legen wollte, sah ich einen älteren Herrn, der nur wenige Teile hatte und direkt hinter mir stand. Ich bat ihn nach vorne. Das hat ihn so sehr erstaunt, dass eine Mutter mit kleinem Kind ihn vorlässt, dass er noch rasch eine Süßigkeit aufs Band legte und uns dann schenkte. Ich habe mich gefreut, ihm eine Freude gemacht zu haben, und man könnte sagen, zweimal beschenkt sind wir dann nach Hause gefahren. Es war eine Kleinigkeit, ihn vorzulassen, und die Süßigkeit war auch eine Kleinigkeit. Aber diese aufmerksame Geste, das war eine große Sache – für ihn und für uns." Die Stunde vergeht wie im Flug und die Massage ist zu Ende. „Jetzt können Sie wieder losradeln", ruft Tina fröhlich und bedankt sich für das angeregte Gespräch. Ich bedanke mich ebenfalls und sage, dass ich als allererstes eine Tagebuchnotiz anfertige. Tina lacht: „Und ich einen Zettel für mein Glas." Wir verabschieden uns, und meine Beine fühlen sich wirklich erholt an.

Ein paar hundert Meter weiter entdecke ich ein Eiscafé. Es befindet sich zwar an einer stärker befahrenen Straße, aber es sieht gemütlich aus, und so setze ich mich bei herrlichem Wetter im Außenbereich an einen freien Tisch. Ich bestelle zunächst ein Getränk, hole mein Tagebuch und schreibe das Erlebte auf. Es ist doch erstaunlich: Jeder Tag bringt nicht nur viele Anlässe zum Danken, sondern auch viele Anlässe für mein Tagebuch. Mein Tagebuch ist ja eine Art Dankbarkeitsglas – in Buchform eben.

Nachdem ich meinen Tagebucheintrag verfasst habe, gönne ich mir ein Eis. Ich genieße es und schaue mich um. Dieses Café hat wirklich eine interessanten Lage. Das merke ich jetzt erst. Auf der einen Seite eine sehr laute und stark befahrene Straße, auf der anderen Seite der Blick in eine wunderbare Gasse von Klosterneuburg. Ich hatte zunächst nur die Straße wahrgenommen, jetzt aber sehe ich die andere Seite. Diese Gasse, in die ich blicke, strahlt Ruhe aus. Sofort kommt ein Gefühl in mir auf, als werde ich zum Verweilen und Träumen eingeladen, zum Ausspannen vom Alltag, zur Muße. Ich drehe mich um 180 Grad und sehe, wie die Autos an uns vorbeifahren, es staut sich hier auch ein wenig wegen der Ampel in unmittelbarer Nähe. Hektik, Betriebsamkeit, Rastlosigkeit. Ich drehe mich wieder um: Ruhe und Urlaubsstimmung. Unglaublich, dieser Platz. Und wieder – wie so oft in Klosterneuburg – zwei Seiten einer Medaille. Ich kann mich entscheiden, welche Seite ich beachte, welcher Seite ich mich zuwende. Wie im wahren Leben. Und ist es nicht auch bezeichnend, dass mir erst die hektische und betriebsame, rastlose Seite aufgefallen ist? Bis ich mir Zeit genommen habe, genauer hinzuschauen? Das gibt mir zu denken.

Ich beobachte die Haltung der Menschen, die hier vorüberziehen. Auch das ist sehr interessant. Wenn diese Haltung und der entsprechende Gesichtsausdruck tatsächlich das Innere widerspiegeln, dann erkenne ich viele Schattierungen des Lebens. Ich denke wieder an das Bilderbuch „Heute bin ich", von dem ich in Geschichte 7 erzählt habe. Wissen die Menschen eigentlich, dass es zwei Seiten gibt? Wissen sie, dass wir unsere Aufmerksamkeit bewusst steuern können? Uns erneuern können? Jetzt muss ich aber Acht geben, dass mein Eis nicht schmilzt ... Wie herrlich es schmeckt.

Später erkunde ich das Stift Klosterneuburg, das im 12. Jahrhundert erbaut wurde. Es ist sehr imposant, ragt hoch über der Donau empor und hat sich im Laufe seiner Geschichte zu einem bedeutenden Zentrum entwickelt, sowohl in religiöser als auch in kultureller, wirtschaftlicher und wissenschaftlicher Hinsicht. Besonders einladend wird die Legende überliefert, nach der das Stift von Markgraf Leopold III. an der Stelle errichtet wurde, an der er den Schleier seiner Frau wiederfand, der während der

Hochzeit von einem Windstoß erfasst worden war. Die rund 50 Chorherren des Ordens der Augustiner Chorherren, die derzeit den Konvent bilden, sind altersmäßig und von ihrer Herkunft her gut durchmischt und sorgen für ein lebendiges Ordensleben. Jedenfalls ist dies mein Eindruck während der kurzen Begegnungen.

Im Stiftsrestaurant treffe ich mich mit Elisabeth. Elisabeth ist eine Wiener Kollegin, mit der ich schon viele Tagungen gestaltet und Veröffentlichungen auf den Weg gebracht habe. Ich mag Elisabeth sehr, sie ist unglaublich einfühlsam, hat ein großes Herz – und sich mit ihr zu unterhalten, ist immer sehr anregend. Wir erzählen, wie es uns so geht, und verbringen vergnügte Stunden. Irgendwann fragt sie mich, was ich denn für eine Art

Benediktinerabtei Stift Neuburg

Buch schreiben wolle. Ich erzähle von meiner Idee, 66 Texte zu verfassen, die die Leserinnen und Leser anregen können, sich auch auf den Weg der 66 Tage Wertschätzung und Dankbarkeit zu begeben. „Und wer sind diese Leserinnen und Leser? Also für wen möchtest du das Buch denn schreiben? Wenn du es für Jugendliche schreibst, wirst du es anders schreiben als für Lehrerinnen und Lehrer." Elisabeth hat recht. Ich denke nach und sage dann: „Wenn ich mich jetzt entscheiden müsste, dann würde ich vermutlich sagen, ich schreibe es für die Menschen, denen ich begegnet bin, denen ich so vieles zu verdanken habe, und ich schreibe es für alle, die sich einer dankbaren Lebenshaltung anschließen wollen." „Ich fände es wichtig, dass du auch etwas für Lehrerinnen und Lehrer machst. Im Lehrerberuf ist die Haltung so grundlegend wichtig", sagt Elisabeth energisch. „Das ist richtig", sage ich, „Lehrerinnen und Lehrer habe ich natürlich im Blick, wenn ich von Menschen spreche, die sich einer dankbaren Lebenshaltung anschließen wollen." Wir schweigen. Plötzlich lacht Elisabeth: „Das wäre eine perfekte Ferienlektüre."

Verwirkliche ich meine Lebenshaltung in meinen unterschiedlichen Rollen gleichermaßen?

29

Heute radle ich an der Donau entlang durch Wien – auf der Donauinsel. Ich mache an der schwimmenden Schule halt, offenbar ist gerade Pause, und ich beobachte die Schülerschar des Bertha-von-Suttner-Gymnasiums, wie sie zu ihrer Inselpause gehen. Ob wohl schon einmal ein Schüler seekrank wurde?

Ich fahre nach der Pause weiter und steuere über das hübsche Städtchen Bad Deutsch Altenburg nach Bruckneudorf. Immer wieder mache ich an erholsamen Orten Halt. Mittlerweile ist die dritte Woche angebrochen, und ich spüre, dass ich großen Abstand zu meinem Alltag bekommen habe, mitten in meiner Reise angekommen bin und es mir jetzt viel besser als zu Beginn gelingt, mich zu öffnen. Ich freue mich geradezu auf alle Begegnungen, bin wach und neugierig, spreche Menschen an, erzähle von meinem Projekt, beobachte die Natur, gebe mich ganz dem Augenblick hin. Ich

Im Kurpark von Bad Deutsch Altenburg

verspüre den starken Wunsch, dass ich genau diesen Zustand gerne bewahren möchte, auch im Alltag. Wenn ich mich richtig erinnere, habe ich das schon des Öfteren geschrieben. Das scheint eine große

Sehnsucht zu sein. Elisabeth meinte gestern, im Ruhestand sei das möglich, ich aber bin der festen Überzeugung, dass es schon jetzt umsetzbar ist. Dass jeder Mensch geradezu das Recht hat, Tag für Tag den Augenblick zu leben. Wie das gehen kann und was dazugehört, das möchte ich auf meiner weiteren Reise erkunden.

Ich steuere also auf mein heutiges Etappenziel zu. Und wie das so ist, wenn ich eine Beschreibung einer Unterkunft lese: Ich mache mir ein inneres Bild davon. Das geschieht ganz automatisch. Ich lese, und währenddessen baut sich ein Bild auf. Das Zuhause von Christine, meiner heutigen Gastgeberin, stelle ich mir nach ihrer Beschreibung so vor: Ein sorgsam gepflegtes größeres Haus mit einem riesengroßen, sehr natürlichen Garten, ein angrenzender Fluss und das alles zwischen Obstbäumen außerhalb der Stadt.

Im Zentrum von Bruckneudorf

Als ich Bruckneudorf erreiche und mein Navi nur noch ein paar hundert Meter anzeigt, werde ich stutzig. Habe ich die Adresse richtig eingegeben? Das scheint ja mitten in der Stadt zu sein. Jetzt werde ich erst recht neugierig. Und tatsächlich: Mitten in der Stadt biege ich in die Straße ein, in der meine Unterkunft sein muss. Ganz am Ende der Straße komme ich an meinem Ziel an. Nanu, was ist das? Die Beschreibung stimmt durchaus, doch sind Garten und Fluss kleiner als gedacht, aus der Schar der Obstbäume in meiner Vorstellung wird ein einziger. Einen kurzen Augenblick lang macht sich ein Gefühl der Enttäuschung breit. Doch dann schaue ich genauer hin. Gerade an diesem Ort, mitten in einem Wohngebiet nahe des Stadtkerns, wirkt das Grundstück umso außergewöhnlicher. Das Haus macht einen einladenden, lebensfrohen, bunten und natürlichen Eindruck. Und ich muss zudem gestehen: In der Beschreibung steht nichts davon, dass das Haus außerhalb der Stadt liege und dass es einen großen Garten habe. Dies war lediglich mein inneres Bild, als ich den Text gelesen habe. Mir scheint, dass es eine wichtige Aufgabe ist, mich nicht auf innere Bilder, Meinungen, Vorstellungen und Vorurteile zu versteifen, sondern offen wahrzunehmen und aufzunehmen, was mir begegnet.

„Empfang" in Christines Wohnzimmer

Christine ist nicht zu Hause, hat aber vorgesorgt, sodass ich ins Haus kommen kann. Welch ein Vertrauen. Ich schließe mein Rad an und gehe hinein. Gemütlichkeit ohne Ende, gleichzeitig Ordnung und Stil. Zwei Katzen begrüßen mich. Ich gehe durch die Wohnzimmertür auf die Terrasse und in den Garten. Dort ist ein Teich, und ein alter Wohnwagen steht nahe des Baches. Eine Idylle und Ruheinsel inmitten der Stadt. Letztlich noch schöner, als ich es mir ausgemalt hatte. Was Christine aus ihrem Zuhause gemacht hat, ist unbeschreiblich, so empfinde ich das jedenfalls. Ein Rückzugsort inmitten des Trubels, eine echte Oase zum Ausspannen.

Christine kommt erst spät nach Hause, schreibt sie mir, ich habe das ganze Haus für mich alleine. Ich dusche, koche einen Tee, lege mich in den Liegestuhl im Garten und gehe meinen Gedanken nach.

Wie hilfreich wäre es, wenn es jedem Menschen gelingen würde, solche Oasen im Alltag einzurichten. Da ist zum einen der Gedanke, etwas aus dem eigenen Zuhause zu machen. Christines Zuhause ist ein großes Vorbild für mich und ich entwickle allerlei Gedanken, was ich anpacken könnte, wenn ich zurück bin. Die Oase kann jedoch auch im übertragenen Sinne verstanden werden. Ein Rückzugsort in meinem Inneren, an dem ich mich wohl und zu Hause fühle. Ihn kann ich jederzeit aufsuchen, inmitten des Alltagstrubels. Heimat also.

Wie könnte MEINE Oase aussehen?

Ich bin davon überzeugt, dass wir mit unserer Haltung, die wir verwirklichen, die wir leben, die unser Inneres ausmacht, eine Identität schaffen – ob wir uns dieser bewusst sind oder nicht. Es ist das, was uns im Innersten auszeichnet und in bestem Falle auch trägt, es ist die Grundhaltung unseres Seins. Wenn ich mir dieser Identität bewusst werde, wenn ich sie sorgsam pflege, wenn ich mich auch in stürmischen Zeiten daran fest mache, mich daran orientiere, dann habe ich diese Oase quasi in mir.

Ich habe schon vor meiner Tour kleine Übungen entwickelt, die ich in verschiedenen Varianten zu unterschiedlichen Anlässen durchführe.

Die Notfallübung: Immer dann, wenn ich mich unruhig und von Ansprüchen überrannt fühle, setze oder lege ich mich bequem hin, schließe die Augen und fühle mich in eine Situation ein, in der ich meine innere Mitte gespürt und verwirklicht habe. Ich merke nach und nach, dass ich ganz in dieses Gefühl eintauche, das mich stärkt. Wenn ich dann meine Augen nach ein bis zwei Minuten wieder öffne, bin ich durchtränkt von Ruhe und Gelassenheit. Ähnlich wie Tina ein Glas voller Dankbarkeitsgeschichten entwickelt hat, habe ich eine Liste solcher Situationen, die ich immer mit mir trage. Ich nutze ein kleines „Hosentaschenbüchlein", das ich in meinen Kalender einlege. Eine solche Liste könnte auch im Handy gespeichert werden. Ich kann also jederzeit darauf zugreifen und sie jederzeit ergänzen.

Die Herausforderungsübung: Dasselbe ist auch möglich mit künftigen Situationen, die uns herausfordern wollen. Oftmals wissen oder ahnen wir ja, was auf uns zukommt und was davon schwer sein könnte. Ich stelle mir vor, wie ich diese Situationen aus meiner inneren Mitte heraus meistere und mich dabei ruhig und gelassen fühle. Wenn dann die Situation eintritt, handle ich meinem inneren Bild gemäß. Je öfter dies gelingt, desto natürlicher wird der Prozess für mich. Das ist eine sehr anregende Erkenntnis, weil Herausforderungen nun als Übungsmöglichkeiten und als Chance erscheinen.

Das Ritual der Lebensträume: Eine besonders schöne Variante und ein wichtiges Ritual möchte ich zum Schluss nennen. Dies ist meine Lieblingsvariante, meine Genießervariante, die ich immer morgens in meiner Stillen Stunde zum Start in den Tag ausführe: das Ausmalen der inneren Träume. Ich nehme mir ein paar Minuten Zeit, um mir diese in verwirklichter Form so detailgetreu wie möglich vorzustellen. Diese Übung beglückt und motiviert mich ungemein und oft entwickele ich ganz nebenbei Ideen und Lösungen zu Fragen, die den aktuellen Tag betreffen. Zu meiner Stillen Stunde gehört ganz zentral das Gebet, die Zwiesprache mit Gott im Grundgefühl der Dankbarkeit.

Ich bin immer noch auf Christines Liegestuhl. Mittlerweile knurrt mein Magen. Zum Glück bin ich hier mitten in der Stadt, denke ich. Rasch ziehe ich meine Schuhe an und schlendere zu einer Pizzeria. Ich bestelle etwas und nehme die Speisen mit zu Christine. Die Atmosphäre in ihrem Haus und Garten möchte ich so lange es geht genießen. Es wird ein entspannter, fröhlicher Abend. Das Ritual der Lebensträume wähle ich als Ausklang.

30

Heute steuere ich von Bruckneudorf auf mein nächstes Ziel zu: Pöttelsdorf im Burgenland. Hier verbringe ich ein paar Tage bei Familie Neuberger auf ihrem Bio-Ferienhof. Die Anfahrt ist nicht sehr weit, und so fahre ich noch ein paar Schlenker im Gebiet des Neusiedler Sees. Ich liebe diese Gegend. Herrliche Radwege und wunderschönes Wetter begleiten mich und ich denke an die vor mir liegende Zeit. Denn in den kommenden Tagen habe ich einiges vor: Ich besuche Kindergärten und Schulen, gestalte Fortbildungen für Lehrerinnen und Lehrer sowie Erzieherinnen und Erzieher, arbeite mit Studierenden an der Pädagogischen Hochschule Burgenland und halte eine Predigt im Gottesdienst. Da tut es gut, vorher an einem erholsamen Ort die bisherigen Eindrücke und Erfahrungen zu bündeln. Ich freue mich sehr auf all diese Aktionen, denn ich werde erfahren, wie die Menschen, die ja größtenteils mitten im pädagogischen Alltag stehen, mit meinen Impulsen und Gesprächsanregungen umgehen. Ob sie sich darauf einlassen können und Hinweise für ihr eigenes Leben entdecken? Oder sind ihnen meine Erfahrungen möglicherweise zu fremd?

Aus der Hermeneutik, der „Lehre vom Verstehen", ist bekannt, dass das, was ins Gespräch eingebracht werden soll, weder zu fremd noch zu vertraut sein darf, damit eine produktive Neugier entsteht und wechselseitiges Verstehen angeregt werden kann. Wenn mir jemand Dinge erzählt, die zu fremd für mich sind, habe ich keine Chance, das Erfahrene in meinem Alltag zu verorten, ich kann quasi nicht andocken, finde keinen Anker in meinem Leben und schalte ab. Und wenn das Gegenüber mir nur vertraute Dinge erzählt, erkenne ich nichts Neues, keinen Mehrwert, es wird langweilig und ich höre irgendwann auch nicht mehr zu. Wenn ich meine Interessen und Erfahrungen jedoch in dem Erzählten erkenne und darüber hinaus noch Neues, Spannendes erfahre, dann bin ich aufmerksam, höre gut zu und entdecke den Wert eines solchen Gesprächs. Das bedeutet für meine Aktionen im Burgenland, dass ich Anknüpfungspunkte aufzeigen bzw. gemeinsam mit meinen Gesprächspartnerinnen und -partnern entdecken möchte.

Das Thema dieser Fortbildungen und Aktionstage musste ich übrigens schon vor einem Jahr festlegen. Damals, in der Begeisterung für meine Idee von der Radreise, habe ich sie alle überschrieben mit dem Motto „Das Leben feiern". Jetzt frage ich mich: Ist das nicht zu dick aufgetragen? Ist es für die Lehrerinnen und Lehrer denn überhaupt eine realistische Perspektive, mitten im Schulalltag das Leben zu feiern? Könnte das nicht überzogen, eben fremd, wirken?

Während ich so nachdenke, erreiche ich den Hof von Familie Neuberger, fahre durch das Tor und gelange in einen großen Innenhof: Rechts das Haus der Besitzer, links ein alter, großer Stall, zu Ferienwohnungen umgebaut. Und geradeaus der aktive Teil des Bauernhofs. Eine vielfältige Pflanzenpracht begrüßt mich und unzählige Katzen streunen herum. Eine der Katzen fasst sofort Vertrauen zu mir. Sie umschmeichelt meine Beine, kommt mit mir zu meiner Ferienwohnung und sucht meine Nähe. Jetzt erst entdecke ich, dass sie nur drei Beine hat. Was ist wohl geschehen? Immerhin hat sie offensichtlich ein hohes Maß an Geschick entwickelt und scheint ihr Leben auch mit dieser Einschränkung zu genießen. Ich freue mich, dass die Katze ein behütetes Zuhause hat. Hier, im Innenhof, ist sie sicher. Von Petra, meiner Vermieterin, erfahre ich, dass ihre Familie mehrere

Magst du mit mir spielen?

ausgesetzte Katzen aufgenommen hat. Sie haben ihnen dieses Zuhause geschenkt. „Es ist ein schönes Gefühl zu sehen, dass sie sich wohlfühlen und ein Teil unserer großen Familie sind. Hier können sie sich frei entfalten." Ich mag diese Haltung. „Jeder kann im Kleinen viel bewirken", sagt Petra noch. Und das spüre ich hier auf Schritt und Tritt.

Nachdem ich mein Zimmer bezogen habe und die Sonne herrlich zum Spazieren gehen einlädt, mache ich mich auf den Weg und streife durch die Weinreben. Ich denke darüber nach, wie ich meine bisherigen Erfahrungen für die Fortbildungen und Aktionstage bündeln könnte. Ein erwartungsvolles Kribbeln macht sich breit.

Wenn ich an die Reaktion der Schülerinnen und Schüler und der Lehrerkollegien denke, denen ich bisher begegnet bin, dann bin ich der festen Überzeugung, dass meine Erfahrungen keine Fremdheitsgefühle auslösen werden, eher werden sie die Sehnsucht beflügeln. Ich freue mich darauf zu erfahren, welche Wünsche und Träume die Teilnehmerinnen und Teilnehmer in sich tragen.

Welche Sehnsucht trage ich in mir?

Ich setze mich auf eine Bank und schaue in die Weinreben bis nach Pöttelsdorf. Wie ruhig es ist. Die Abendsonne taucht den Ort in ein goldenes Licht. Dieses Bild halte ich mit meiner Kamera fest. Ein feierlicher Anblick, voller Kostbarkeit. So kostbar wie dieser Anblick sind die vor mir liegenden Chancen. Denn meine bisherigen Erfahrungen und die vielfältigen Gedanken halten nicht nur für mich, sondern auch für die Menschen, denen ich begegne, eine Vision bereit, die uns alle anspornen kann.

31

Heute werde ich einen Kindergarten besuchen, der anlässlich meiner Tour einen Tag der Dankbarkeit und Wertschätzung vorbereitet hat. Gestern habe ich schon einige Fotos geschickt bekommen: Die Kinder haben zusammen gebacken und gekocht, dazu den ganzen Kindergarten geschmückt. Sie haben Einladungen an die Eltern gestaltet, denn diese sollen auch dabei sein. Es soll ein Festtag werden. Ich bin sehr gerührt und freue mich zu sehen, wie hier zusammen gelebt, gespielt, gesungen und gelernt wird.

Die Leiterin des Kindergartens kenne ich seit einem Jahr. Ich habe sie auf einer Tagung kennengelernt, die ich für Erzieherinnen zum Thema Wertschätzung gehalten habe. Ich war damals so begeistert von ihren Ansichten, dass wir in Kontakt geblieben sind und sie mich heute eingeladen hat. Ich freue mich sehr auf das Wiedersehen.

Wir wollen uns um 9 Uhr am Ortseingang treffen. So radle ich gemütlich von meiner Ferienwohnung in Richtung Forchtenstein. Doch was ist das? Von weitem sehe ich, dass am Ortsschild die Polizei steht und eine große Menschenmenge versammelt ist. Da wird doch kein Unfall passiert sein? Hoffentlich komme ich da durch. Als ich näher heranfahre, sehe ich Kinder und Erwachsene mit Fahrrädern. Es ist mein Empfangskommitee. Die Kindergartenkinder und einige Eltern warten mit ihren Rädern, die Polizei hat die Straße gesperrt und begleitet unsere Gruppe bis zum Kindergarten: ein Polizeiauto vor dem Konvoi und eines am Ende. Andrea begrüßt mich feierlich und ich freue mich über diesen außergewöhnlichen Empfang.

Wir fahren nun in Richtung Kindergarten; ich komme schon auf der Fahrt mit Kindern und Eltern ins Gespräch. Hier erfahre ich einiges, so zum Beispiel, dass etliche Nationalitäten vertreten

Ein Teil meines Empfangskommitees in Forchtenstein

sind und auch geflüchtete Familien in Forchtenstein wohnen, deren Kinder diesen Kindergarten besuchen. Hier wird die Vielfalt als Bereicherung erlebt, die Kinder erzählen von allerlei leckeren internationalen Speisen, die es kürzlich zu kosten gab. Die Eltern berichten, dass Forchtenstein für seine Burg bekannt sei, die mit einem vielfältigen kulturellen Programm zahlreiche Menschen von nah und fern anziehe. Ich erfahre wiederum von den Kindern, welche Lieblingslieder und Lieblingsspiele sie haben und was sie besonders gerne essen. Alle haben wir gute Laune.

Als wir ankommen, sind die Bürgermeisterin, der Schulleiter der Grundschule und die Presse vor Ort, weitere Eltern und Kinder warten. Und schon geht es los: Begrüßung, Lieder – ein fröhlicher, bunter Vormittag ist in vollem Gange, an dem die Eltern ihre Kinder begleiten und erleben, wie der Alltag im Kindergarten gestaltet ist. Vor allem sehen die Eltern, wie selbstständig ihre Kinder sind und wie sie in all ihren individuellen Begabungen und Talenten gefördert werden.

Ich darf in einem eigenen Raum mit interessierten Eltern und der anwesenden Öffentlichkeit ins Gespräch kommen. Das ist eine tolle Gelegenheit, den jungen Eltern die Bedeutung von Wertschätzung und Dankbarkeit vor Augen zu führen. Sie haben in ihrer Erziehung so viele Möglichkeiten der Förderung ihrer

Kinder. Der gemeinsame Austausch ermutigt mich sehr, denn die Eltern zeigen großes Interesse.

Anschließend werden köstliche selbst gebackene und gekochte Speisen serviert. Die Kinder verhalten sich selbstständig und kooperativ, sie wirken außerdem sehr geduldig. Andrea erläutert mir ihr Konzept der Erziehung zur Eigenverantwortung, zur Förderung von Erfolgszuversicht, zur Entdeckung von Talenten und Potenzialen in jedem einzelnen Kind.

„Warst du schon einmal in Finnland?“, frage ich. „Ich meine, in den Kindergärten Finnlands?“ „Nein, wieso?“ Andrea ist überrascht. „Hier bei dir sehe ich, was mir Barbara in Finnland über die dortige vorschulische Bildung berichtet hat. Als hättet ihr ein und dasselbe Konzept.“ „Das ist ja spannend“, sagt Andrea. „Und wie mich das freut. Das Bildungssystem in Finnland ist ja berühmt, es wird immer gelobt.“

Andrea holt ihr Team zusammen und alle berichten aus ihrer Sicht, was ihnen an der Erziehung im Kindergarten wichtig ist. Das Zutrauen in die Kompetenzen der Kinder ist enorm. Auch die Bürgermeisterin betont, der Kindergarten sei ein Schatz der Gemeinde. Eine Mutter erzählt mir im Vorübergehen, wie der Kindergarten ihren Sohn stärke und dass sie sich als Mutter und Lehrerin einfach von den Erzieherinnen viel abschaue.

Aber Moment mal, da kommt mir eine gewichtige Frage: Wie kann es sein, dass diese Erzieherinnen so viel Zeit und Kraft investieren, jeden Tag aufs Neue, und in ihrem vielfältigen Tun so entspannt und fröhlich, gleichzeitig mutig und energiegeladen wirken? Möglicherweise ist das die Schlüsselfrage. Ja, ganz sicher: Woher kommt diese Power und Überzeugungskraft?

Ich beobachte die Erzieherinnen in ihrem Tun, komme mit ihnen und den Eltern sowie mit einigen Kindern ins Gespräch. Ich höre genau hin. Und siehe da – der Schlüssel zum Verstehen wird mir an jeder Station überreicht: Es ist die tiefe innere Begeisterung für das eigene Handeln, das als sinnstiftend erlebt wird. Diese Begeisterung ist die Quelle der Kraft. Diese Begeisterung setzt Energie und Motivation frei. Und diese Begeisterung ist keine Einbahnstraße, sondern ihre Früchte nähren die Quelle erneut. Ich könnte die Begeisterung auch als Liebe bezeichnen, eine tiefe Liebe zum Leben.

Wo erlebe ich meine Begeisterung als sprudelnde Quelle?

Aus dieser Begeisterung heraus handelt die Kindergartenleiterin, die von ihrem Konzept überzeugt ist und Vertrauen in ihr Team setzt. Aus dieser Begeisterung heraus handelt das Team, das an einem Strang zieht und füreinander einsteht – weil sich alle in ihrer Individualität schätzen und unterstützen. Aus dieser Begeisterung heraus handeln die Eltern, die in wichtige Aktivitäten einbezogen werden und so erleben, was eine gemeinsame Verantwortung für das Wohl ihrer Kinder bedeutet.

Wie ein Leuchtturm, der sein Signal verbreitet: Seht die Schätze in euren Kindern!

Der Vormittag verfliegt, und schon steht der Abschied an. Zur Erinnerung bekomme ich ein selbst gestaltetes Buch überreicht, in dem Texte und Bilder zum Thema Wertschätzung von Kindern, Erzieherinnen und Eltern versammelt sind. Es sind kleine Geschichten aus ihrem Alltag, die den Blick schärfen für all das Schöne und Dankenswerte um uns herum. Eine wertvolle Erinnerung an einen Tag, der mich noch lange bewegt.

Yannik, 5 Jahre, dokumentiert meine Ankunft in Forchtenstein

32

Heute habe ich einen ganzen Tag zum Schreiben. Ich werde zur Ruhe kommen und alles verarbeiten. Zuerst möchte ich meinen Kühlschrank füllen. Am liebsten würde ich einen kleinen, regionalen Laden aufsuchen und mit meinem Einkauf dessen Arbeit unterstützen. Eine kurze Recherche zeigt mir, dass der nächste „Nah und Frisch"-Markt nur 4 km entfernt liegt und um 6.30 Uhr öffnet – wie für mich geschaffen. Ich trinke ein paar Gläser Wasser und radle los. Herrlich, am frühen Morgen unterwegs zu sein. Ein bisschen Bewegung vor dem Frühstück lässt alles intensiver schmecken, und so freue ich mich jetzt schon auf Brötchen und Käse, Honig und Quark.

Bei meiner Ankunft werde ich überrascht: Ein so munteres Treiben hatte ich um kurz vor 7 Uhr nicht erwartet. Und alle Menschen scheinen hier so fröhlich. Wie kann dieser Laden neben all den großen Märkten überleben? Besser gesagt: Wie kann er so blühen? An der Kasse spricht mich der Mitarbeiter auf meine Jacke an, die ja mein Reisemotto sichtbar macht. Seine Augen leuchten, als er mir erzählt, dass seine Berufsphilosophie auch viel mit Wertschätzung und Dankbarkeit zu tun habe. Kurz darauf wird die Schlange an der Kasse zu lang und ich verabschiede mich, nicht ohne ihm viel Erfolg, Freude und Liebe für seine Arbeit zu wünschen. Das wird der Besitzer gewesen sein, vermute ich.

Ich radle mit großem Appetit nach Hause. Beim Frühstück denke ich die ganze Zeit über diese Begegnung nach. Ich möchte den Besitzer des Ladens näher kennenlernen, das wird mir klar. Also sollte ich nochmals dorthin fahren. Ich schmiede Pläne für den Tag.

Nach meinem Frühstück mache ich mich ein weiteres Mal auf – und siehe da, ich erwische eine günstige Zeit. Nicht, dass der Laden jetzt leer wäre. Doch eine Mitarbeiterin kann die Kasse übernehmen, sodass Markus, der Besitzer, mir ein Tässchen Kaffee spendiert, sich mit mir auf die Bank vor seinen Laden setzt und mir seine Lebensgeschichte erzählt:

Markus Schon mein Großvater hat diesen Laden betrieben. Ich habe mich immer gerne an die Zeit erinnert, als ich meinem Großvater im Laden geholfen habe, und so habe ich schon bald den Wunsch verspürt, diesen Beruf ebenfalls auszuüben. Doch der Weg dahin war nicht geradlinig. Ich hatte Glück, dass ich bei Julius Meinl lernen durfte. Kennt man Julius Meinl in Deutschland? Hier in Österreich kannst du jeden danach fragen wie nach einem vertrauten Weg. Meinl ist ein renommiertes österreichisches Kaffee- und Feinkostunternehmen. Ich muss immer wieder daran denken, wie ich das nur geschafft habe. Ich hatte meinen Traum und ich vermute, meine innere Begeisterung ist bei meiner Bewerbung nach außen gedrungen.

Petra Das ist wirklich großartig.

Markus Bei Meinl lernten wir, Kunden zu begeistern. Ich wurde hier noch mehr unterstützt, meinen Beruf mit Herz auszuüben. Dafür bin ich wirklich sehr dankbar.

Petra Und dann konntest du diesen Markt hier übernehmen?

Markus Nicht sofort. Nach meiner dreijährigen Lehrzeit in Eisenstadt, bekam ich das Angebot, als stellvertretender Filialleiter nach Neusiedl am See zu gehen. Nach zwei sehr schönen Jahren übernahm ich im Juni 2000 das Geschäft von meinen Großeltern. Einige rieten mir ab, sie fürchteten, es würde mir ebenso ergehen wie vielen anderen regionalen Märkten, die den großen Supermärkten zum Opfer fielen. Das aber glaubte ich einfach nicht. Doch stell dir vor: 15 Jahre mit Höhen und Tiefen folgten. Das ist eine lange Zeit. Ich hatte mit zwei bis drei Jahren gerechnet. Ich dachte, dann wäre ich hier angekommen. So war es leider nicht.

Petra Oh, das ist wirklich eine sehr lange Zeit. Hast du immer daran geglaubt, dass es besser werden würde?

Markus Nun ja, mein Großvater hat mir oft gesagt, dass sich Geduld auszahlt. Ich vermute aber, so lange wie ich musste er sich nicht gedulden. Ich habe einfach nie aufgegeben. Immer habe ich versucht, ein besonderes Konzept zu kreieren und war mit der ganzen Kraft und Liebe dabei. Als ob der Erfolg schon meiner wäre. Ja, das war meine Philosophie. Viele schüttelten den Kopf und sagten mir, ich könnte es leichter haben im Leben. Ich wollte es aber nicht leichter haben, ich wollte echt sein. Dann hatte ich die Idee, Kontakt zu Hofläden und regionalen Betrieben aufzunehmen. Das war zu dieser Zeit noch nicht verbreitet. Und ich habe selbst angefangen, meine Ernährung und Lebensweise umzustellen, weil es mir ein inneres Bedürfnis war, ganz zu leben, was mir entsprach. Der Realität zum Trotz, wobei das Wort „Trotz" meine Haltung nicht widerspiegelte. Ich wollte es einfach anders machen, als es im Lehrbuch steht, ich wollte – sagen wir mal – ein neues Lehrbuch schreiben. Ob du es glaubst oder nicht: Das brachte den Durchbruch. Mein Leben, mein Traum und mein Beruf wurden eins. Das begeisterte die Menschen wohl, und es sprach sich immer mehr herum. Der Kundenstamm wuchs und wuchs, jetzt war alles ins Rollen gekommen.

Petra Das ist ja unglaublich. Toll, dass du solch ein Durchhaltevermögen hattest. Es war bestimmt eine harte Zeit.

Markus Nun ja, aber sie hat mich kreativ werden lassen. Siehst du diese Frau? Sie hat einen eigenen Hofladen und beliefert mich. Sie hat sehr gute Produkte, ich kaufe gerne bei ihr ein und sie bei mir. So geht das. Echt sein. Deine

Idee leben. Durchhalten. Ein eigenes Lehrbuch schreiben.
Wenn dann alles ins Rollen gekommen ist, gibt es kein zurück. Gott sei Dank. Das macht alles so viel Freude. Mittlerweile habe ich auch einen eigenen Namen bekommen: „Markus H., Genuss-Greißler im ♥ des Wulkatales!"
Und weißt du was: Meine neueste Idee ist es, an bestimmten Tagen meine Kunden einzuladen und mit ihnen zu beraten, was ich noch verbessern könnte, was ich in mein Sortiment aufnehmen könnte. Und das hat große Anziehungskraft. Die Menschen nehmen diese Gelegenheit wahr und dann kommen sie auch und kaufen ihre Wunschprodukte. Ich glaube, sie fühlen sich jetzt auch als ein Teil des Ladens, fast so, als hätten sie auch ein wenig Verantwortung übernommen. Das schweißt uns zusammen.

Markus muss wieder an die Kasse und freut sich über mein kleines Andenken mit dem Kettenglied. Nach kurzer Zeit höre ich ihn mit seinen Kunden lachen. Ich bin innerlich bewegt von all dem, was er mir berichtet hat. Daran kann ich mir ein Beispiel nehmen.

Ich bleibe noch ein wenig auf der Bank sitzen und beobachte die Menschen, die hier vorüberziehen. Jeder von ihnen wird Großes in sich tragen. Aber weiß es jeder? Lebt es jeder?

Markus H., ein beeindruckender Einzelhändler

33

Nach den ereignisreichen Tagen in Pöttelsdorf geht es nun nach Eisenstadt. Ich wohne eine Woche bei Reinhilde und Karl. Reinhilde ist meine Kollegin an der Pädagogischen Hochschule Burgenland, mit der ich schon einige Jahre kooperiere. Von Eisenstadt aus starte ich meine vielfältigen Aktionen: eine Woche lang, jeden Tag ein anderes Vorhaben. Ich freue mich darauf und fühle mit gut vorbereitet.

Reinhilde ist ein Phänomen. Wer sie kennt, wird jetzt schmunzeln und weiß genau, was ich meine. Reinhilde könnte eine pädagogische Beratungsagentur eröffnen. Zu jedem Stichwort weiß sie etwas: sie kennt Bücher, sie kennt Menschen, die zu diesem Thema gearbeitet haben, und sie hat eigene Unterrichtsideen parat. Sie ist ein echter Glücksfall.

Wir begrüßen uns innig und Reinhilde zeigt mir mein Zimmer, das ehemalige Kinderzimmer ihres Sohnes, der jetzt erwachsen ist, extra für mich hübsch gemacht. Ich dusche und wir setzen uns ins Wohnzimmer. Irgendwie ist das ein eigenartiges Gefühl. Als wäre meine Radreise zu Ende. Auf jeden Fall pausiert sie. Wenn ich bislang Menschen getroffen habe, die ich schon vor meiner Reise kannte, dann nur kurz, höchstens für eine Übernachtung. Und jetzt ist alles anders. Bei Reinhilde und Karl übernachte ich jedes Jahr einige Tage, da ich hier in Eisenstadt regelmäßig Tagungen anbiete. Es fühlt sich an wie ein zweites Zuhause und wir kennen uns schon so gut. Das ist natürlich sehr schön und beglückend. Jetzt aber irgendwie seltsam. Doch Reinhilde lässt mich nicht in dieser Stimmung, schon legt sie los. Was ich trinken möchte, wie es mir gehe und was ich erlebt habe, möchte sie wissen. Ob wir heute Abend essen gehen und ob für morgen alles klar sei. Und ich erzähle von allen meinen Abenteuern, von meinen Fragen und den Themen, die sich ergeben haben – und selbstverständlich von all den Menschen, die ihre Träume leben.

Elisabeth Steinkellner/Michael Roher, Papilios Welt. Wien: Picus Verlag 2013

„Da weiß ich ein Bilderbuch", ruft Reinhilde – und schon ist sie in ihrem Arbeitszimmer verschwunden. Karl und ich schütteln lachend den Kopf, trinken unseren Kaffee und genießen die Schokolade, die ich von Markus' Laden mitgebracht habe. Unsere Stimmung ist bestens. Kurze Zeit später ist Reinhilde wieder da. Sie hat nicht nur ein Buch, sondern einen ganzen Stapel gefunden. Und wie könnte es anders sein: Ich entdecke mein Lieblingsbuch – es ist mein Lieblingsbuch bis heute: Papilios Welt.

Das Mädchen Papilio lädt alle Menschen, die sie auf ihrem Weg trifft, ein, mit ihr aufzubrechen und Träume wahr werden zu lassen. „Ich will euch von meiner Welt erzählen. Und wenn ihr die Augen schließt, könnt ihr sie auch sehen", sagt sie. Es sind Träume, die die Fantasie anregen und von einer besseren Welt schwärmen: „In meiner Welt leben alle, wo sie sich zu Hause fühlen, arbeiten alle, was sie gut können und gerne tun, kochen alle, was ihnen schmeckt …" Die Menschen, die sich Papilio anschließen, genießen es – bis einer nach dem anderen Bedenken äußert. „Du mit deinen verrückten Ideen … In deiner Welt herrscht bestimmt große Unordnung …" Aus der Traum. Papilio wird als weltfremd abqualifiziert. Doch ein Kind lässt sich auf Papilios Idee ein – und die beiden ziehen los und leben ihren Traum.

Reinhilde liest das Buch vor und ich gerate ins Staunen. Unglaublich, das ist DAS Buch zu meinem Thema – MEIN Buch. Als wäre es für mein Anliegen geschrieben. Denn wie Papilio, so handeln doch Willi, Markus, Ewald, Barbara und viele mehr. Allen Bedenken zum Trotz leben sie ihren Traum und führen ein erfülltes Leben. Sie trauen dem Leben viel mehr zu, als sie es mit dem Verstand planen oder vorhersehen könnten. Sie fragen nicht danach, wann der richtige Zeitpunkt kommt und was noch vorher aus dem Weg geräumt werden muss. Sie sagen nicht: „Wenn ich dieses oder jenes erreicht habe, dann bin ich glücklich." Ein glückliches Leben beginnt für sie da, wo sie dieses Glück im Alltag erspähen können. Dieser Traum setzt etwas in Gang: Sie spüren Kraft, werden kreativ, halten länger durch, haben Freude an ihrem Tun und leben Vertrauen. Neue Wege werden gebahnt. Und dieses Phänomen verstärkt sich mehr und mehr.

Ein weiterer Gedanke kommt mir. Es ist kein Zufall, dass Papilio, die Hauptfigur in diesem Buch, ein Kind ist. Und ebenso ist es sicher Absicht der Autorin, dass auch nur ein weiteres Kind Durchhaltevermögen bei der Verwirklichung des Traumes besitzt und keiner der Erwachsenen, die sich zunächst ja auch inspirieren lassen. Offenbar gehen Kinder anders mit ihrer Wirklichkeit um und damit auch mit ihren Träumen. Von Erwachsenen wird dies gerne belächelt und kritisiert: „Träume nicht", „Deine Fantasie geht mit dir durch", „Du hast noch keine Ahnung, wie die Welt funktioniert", „Er/sie ist ja erst ein Kind". Und ich muss tatsächlich feststellen: Wären die Kinder meiner ersten Schulklassen, die ich als Grundschullehrerin unterrichtete, nicht gewesen, hätte ich mich möglicherweise auch in der Rolle der Erwachsenen des Bilderbuches gesehen. Doch die Kinder meiner ersten Klassen steckten voller Phantasie, sie wollten ihr Leben entdecken, hatten große Ziele, dachten kreativ – und sie konnten vertrauen und verzeihen, immer wieder neu beginnen. Das habe ich damals intensiv gespürt. Ich durfte sehr viel von diesen Kindern lernen. Und danach von meinen eigenen Kindern.

„Träumst du?" Reinhilde schaut zu mir und holt mich aus meinen Gedanken zurück. „Ja", sage ich. „Papilio hat mich angesteckt." „Dann ist es ja gut, dass du morgen mit den Erzieherinnen arbeitest. Ich habe die Teilnehmerliste schon hier. Es sind sehr engagierte Menschen. Lass dich überraschen."

34

Erzieherinnen und Erzieher strahlen etwas aus von den Kindern, mit denen sie arbeiten. Das stelle ich immer wieder fest: Sie wirken oft fröhlich und voller Tatendrang. Wenn ich mit ihnen eine Tagung gestalte, strahlt diese Haltung auf die Atmosphäre im gesamten Raum aus. Das ist eine wunderschöne Erfahrung, denn eine Tagung ist immer ein wechselseitiges Geschehen. Ich spüre eine starke Resonanz im Raum. Wir bestärken und beflügeln uns gegenseitig. Manchmal sind solche Tage eine echte Auszeit, sowohl für die Teilnehmerinnen und Teilnehmer als auch für mich. Wenngleich wir an einem Thema intensiv arbeiten und am Ende des Tages auch mental erschöpft sind, ist es eine stärkende, motivierende Zeit, die erleben lässt, wie es sein könnte. Darum freue ich mich sehr auf meinen heutigen Tag. Reinhildes Bilderbuch ist dabei.

Ich fahre mit meinem Rad zu unserem Tagungsort. Was ich brauche, ist in den Satteltaschen. Normalerweise habe ich immer Kisten voller Material dabei – es ist ganz ungewohnt, nur mit meiner Präsentation und einem Bilderbuch auszukommen. Ungewohnt und befreiend zugleich. Denn es wird von Anfang an klar sein: Heute geht es nicht darum, mit Praxismaterial ausgerüstet zu werden. Wir können uns ganz einlassen auf die Erfahrungen der Radreise und deren Bedeutung für den Alltag. Es geht um tiefere Einsichten, um die Haltung in Erziehungs- und Bildungsprozessen, um diesbezügliche Erfahrungen, aber ganz zentral auch um Träume, die geweckt oder gelebt werden.

Viele neugierige Augenpaare sind auf mich gerichtet und ich beginne, von meiner Radreise zu erzählen. Schon nach kurzer Zeit spüre ich, dass die Erzieherinnen mit hoher Aufmerksamkeit dabei sind und mein Anliegen teilen. Einige berichten davon, dass es die Kinder sind, die ihnen Wertschätzung und Dankbarkeit entgegenbringen, die zeigen, wie jeder Tag ein Neuanfang bedeutet und dass dies eine stärkende und beglückende Erfahrung sei. „Wenn du morgens müde bist und in den Kindergarten kommst und wenn dich dann ein Kind anstrahlt, deine Hand nimmt und dir einen Käfer zeigt, den es entdeckt hat, dann wird dir klar: Du hast den schönsten Beruf." „Kinder können einfach staunen, sie stellen so viele neugierige Fragen, die uns Erwachsenen gar nicht mehr in den Sinn kommen. Das stelle ich immer wieder fest und ich sage den Kindern, dass mir das ganz wichtig ist und sie mit dieser Haltung Erwachsenen etwas beibringen können, was sie oft schon vergessen haben." „Ich habe ein Buch der Fragen angelegt, da schreiben wir alle Fragen hinein. Die Kinder wissen, dass ich solche Fragen sammle, aber dass ich die Fragen nicht alleine beantworten kann; wir müssen schon alle zusammen auf die Suche nach Antworten gehen."

Ich bin sehr dankbar, dass sich die Erzieherinnen zusammen mit den Kindern auf diesen spannenden Weg begeben. Reinhilde hatte wirklich recht, eine ganz engagierte Gruppe sitzt hier zusammen. Sie alle haben Papilios Ruf gehört und folgen ihm.

Eine Erzieherin fällt mir als sehr nachdenklich auf, offenbar arbeitet es in ihr. Was sie wohl gerade bewegt? Sie ist schon die ganze Zeit sehr aufmerksam dabei, hält sich aber noch mit Beiträgen zurück. Doch nun hat sie ihre Gedanken gesammelt und rückt eine lange und sehr tiefgreifende Ausführung ins Zentrum unserer Aufmerksamkeit. „Gerade betonen wir ja das, was die Kinder alle eint: die Neugier, die Fragen, die Begeisterungsfähigkeit. Oft jedoch betonen wir das Trennende – auch beim Thema Wertschätzung. Denn wenn ich sage: ‚Ich möchte die Individualität stärken, die Talente und Begabungen des einzelnen Kindes fördern', dann ist das ein Bereich, der dieses Kind vom anderen unterscheidet, also trennt. Ich finde, wir müssen darauf achten, das Individuelle UND das Verbindende zu betonen: Das, was dieses Kind so einzigartig und einmalig macht, und das, was dieses Kind mit allen anderen Kindern verbindet. Verbindend ist zum Beispiel, dass wir uns alle nach Wertschätzung sehnen, dass jeder dieses Bedürfnis hat und kennt, dass wir uns nach Liebe und Frieden sehnen etc." Im Raum herrscht Stille. Wir alle denken nach. Jetzt nicken einige bestätigend und bedanken sich bei Gertrude für diesen neuen, ergänzenden, weitenden Blickwinkel. Welch große Chance ist es, im Kindergarten arbeiten zu können! Darin sind sich alle einig. Einige Erzieherinnen äußern, sie seien jedoch auch traurig darüber, dass ihre Schwerpunkte dann in der Schule so wenig weitergeführt werden. Dass dort vor allem die Schwächen betont werden, an denen die Kinder arbeiten sollen, und diese Haltung in den Familien Ärger und Stress erzeuge. Da meldet sich Gertrude ein weiteres Mal zu Wort: „Noch ein Gedanke von mir: Wenn wir uns über die wertschätzende oder geringschätzende Haltung von Erwachsenen gegenüber anderen Erwachsenen oder Kindern austauschen, thematisieren wir Abgrenzung. Wir fällen ein Urteil, das weit über das hinausgeht, was wir überhaupt wissen können: Diese Lehrerin und jener Lehrer schätzt nicht wert, kritisiert nur, sieht nur das Negative. Stimmt das? Oder anders formuliert: Gibt es nicht auch hier das Verbindende? Wollen nicht alle Menschen Wertschätzung aussenden und Dankbarkeit fördern? Sind diese ureigenen Wünsche und Bedürfnisse vielleicht nur verschüttet? Überlagert? Dem Stress zum Opfer gefallen? Und mal ehrlich: Ist es wirklich Ziel des Lehrplans, Kinder klein zu machen? Sollten wir nicht verständnisvoller, liebevoller, aus der Verbundenheit mit den Kindern heraus denken? Wäre das nicht viel motivierender und in unserem Sinne zielführender? Ergänzend zur individuellen Welt, die in jeder/jedem Einzelnen ist, sollten wir meiner Meinung nach das Band sehen, das uns alle verbindet. Eine solche Sichtweise macht uns reicher, finde ich. Und sie hilft, eine Veränderung sinnvoll anzugehen."

Während ich dies schreibe, bin ich aufs Neue fasziniert. Da ich mich so sehr für die Wertschätzung des Einzelnen begeistere, darf ich nicht vergessen, das gemeinsame Band zwischen den Menschen zu sehen. Das gilt für Erziehung und Bildung, das gilt aber genauso für die alltäglichen Begegnungen. Beispielsweise, dass alle Menschen von Gott geliebte Geschöpfe sind, dass alle Menschen vergleichbare Bedürfnisse und auch Rechte haben. Hier könnte sicher noch vieles genannt werden. Menschen wertschätzend zu begegnen heißt demnach, offen auf sie zuzugehen, auf vorschnelle Beurteilungen und Schubladendenken zu verzichten. In Menschen entdecken, wer und was sie sein könnten, und möglicherweise verschüttete Sehnsüchte und damit auch Träume und Visionen neu wecken. Diese Haltung begeistert mich.

Auch die anderen Erzieherinnen stimmen Gertrude zu. Wir lassen uns auf das folgende Experiment ein: Wir denken an Personen, die wir in eine ganz bestimmte Schublade stecken. Jede von uns stellt sich diese Person intensiv vor. Und in einem nächsten Schritt erweitern wir das Bild. Wir nehmen wahr, was wir noch alles von dieser Person wissen, und finden das eine oder andere, das gar nicht in die Schublade passt. Wir überlegen uns, was uns an dieser Person interessiert, was wir sie gerne fragen würden und welche Aspekte wir bei der nächsten Begegnung beobachten wollen. Und schließlich: Worüber werden wir mit dieser Person bei der nächsten Begegnung sprechen? Gibt es Hobbies, die wir teilen?

Dieses Experiment bringt etliche Aha-Effekte hervor und den Wunsch, die Resultate des Experiments in die Tat umzusetzen.

Der Tag mit den Erzieherinnen vergeht wie im Flug. Ein reicher und dichter Tag. Am Ende liest Reinhilde ihr Buch vor. Begeisterung wird geweckt, wir schweben wie Papilio aus dem Raum. Und ich freue mich für all die Kinder und deren Eltern, die diesen Erzieherinnen täglich begegnen dürfen.

Als ich vor dem Tagungshaus mit Reinhilde zusammenstehe, sagt sie: „Heute habe ich entdeckt, was Jesus meint, wenn er Kinder als Vorbilder für den Glauben bezeichnet." „Erzähle!", fordere ich Reinhilde auf. „Ich habe deutlich gespürt, welche Wirkung es erzielen kann, wenn Menschen diese Haltung der Neugier und des Vertrauens wirklich leben. Die Erzieherinnen lieben ihren Beruf, weil sie sich von den Kindern anstecken lassen. Ich glaube, diese Haltung verändert ihr Leben ins Positive. Sie richten ihren Blick auf das, was sie bereichert. Sie sind engagiert und strahlen Energie aus." Ich muss Reinhilde recht geben. „Bist du müde nach diesem Tag?", fragt sie auf einmal. „Nein, ich fühle mich frisch", sage ich bestimmt. „Dann möchte ich mit dir noch etwas unternehmen", ruft Reinhilde. „Lass dich überraschen!"

Wie bereichernd wäre es, wenn Menschen sich öfter voneinander *positiv* anstecken lassen würden …

Ausflug an den Neusiedler See

35

Ich wache auf. Es ist Sonntagmorgen, heute predige ich im Gottesdienst. Ich fühle mich gut, hellwach. Bei Reinhilde gehe ich morgens gerne joggen. Gestern habe ich eine einzelne hübsche Mohnblume in den Weinreben entdeckt. Ich war gegen 8 Uhr unterwegs, die Sonne war schon längst aufgegangen, und ich dachte mir, dass die Mohnblume im Sonnenaufgang ein sehr schönes Fotomotiv sein müsste. Warum also nicht heute? Diese Idee schießt mir plötzlich durch den Kopf. Wenn ich mich beeile? Ich schaue auf die Uhr: Es ist 5.33 Uhr. Ich schaue aus dem Fenster: Der Himmel ist klar und schon rot gefärbt. Auf geht's, Beeilung. Blitzschnell ziehe ich mich an, trinke ein Glas Wasser und schon geht es los. Meine Beine fühlen sich noch verschlafen an, kein Wunder, ich bin ja gerade erst aufgewacht, aber ich gebe mein Bestes. Von meiner Idee angetrieben, düse ich durch die Felder. Ich rase vorwärts, als würde mich jemand verfolgen. Ich freue mich auf das Bild, das ich gleich mit meiner Kamera aufnehmen werde, wenn ich bei der Blume in Richtung Sonnenaufgang blicke. Jetzt noch einmal abbiegen, gleich bin ich da. Ich setze zum Endspurt an, flitze auf die Mohnblume zu, bremse und … Die Sonne ist schon aufgegangen. Die Farbenpracht ist einer strahlenden Helligkeit gewichen. Ich bin zu spät. Aus der Traum von der Mohnblume im Sonnenaufgang. Kopflos bin ich dahingerast, ohne mir einen Moment Zeit zu nehmen, den Stand der Sonne zu überprüfen und den Sonnenaufgang an einer anderen Stelle zu genießen. Eisenstadt im Sonnenaufgang wäre auch ein schönes Motiv gewesen. Ich setze mich zu der Mohnblume und bin erst einmal erschöpft. Helles Licht strahlt in mein Gesicht.

Plötzlich beginnen die Kirchenglocken zu läuten. Ja klar, 6 Uhr. Ich schaue der Sonne entgegen, spüre den leichten Wind in meinen Haaren, betrachte ‚meine' Mohnblume und lausche den Glocken. Ein tiefes Glücksgefühl macht sich breit. Ich muss lachen. Ich fühle mich befreit. Ich genieße den Klang der Glocken und schließe die Augen.

MEINE Mohnblume

Diese Aktion am frühen Morgen ist ein sehr anschauliches Bild für meine Hetze durch den Tag und möglicherweise durch das ganze Leben. Ich hetze mich ab und komme doch zu spät. Ich drehe dem Leben den Rücken zu, rase dahin, als könnte ich mein Glück selbst machen. Ich bin auf eine einzige Erfahrung ausgerichtet und verpasse all die möglichen anderen Erfahrungen, die es noch gegeben hätte. Das Leben bietet mir viel mehr an, nicht nur eine Sache, von der scheinbar alles abhängt.

Heute früh erkenne ich: Wahres Glück wird mir geschenkt. Ich muss die Augen öffnen, mich umsehen und empfangen. Mich dem Sonnenaufgang zuwenden.

In diesem Moment empfinde ich große Dankbarkeit. Und ich fühle mich Gott und meinem Glauben sehr nah.

Ich öffne die Augen, sehe mich um und empfange.

Jetzt blicke ich auf meine Mohnblume. Sie ist wunderschön und ein Foto wert. Aus verschiedenen Perspektiven setze ich sie ins Bild. Sie wirkt jedes Mal anders. Ich stehe wieder auf und jogge gemütlich nach Hause, der Sonne entgegen. Wie ich das jetzt genieße. Nachher, wenn ich im Gottesdienst predige, darf die Geschichte mit der Mohnblume nicht fehlen. Jetzt freue ich mich aber erst einmal auf Reinhildes Frühstück.

36

Heute mache ich mich am frühen Morgen mit dem Rad auf den Weg von Eisenstadt nach Neusiedl am See. Immerhin kann ich etwas mehr als 30 Kilometer in die Pedale treten, und das tut mir sehr gut. Ich bin schon so gespannt auf die Klosterschule, eine katholische Privatschule, bestehend aus einer Volksschule und einer Mittelschule. Ein großer Teil der Klassen hat sich gleichzeitig mit mir auf den Weg der Dankbarkeit und Wertschätzung begeben. Nicht mit dem Fahrrad, sondern auf den inneren Weg zur Beantwortung der drei Fragen, die auch ich jeden Tag stelle und mit denen ich jeden Tag wachse.

1. Wofür bin ich heute dankbar?
2. Wie kann ich mich heute wertschätzen?
3. Wann kann ich heute andere wertschätzen und andere unterstützen?

Wie es dazu kam? Ganz einfach: Bevor ich zu meiner Tour aufbrach, erzählte ich meiner Kooperationspartnerin Doris, die an dieser Schule unterrichtet, von meinen drei Fragen. Das fand sie sehr spannend und sie berichtete an ihrer Schule davon. Auch dort stieß die Idee auf große Resonanz, und so beteiligen sich fast alle Klassen an dieser Reise der Wertschätzung und Dankbarkeit. Die bisher gesammelten Erfahrungen aller Beteiligten sind eine sehr gute Grundlage für den heutigen Tag. Ich fühle mich, als fahre ich zu Gleichgesinnten. Ich freue mich darauf, die Kinder, Jugendlichen, Lehrerinnen und Lehrer zu treffen, zu erfahren wie es ihnen mit ihrem Projekt geht, welche Erfahrungen sie gesammelt haben und ob diese etwas in ihrem Alltag verändert haben.

Zum Glück finde ich die Schule gleich und bin auch noch etwas vor Unterrichtsbeginn dort. Doch seltsam, ich höre niemanden. Habe ich mich vertan? Ich öffne die Tür zum Schulhof und … traue meinen Augen nicht. Alle Schülerinnen und Schüler der Schule stehen bereit – mit bunten Transparenten, auf denen sie mich willkommen heißen. Jetzt stimmen sie gemeinsam ein Begrüßungslied an.

Ich genieße es sehr inmitten der Schüler- und Lehrerschar. „Wissen Sie", sagt Vanessa nach Ende des Liedes, „wir haben es am Anfang seltsam gefunden, die Fragen zu beantworten. Nun ja, was macht man nicht alles in der Schule, haben wir uns gedacht. Also gut, wollen wir mal nicht so sein ..." Vanessa lacht über ihre eigenen Worte. „Und je öfter wir über die Fragen geschrieben und gesprochen haben, desto mehr hat sich getan." Manuela ergänzt: „Wir haben gemerkt, dass wir die kleinen Dinge im Alltag mehr sehen, mehr schätzen, wertschätzen. Und das macht mich jedenfalls sehr glücklich. Und wir haben schon eine viel bessere Klassengemeinschaft bekommen. Allein die Frage, wie wir anderen helfen können, hat tolle Ideen gezaubert, würde ich sagen." Und Anton schließt sich an: „Ich dachte immer, ich kann so vieles nicht gut. Aber bei der zweiten Frage habe ich herausgefunden: Ich kann doch einiges. Und das fühlt sich richtig gut an." Vanessa meldet sich noch einmal zu Wort: „Und deshalb, weil aus drei Fragen so viel geworden ist, wollten wir eine schöne und feierliche Begrüßung."

„Das ist euch gelungen, vielen Dank!" Mehr kann ich gar nicht sagen, da strömen schon alle in das Schulhaus, und ich stehe mit den beiden Schulleitern der Volks- bzw. Mittelschule und meiner Kooperationspartnerin Doris noch auf dem Hof. Doris unterrichtet wie Reinhilde mit einem Teil ihres Deputats an der PH Burgenland. Ich schüttele den Kopf vor Bewunderung, und die drei lachen: „Ja, so kann es gehen, wenn man einen Stein ins Wasser wirft. Der zieht Kreise."

Ich bekomme zunächst einen Kaffee und etwas Gebäck zur Stärkung, dann gehe ich mit Doris durch die Klassen. Die Schülerinnen und Schüler warten schon auf mich. Die erste Klasse, die ich besuche, beeindruckt mich besonders. Nach wenigen Tagen der Beantwortung drei meiner Fragen hat die Klasse mit ihrer Lehrerin begonnen, jeden Tag drei eigene Fragen zu entwerfen, die an meine angelehnt sind, jedoch direkt aus der Erfahrungswelt und den Interessen der Kinder stammen. So wurde und wird das Tagebuch zu einer eigenen Kreation. Fragen wie: „Habe ich mich heute über einen Mitschüler oder eine Mitschülerin geärgert und schaffe ich es trotzdem, ihm oder ihr offen und freundlich zu begegnen?" oder „Wer braucht heute meine Hilfe?" wurden entwickelt und stellten jeden Tag eine neue Herausforderung dar.

Wie deutlich die Wirkungen sind, das kann ich jetzt spüren. Anne meldet sich zu Wort: „Also ich finde es sehr gut, dass wir unsere eigenen Fragen beantworten. Das hat die Klassengemeinschaft weitergebracht. Ich weiß nicht, ob wir uns sonst so stark umeinander gekümmert hätten. Wir nehmen immer die Fragen, die wir gerade brauchen für uns. Und dann, wenn es in der Klasse gut läuft, dann läuft auch der Unterricht. Hätte ich so nie gedacht. Alles geht leichter und besser." Da meldet sich Carolin und erzählt, sie sei an ihrer alten Schule gemobbt worden und kurz vor dem Start des Tagebuchs in diese Klasse gewechselt. „Ich wollte gar nichts mehr, vor allem keine Schule. Und dann hat das mit dem Tagebuch angefangen. Ich fand das so schwer am Anfang, aber die anderen haben mir geholfen. Ich habe entdeckt, dass es wirklich viele Gelegenheiten gibt, um Danke zu sagen. Ganz früh am Morgen fängt es an. Und wissen Sie, was toll ist? Ich habe damit meine Mama glücklich gemacht. Denn klar, die hat sich ja Sorgen gemacht. Ich habe gemerkt, dass ich etwas kann und dass ich mich wertschätzen kann. Das wusste ich schon nicht mehr. Die anderen hier in der Klasse haben mir

„Ich habe gemerkt, dass ich etwas kann und dass ich mich wertschätzen kann. Das wusste ich schon nicht mehr."

sehr geholfen. Ihr seid echt toll, ihr seid tolle Freunde. Ich bin einfach riesig glücklich."

Das ist wunderschön anzuhören. Ich genieße die Worte. Und mich interessiert: „Was denkt ihr, wie es geworden wäre, wenn ihr immer die drei gleichen Fragen bearbeitet hättet?" Maja sagt: „Na ja, den Vergleich haben wir jetzt nicht so, aber ich weiß, dass es in anderen Klassen Schülerinnen oder Schüler gibt, die manchmal lange nach Ideen suchen müssen für ihre Antworten. Weil ihnen nichts Neues einfällt. Und das ist bei uns nicht so." Die Lehrerin erzählt mir, dass die Kinder jeden Tag darauf brennen, ihre drei Fragen auszuwählen und loszulegen. „Das ist ein Selbstläufer, da muss ich nichts machen. Die ganze Sache dauert vielleicht 10 Minuten – doch die Wirkung ist phänomenal." Ich bedanke mich herzlich für diese tolle Idee und das Engagement. Ich bin wirklich beeindruckt. Und mir leuchtet es ein, dass eigene Fragen mehr Motivation bringen.

In der Klasse von Doris erzählen mir die Jugendlichen, dass sie die drei gleichen Fragen „auf jeden Fall in Ordnung" finden, aber die andere Idee reizvoller. Manu betont: „Ach, wenn mir mal nichts einfällt zu einer Frage, dann finde ich das nicht schlimm. Meistens kann ich zu einer anderen Frage dann mehr schreiben. Ich glaube nicht, dass man sagen kann, so oder so ist es besser. Vielleicht sind die drei Fragen ein guter Ausgangspunkt, und jeder kann sehen, was er daraus macht. Wichtig sind doch die 66 Tage, oder? Also dass man das durchzieht, nicht aufgibt. Ich glaube, das ist das Wichtigste. Denn ich merke, wie ich mich mit der Zeit verändere. Ich achte mehr auf Kleinigkeiten. Und ich bin gespannt, wie es nach 66 Tagen ist." Wie recht Manu hat. Genau darauf kommt es an – auf die 66 Tage. Doris zwinkert mir zu. Ich glaube, sie freut sich auch.

Doris ist eine Perle. Sehr ruhig, sehr gewissenhaft, sehr liebevoll. Ohne sie hätte ich hier keine Kooperation beginnen können.

Ich bin jedes Mal fasziniert, wie reibungslos alles läuft. Und die Organisation muss immens sein, denn es steht einiges auf dem Programm: Nach meinem Besuch in einigen Klassen treffe ich mich jetzt mit allen Schülerinnen und Schülern in der Sporthalle und zeige Bilder von meiner Tour. Mit den Lehrerinnen und Lehrern gestalte ich noch einen Nachmittag zum Thema Schulentwicklung. Diese Schule begeistert mich den ganzen Tag. Ich merke wieder: Es zahlt sich aus, wenn Wertschätzung Teil des Schulprogrammes ist. Und dazu gehört, dass alle Beteiligten einbezogen werden, ihre individuelle Aufgabe entdecken und sie sich angespornt fühlen, an der Umsetzung ihres Schulprogramms mitzuwirken.

Aufmerksames Publikum an der Klosterschule Neusiedl am See

37

Heute fahre ich zu Christian nach St. Margareten und werde mir erneut eine Behandlung gönnen. Denn in Kürze setze ich meine Reise fort. Auch zu Hause genieße ich übrigens regelmäßig solche Termine. Ich bin der Überzeugung, das hat viel mit der Wertschätzung des eigenen Körpers zu tun.

Ich hatte im Vorfeld große Freude daran, einige Therapeuten ausfindig zu machen, sie anzuschreiben und ein wenig von meinem Projekt zu berichten. Christian meldete sich prompt zurück: „Was für eine spannende Tour!“, schrieb er mir. „Klar, dafür nehme ich mir gerne Zeit und unterstütze Sie. Ich freue mich.“

Heute ist es soweit. Ich radle zu seiner Praxis, die nur einen kleinen Ausflug entfernt liegt, und trete ein. Christian begrüßt mich und ist erst einmal sehr interessiert, mehr von meiner Tour zu erfahren. Ich erzähle das eine oder andere Erlebnis und Christians Augen leuchten. Dann macht er sich an die Behandlung und wir tauschen uns weiter aus. Christian lässt mich erzählen und erzählen. Er fragt öfter nach und das beflügelt mich. Als ich ihm sage, wie sehr mich sein Interesse freut, holt er überraschend weit aus: „Mir ist irgendwann einmal klar geworden, welches Geschenk es ist, wenn meine Patienten aus ihrem Leben erzählen. Ich bekomme jeden Tag so viele Sichtweisen präsentiert. Schon allein das ist eine echte Bereicherung.“ Ich freue mich, dass er das so sehen kann. „Dann haben deine Behandlungen ja auch noch einen Effekt für dich“, sage ich. Christian lacht. „Und ob. Vor allem, nachdem ich mich entschieden hatte, damit aufzuhören, Menschen zu beurteilen, habe ich einen großen Schritt in meiner persönlichen Weiterentwicklung erlebt.“ „Aha“, werfe ich fragend ein. „Wie soll ich das erklären? Früher hat mich die eine oder andere Meinung geärgert, ich habe mich verpflichtet gesehen, denjenigen zurechtzuweisen. Was ist passiert? Ich war es, der sich damit in eine negative Stimmung gebracht hat. Ich habe mich plötzlich schlechter gefühlt, irgendwie niedergeschlagen, meine Gedanken kreisten um das Problem und um die Frage, wie ich den anderen ändern kann. Ich dachte wohl immer, ich könnte andere erziehen. Sie würden auf mich hören." Christian lacht. „Nachdem ich jeden Patienten als eigenverantwortlichen Menschen mit einer eigenen Geschichte und eigenen Träumen sehe, der sein Leben mit zu mir bringt, der es aber auch wieder mit nach Hause nimmt, kann ich die anderen Sichtweisen einfach akzeptieren und sogar für mich noch Impulse gewinnen. Denn ich entdecke immer tolle Details und liebenswerte Seiten. Du kannst nur dich selbst erziehen, es kommt auf deine Einstellung an. Das habe ich gemerkt, und es macht Spaß, diese Erkenntnis jeden Tag umzusetzen."

„Wow", mehr fällt mir in diesem Moment nicht ein. Doch Christian ist in Fahrt gekommen: „Und zu deinem Thema, wenn es um das Wertschätzen der eigenen Träume geht. Ich habe eine Liste an Träumen, das sind kleinere oder größere Wünsche, Träume oder Ziele. Ich ergänze die Liste immer dann, wenn mir etwas dazu einfällt. Es macht mir gar nichts aus, wenn die Liste länger und länger wird. Denn jedes Jahr erfülle ich mir einen dieser Träume. Das fühlt sich so gut an. Wenn ich einen Traum verwirklicht habe, bin ich dankbar dafür und ich genieße mein Leben in vollen Zügen. Und immer wenn ich einen neuen Traum entdecke, bin ich total motiviert, spüre meine Lebendigkeit und ein Kribbeln im Bauch. Ja, meine Träume unterstützen mich im Alltag sehr."

Ich muss an Tinas Dankbarkeitsglas denken. Es ist erstaunlich, dass beide sich so sehr für mein Thema öffnen und Wertschätzung und Dankbarkeit schon längst in ihrem Alltag umsetzen. Und dann noch dieses tolle Ritual! „Danke für diese tolle Idee", rufe ich begeistert. „Und darf ich fragen, welchen Traum du zuletzt verwirklicht hast?“ Christian lacht, jetzt schweigt er und denkt an seine Erfahrungen, nehme ich an. Dann legt er los: „Okay, ich glaube, ich habe andere Träume als du. So wie jeder einen eigenen Fingerabdruck hat, so hat jeder auch eigene Träume. Also mein vorletzter verwirklichter Traum war es, einmal mit dem Motorrad die Landesgrenze von Österreich entlang zu fahren. Das habe ich wirklich gemacht! Ein echtes Abenteuer, nicht so abenteuerlich wie deines, aber für mich genau das Richtige. Mit dem Rad, das wäre jetzt nicht mein Traum.“ Christian schaut vergnügt. „Und mein letzter Traum, den ich umgesetzt habe, war es, dass ich einmal einen Wolf aus der Nähe sehen wollte. Das war eigentlich ganz einfach zu realisieren. Es gibt ja entsprechende Tierparks. Doch ich bin mir sicher, ich würde vieles nicht machen, würde es nicht auf meiner Liste stehen und hätte ich es dadurch nicht immer vor Augen. Ich habe das Gefühl, dass ich mich immer besser kennenlerne, wenn ich über meine Träume nachdenke und vor allem, wenn ich sie dann am Ende verwirkliche.“

Ich genieße Christians Ausführungen. Es ist so anregend und ermutigend, wie er über seine Träume spricht. Und ich komme selbst ins Träumen. „Ja, das stimmt auch aus meiner Erfahrung“, sage ich. „Wir lernen uns besser kennen, wenn wir unseren Träumen auf der Spur sind.“

> „Wir lernen uns besser kennen, wenn wir unseren Träumen auf der Spur sind.“

Die vereinbarte Zeit ist längst vorbei, aber Christian scheint das nicht zu stören. Im Gegenteil. Noch auf dem Weg zur Tür zeigt er mir verschiedene Übungen, die ich unbedingt in mein tägliches Programm integrieren soll. „Sag mal“, stoppt er mich plötzlich. „Hast du noch mehr Träume?“ Ich bin überrascht und lasse mich auf seinen Besprechungssessel fallen. „Hmm, ich verwirkliche gerade diesen einen Traum. Und er ist schöner und erfüllt mich mehr, als ich es je zu träumen wagte.“ Ich schweige und schaue Christian an. „Das ist toll", sagt er. „Und sonst?" Ich muss einen Moment lang überlegen. Ich kann ja nicht auf eine Liste schauen so wie er. Doch dann fällt mir etwas ein, das sich gerade in mir anbahnt. Ich habe dieses kleine Pflänzchen in mir schon ab und zu auf meiner Tour entdeckt, nachdem Max mich auf Nipun Mehta aufmerksam gemacht hatte. Jetzt macht es sich erst recht bemerkbar. „Ich spüre, dass da etwas in mir wächst. Eine Sehnsucht, etwas von der Fülle, die ich erleben darf, abzugeben. Nicht nur indem ich von meinen Erfahrungen erzähle und die Perspektive der Dankbarkeit in anderen anrege, es könnte noch etwas viel Größeres sein." Christian nickt und sagt: „Ich bin gespannt darauf, mehr zu erfahren, wenn es soweit ist." „Gerne", sage ich nachdenklich, und wir verabschieden uns. Meine Beine fühlen sich erfrischt an. Und in meinem Inneren bewegt es sich zum ersten Mal. Ich habe diesen Gedanken ausgesprochen, und jetzt spüre ich ein Kribbeln in mir. Ein Neubeginn?

Im Skulpturenpark am Dreiländereck: Österreich – Ungarn – Slowakei

38

Was ich in Eisenstadt, in Neusiedl am See und in St. Margarethen nach meiner Ankunft vor knapp einer Woche erlebt habe, ist überwältigend. Ich habe das Gefühl, die ganze Region und die Menschen, denen ich begegne, stellen sich auf mein Thema ein. Als ob Wertschätzung und Dankbarkeit in der Luft lägen. Ich habe schon vier Geschichten über diese Begegnungen aufgeschrieben und noch so viel Spannendes erlebt, dass allein das Burgenland fast schon ein eigenes Buch wert wäre. Ich habe mich übrigens schon oft gefragt, welche Region Österreichs meine Lieblingsregion ist. Ich kann mich nicht wirklich entscheiden – und zum Glück brauche ich mich auch gar nicht zu entscheiden. Überall gibt es etwas, das mich anspricht. Hier im Norden des Burgenlands kenne ich viele Menschen und mir ist deren fröhliche Haltung sehr sympathisch. Die Nähe zu Ungarn und der Slowakei sowie die mannigfaltigen Friedensinitiativen begeistern mich nachhaltig. Mit meinem Rad war ich im Skulpturenpark am Dreiländereck und bin von einem zum anderen Land gelaufen, habe die Reste des Stacheldrahtes aus der Zeit des Eisernen Vorhangs ebenso gesehen wie die vielen Friedenszeichen. Es ist eine Region mit einer facettenreichen Geschichte.

Und ebenso vielfältig sind die Menschen und meine Erfahrungen, die ich hier sammeln konnte. Einiges von dem, was ich noch nicht erzählt habe, deute ich wenigstens an. Es wäre zu schade, wenn es unerwähnt bliebe:

Alles begann an meiner Kooperationshochschule, der Pädagogische Hochschule Burgenland. Meine Begrüßung als Auftakt in die Fortbildungswoche fand mitten in einer Projektveranstaltung statt. Die Studierenden erarbeiteten Workshops, mit denen sie Kinder anregen wollten, ihren Interessen nachzugehen, ihre Talente zu entfalten, ihrem Entdeckergeist freien Lauf zu lassen.

Das passte thematisch sehr gut zu meinem Anliegen und wir tauschten uns angeregt aus.

Erlebnisreich war der Gottesdienst in der Evangelischen Kirche Eisenstadt. Ich fuhr mit meinem Rad sogar in die Kirche hinein, den Mittelgang entlang und auf den Altar zu. Pfarrer Rampler freute sich schon seit Wochen auf diese Aktion und baute meine Predigt liebevoll in die Liturgie ein. Die Besucherinnen und Besucher ließen sich mit hineinnehmen in das Thema und berichteten nach dem Gottesdienst von ihren eigenen Erfahrungen. Die Geschichte mit der Mohnblume hat sie übrigens zum Lachen gebracht.

Da war Reinhildes Klasse, eine 3. Klasse der Volksschule. Die Kinder haben mir einen wunderbaren Empfang bereitet, spannende Fragen gestellt und viel über ihr eigenes Leben erzählt. Diese Kinder führen ebenfalls 66 Tage lang ein Dankbarkeitstagebuch. Und das spürte ich.

Gerne denke ich an den Abend bei Andrea. Wie sie Reinhilde, Karl und mich zu sich in die kleine Wohnung über den Dächern Eisenstadts eingeladen hatte, ein mehrgängiges Menü zauberte und dabei noch besondere Wünsche berücksichtigte, das war ein Erlebnis. Ein bunter, fröhlicher Abend. Ich habe den ganzen Abend gedacht: So schön kann man es sich machen. Danke!

Gottesdienst in der Evangelischen Kirche zu Eisenstadt

Und da waren heute die Lehrerinnen und Lehrer, die zur Fortbildung kamen. Sie freu-

Vorbereitungen in Reinhildes Klasse

ten sich auf einen Tag, an dem es um ihre Haltung und ihre Perspektive auf das Leben ging. Sie waren dankbar für einen Tag Auszeit und berichteten nach und nach von vielen beglückenden und wertschätzenden Erfahrungen inmitten eines jeden Schultages. Weil sie den Fokus darauf richteten, weil sie diese Brille aufsetzten, entdeckten sie immer mehr. Die unerfreulichen Erfahrungen und die Sorgen, die es selbstverständlich auch gab und immer wieder gibt, waren dadurch nicht einfach weg, aber sie erschienen in einem anderen Licht. Und das war eine beglückende Erfahrung.

Gerade sitze ich auf der Bank vor dem „Haus der Begegnung“, in dem diese Fortbildung stattfand. Hier lasse ich die letzten Tage Revue passieren und tippe meine Eindrücke in mein Tagebuch. Es füllt sich mehr und mehr. Morgen setze ich meine Reise fort. Darauf freue ich mich. Aufbruchstimmung. Ich bin ja fast schon sesshaft geworden. Ich lache über diesen Gedanken und schaue noch einmal in mein Tagebuch.

Ich führe mir die einzelnen Stationen vor Augen und frage mich, was nun eigentlich das Außergewöhnliche an meinen Begegnungen und Erlebnissen war. Im Grunde waren es doch alltägliche Erfahrungen. Das stimmt. Doch da ist eine Sache, die wie ein Zauberstab wirkt: Dankbarkeit und Wertschätzung verwandeln den gewöhnlichen Alltag in etwas Außergewöhnliches. Immer wieder komme ich zu dieser Überzeugung. Vielleicht ist das die stärkste Erkenntnis meiner Radreise bisher.

Ich mache mich fertig zur Abfahrt und trete in die Pedale. Nach kurzer Zeit sehe ich eine Frau, die mir zuwinkt. Ich komme direkt an ihr vorbei und halte an. Marita war am Sonntag im Gottesdienst und fragt mich, ob ich einen Moment Zeit hätte. Klar, die habe ich. Wir setzen uns auf eine Bank und Marita zeigt mir Fotos: von ihrem Mann, der viel zu früh verstorben ist, von ihren Kindern, die weit entfernt wohnen, und von ihren Enkelkindern. Traurig sei sie immer gewesen über all diese Umstände. Sie habe sich mehr und mehr zurückgezogen und alles wurde nur noch schlimmer. Und am Sonntag, so Marita, habe sie beschlossen, ein Experiment zu starten. „Als ich nach Ihrer Predigt wieder zu Hause war, da habe ich mir gedacht: Du hast nichts zu verlieren, du hast nur zu gewinnen, probiere es aus. Ich habe dann ein Blatt genommen und erst einmal alles aufgeschrieben, für das ich dankbar bin: Dass ich so viele glückliche Jahre mit meinem Mann hatte, dass unsere Kinder gesund sind, dass wir uns gut verstehen und regelmäßig Kontakt haben. Natürlich gibt es auch Schwierigkeiten, aber wo gibt es die nicht? Für meine Wohnung bin ich dankbar, die genau die richtige Größe für mich hat. Für meine Bücher, die ich gerne lese, und für meinen kleinen Hund Ricki. Wie ich ihn liebe. Na ja, und so weiter. Und was meinen Sie, was dann passiert ist?“ Ich sage spontan: „Hmm, waren Sie glücklich in diesem Moment?“ Marita strahlt: „Und wie. Ich habe mich so gut gefühlt wie schon lange nicht mehr. Ich bin mit Ricki aus dem

Haus gegangen und ich habe mich einfach in ein Café gesetzt, Kaffee getrunken und mir ein Stück Kuchen gegönnt. Normalerweise bleibe ich immer zu Hause. Wie dumm." Marita schüttelt den Kopf, lacht und fährt fort: „Im Café habe ich die Menschen beobachtet, die an mir vorübergingen. Ich habe sie gegrüßt und sie grüßten zurück. Das war sehr schön. Sie hatten recht mit Ihrer Predigt." Marita umarmt mich. Ich umarme sie auch ganz fest und freue mich. „Was meinen Sie genau damit, dass ich recht hatte?", frage ich nach einigen Augenblicken. „Na ja, alles eigentlich." Wir lachen. Marita ergänzt: „Vor allem die Geschichte mit der Mohnblume hat mich begeistert. Ich habe eigentlich die ganze Zeit dem Leben den Rücken zugekehrt. Kein Wunder, dass ich meine Geschenke im Leben nie entdeckt habe."

„Ich habe die ganze Zeit dem Leben den Rücken zugekehrt. Kein Wunder, dass ich meine Geschenke im Leben nie entdeckt habe."

Wir sitzen schweigend auf der Bank. „Ich werde Ihnen schreiben", verspricht Marita. „Ich schreibe Ihnen, was ich alles noch erlebe. Welch ein Glück, dass wir uns heute noch getroffen haben. So konnte ich Ihnen alles erzählen." Marita lacht wieder. „Nun ja, was heißt Glück: Ich habe einfach auf Sie gewartet, ich wusste ja, dass Sie hier mit den Lehrern sind und dass Sie irgendwann kommen werden." Maritas Handy vibriert: „Meine Tochter! Das wird länger werden. Danke für alles." Marita strahlt und gibt mir ein Zeichen, dass ich fahren darf. Ich steige auf mein Rad und winke ihr zum Abschied zu. Ich bin in diesem Moment von Kopf bis Fuß glücklich.

Dankbarkeit und Wertschätzung liegen in der Luft. Das stimmt ganz gewiss. Sie liegen immer in der Luft, wenn wir uns öffnen. Das habe ich hier im Burgenland intensiv erlebt. Die vielen Menschen haben in all den Begegnungen bestätigt: Das Gewöhnliche kann außergewöhnlich werden. Meine Brille entscheidet darüber, was ich sehe.

39

Ich breche wieder auf – und ich freue mich riesig. Eine ganze Woche lang war ich an einem Ort. Die Vorfreude auf die Fortsetzung meiner Tour und die Abenteuerlust wurden von Tag zu Tag größer – auch wenn die Tage mit schönen und spannenden Erfahrungen gefüllt waren. Heute ist es soweit. Auf den ersten Kilometern genieße ich die Fahrt, ohne viel nachzudenken. Einfach in die Pedale treten, die Natur betrachten und staunen. Doch irgendwann kommen die Gedanken wie von selbst.

Ein Gedanke ist zum Beispiel, ein ganzes Jahr lang mit dem Rad zu reisen. Wo ich da wohl überall herumkommen würde? Ich komme ins Schwärmen und Träumen. Welches Thema könnte ich mitnehmen auf eine solche Reise? Doch kann ich meine Reise auch nicht beliebig oft kopieren. Und wie soll ich mir ein Jahr dafür nehmen? Wenn ich es wirklich wollte, würde ich be-

Eine Wiese zum Träumen …

stimmt einen Weg finden ... Gedanken kommen und gehen, Ideen kommen und sie dürfen auch wieder gehen. Heute fahre ich oft bergauf und wieder bergab. Ich spüre den Fahrtwind, ich fühle Freiheit. Ich sehe eine wunderschöne Wiese und lege mich ins Gras, beobachte den Himmel, beobachte die Vögel. Ich denke an Christian. Auf seiner Liste standen ganz verschiedene Träume. Nachdem er die Ländergrenze Österreichs entlang gefahren war, wollte er keine weitere Ländergrenze bereisen, sondern einen Wolf sehen. Vielleicht ist auch bei mir etwas ganz anderes als Nächstes dran? Ja klar, das Pflänzchen in mir. Ich lasse mich überraschen. Einfach träumen. Und leben. Mein aktueller Traum ist ja noch mitten in seiner Erfüllung.

Jetzt erinnere ich mich daran, dass ich während meiner Tour immer wieder spannende Erkenntnisse gewonnen habe. Erfahrungen haben sich verdichtet, ohne sich anzukündigen. Die Erkenntnisse ploppten einfach in mir auf, plötzlich hatte ich eine Einsicht, die ich ganz tief zu fühlen begann. Ja, das Gefühl spielte bei allen Erkenntnissen eine herausgehobene Rolle. Wenn ich etwas fühlte, dann war es ganz bei mir angekommen. Heute fühle ich besonders intensiv, ich atme die Luft der Freiheit. Der Wechsel von Fahren und Verweilen ist eine sehr gute Entscheidung gewesen.

Während ich im Gras liege und den Himmel betrachte, passiert es wieder. Eine Erkenntnis kommt auf mich zu. Heute ist es die Folgende – und ich hoffe, ich kann sie gut in Worte fassen, denn zuallererst ist sie in meinem Gefühl: Das Leben ist so unglaublich facettenreich. Ich schließe die Augen und denke an die vielen Begegnungen und Erlebnisse, die ich auf dieser Tour schon hatte. Welche Facette in mir Glücksgefühle und Dankbarkeit erzeugt, weiß ich nie im Voraus. Es sind oftmals nicht die Aspekte, die ich mir zuvor selbst ausdenke. Ich weiß ja auch gar nicht, was ich alles erleben werde. Das heißt nicht, dass ich gar nichts erwarten und erhoffen darf. Ganz im Gegenteil: Ich genieße es, mir die Erfüllung von Ideen und Träumen auszumalen. Doch wenn ich mich auf das erhoffte Ereignis versteife, verstellt mir diese eingeschränkte Haltung den Blick auf alle anderen Geschenke des Lebens.

Wenn ich die Situationen, von denen ich erhoffe, dass sie mich dankbar stimmen, von meinen verengten Erwartungen befreie, dann weitet sich mein Horizont. Ich bin mir dessen bewusst, dass jede Situation viel mehr hervorbringen wird, als ich es im Vorfeld ahnen kann. Gehe ich in dieser Haltung durch den Tag, so werde ich überrascht von Anlässen, die ich mir nicht ausgedacht habe, sondern die auf mich zukommen. Ich kann mir sicher sein, dass es immer eine Facette der Dankbarkeit geben wird, die mich erreicht. Welche es ist, das ist eine Überraschung. Lebe also jeden Tag in der Erwartung der Überraschung!

Ich lebe jeden Tag in der Erwartung der Überraschung.

Das gilt auch für die Begegnung mit Menschen. Auch ich ertappe mich immer wieder dabei, Menschen und Situationen in Schubladen zu stecken, weil ich genau zu wissen meine, wie ich sie zu beurteilen habe. Das läuft ganz automatisch ab, ich steuere das nicht bewusst. Und wie oft liege ich falsch. Merke ich es überhaupt, wenn ich falsch liege? Selbstverständlich braucht jeder Mensch Kategorien der Wahrnehmung, sonst würden wir durch all die Sinneseindrücke maßlos überfordert werden. Aber darin liegt eben auch eine Gefahr. Ich möchte jedenfalls meine Wahrnehmung regelmäßig überprüfen – auf meiner Tour gibt mir jeder Tag viele Gelegenheiten dazu. Und im Alltag? Das wird meine Aufgabe sein.

Ich knipse noch ein Erinnerungsfoto von dieser herrlichen Wiese, und schon geht's weiter, denn heute habe ich eine lange Strecke vor mir. Mein Körper fühlt sich frisch an, voller Tatendrang. „Auf geht's", sage ich mir, und radle wieder los.

40

Mein nächstes Ziel ist Altmünster am Traunsee. Ich fahre zunächst wieder an der Donau entlang zurück in Richtung Linz. Ich begrüße die Donau wie eine alte Bekannte. „Hallo, wie geht es dir? Ich freue mich, dass du mich wieder begleitest." Dieses Mal fahre ich auf der anderen Seite, hier ist der Radweg an einigen Stellen im Bau. So werden die Radfahrer von der Donau weg geleitet, um später wieder zu ihr zurückzukehren. Gerade fahre ich eine Anhöhe hinauf. Von dort habe ich einen wunderbaren Blick ins Tal. Da vorne kommt eine Kreuzung. Oh, was ist das? Mein Navi ist verwirrt. Es weiß nicht wohin. Immerhin gehen Straßen in fünf Richtungen. Das ist ein tolles Bild – ich kann mich nicht erinnern, eine solche Kreuzung schon einmal gesehen zu haben. Ich blicke in alle Richtungen, ob ein Auto kommt, stelle mein Rad waghalsig mitten auf die Kreuzung und eile etliche

Welcher Weg ist MEIN Weg?

Meter zurück, bis ich eine gute Perspektive für ein Foto habe. Geschafft. Und welch ein Anblick! Fünf Wege – ein tolles Bild für unser Leben. Welchen Weg wählen wir?

An einem dieser fünf Wege spendet ein Baum Schatten, die anderen Wege liegen in der Sonne, sind jedoch unterschiedlich beschaffen. Vor allem wachsen verschiedene Pflanzen am Wegesrand. Auch die Untergründe der Wege sind in ihrer Asphaltierung unterschiedlich. Die Wege gehen in verschiedene Richtungen, teilweise bergab, teilweise bergauf. So ist es auch mit unseren Lebenswegen – und unser Navi kann ebenfalls verwirrt sein. Ich lasse dieses Bild eine Weile auf mich wirken und fahre dann weiter. Ich wähle einfach einen Weg, der mir passend zu sein scheint … und irgendwann nimmt mein Navi auch wieder Kurs auf.

Während ich fahre, frage ich mich, wie eigentlich meine Lebenswege weitergehen werden. Was nehme ich mit von meiner Tour in den Alltag? Selbstverständlich möchte ich die innere Haltung beibehalten, die ich hier jeden Tag einübe, lebe, genieße. Ich möchte sie weiterleben und weitergeben, ausstrahlen an allen Orten, an denen ich mich aufhalte, und in alle Begegnungen hinein.

Da ist noch etwas, das mich bewegt: Ich brauche auf meiner Tour kaum etwas, nur das, was in die Satteltaschen passt. Und diese Freiheit ist ungemein bereichernd. Ich brauche so wenig und fühle mich doch so reich und glücklich. Ich kann mich auf das konzentrieren, was wichtig ist.

> Ich brauche so wenig und fühle mich doch so reich und glücklich.

Allerdings möchte ich betonen, dass diese und meine nachfolgenden Gedanken nur aus einer Situation des Überflusses heraus verstanden werden können. Die Erkenntnis, dass ich mit Wenigem glücklich sein kann, glücklicher als sonst, kann nicht bezogen werden auf Menschen, die sich gerade auf der Flucht befinden und nur das Nötigste mitnehmen können. Ebenso wenig kann ich niemals Aussagen treffen für Menschen, die unterhalb der Armutsgrenze leben. Dass diese ebenfalls glücklich sein können, ist eine andere Sache. Doch werden sie weder den Drang verspüren, Überflüssiges auszumisten, noch sich überhaupt darum sorgen, zu viel anzuhäufen. Sie haben ganz andere existenzielle Fragestellungen. Mein und unser aller Überfluss sollte uns zum Handeln und Helfen animieren. Das wird mir gerade jetzt in besonderer Deutlichkeit bewusst. Im Grunde kommt es mir geradezu grotesk vor: Ich mache mir Gedanken, wie ich abgeben und reduzieren kann, und andere kämpfen um das Nötigste. Es sind zwei Welten, die im Äußeren nicht gegensätzlicher sein können. Allerdings ist es an dieser Stelle auch keine Lösung, die eigenen Fragen angesichts der großen Fragen von Flucht und Armut links liegen zu lassen. Beides gehört beim Nachdenken über den eigenen Lebensstil unmittelbar zusammen.

Ein Stichwort, das in diesem Zusammenhang wichtig ist, ist der „Minimalismus“. Ich weiß, dass es ganz verschiedene Spielarten gibt, und ich habe großes Interesse, mich in dieses Thema einmal mehr zu vertiefen. Vor Jahren bin ich beim Ausmisten und der Frage, wie ich dies am besten angehen könnte, auf den Minimalismus gestoßen. Damals war ich von einigen Tipps sehr angeregt, doch nachdem ich den Keller aufgeräumt hatte, war es wieder gut damit. Mittlerweile gehe ich davon aus, dass ich mich nachhaltiger mit diesem Thema befassen werde und dass ich den einen oder anderen Aspekt in meine Lebensweise integrieren möchte. Manche Themen, nein, alle Lebensthemen brauchen ihren passenden Zeitpunkt. Das ist ein motivierender Gedanke.

Ich befinde mich mitten auf meiner Tour und ich will gewiss nicht nach Hause, dennoch beflügelt mich der Gedanke, dass es bestimmt viele Kontinuitäten geben wird zwischen jetzt und dann, dass der eingeschlagene Weg nicht abbricht, sondern ich weiter auf ihm unterwegs sein werde.

In meinem Quartier angekommen, dusche ich und esse anschließend auf dem historischen Marktplatz in Grein an der Donau in einem der traditionellen Restaurants. Hier lasse ich mir Zeit und beobachte Menschen – wie immer. Heute frage ich mich, wie die Menschen, denen ich hier begegne, wohl ihr Zuhause eingerichtet haben. Ich frage mich auch, ob sie sich ähnliche Fragen stellen, wie ich sie mir heute stelle.

Der Abend wird lang und ich bin wieder einmal glücklich – glücklich darüber, wie viel ich selbst in meinem Leben gestalten kann. Gleichzeitig kommt in mir ganz deutlich das Verlangen auf, mehr als bisher Mit-Verantwortung für unsere Welt zu übernehmen. Ist das meine Pflanze? Ich denke darüber nach, wie ich mich zu Hause engagieren kann. Auch dies ist eine konsequente Weiterführung meiner Tour. Vielleicht kann ich am Ende des Buches schon mehr darüber berichten. Mit diesen Gedanken schlafe ich ein.

Genuss auf dem historischen Marktplatz in Grein an der Donau

41

Ich erreiche Gmunden am Traunsee. Der Weg an der Traun entlang war wunderschön. Und die Gegend hier: atemberaubend. In Eisenstadt habe ich mich gefragt, welches meine Lieblingsregion in Österreich ist. Diese hier gehört jedenfalls zu meinen Highlights. Noch ein paar Kilometer und ich bin in Altmünster. Gmunden und Altmünster sind meine Standorte für Sonntag und Montag. Am Sonntag halte ich die Predigt in einer Gmundener Gemeinde, danach ist ein Ausflug mit Ewald Fink geplant, der mir all die Kontakte vermittelt hat. Dann steht noch ein Vortragsabend in der Gmundener Gemeinde auf dem Plan, und am Montag gestalte ich einen Workshop mit Schülerinnen und Schülern. Gut gefüllt sind diese beiden Tage, und ich freue mich, gleich Franz zu treffen, mit dessen Lerngruppe ich am Montag arbeite. Ich übernachte übrigens in der Schule. Oh ja, die Schule befindet sich im Schloss Traunsee, auch ein Internat und ein Seminar für hochbegabte Schülerinnen und Schüler sind darin integriert. In geschichtsträchtigen Mauern und wunderschön restaurierten historischen Sälen findet ein Teil des Schulalltags statt, ein anderer Teil in einem neueren Schulgebäude. Ich darf in einem Gästezimmer des historischen Schlosses wohnen und mit den Schülerinnen und Schülern sowie den Lehrkräften und Erzieherinnen in der Mensa essen. Darauf freue ich mich schon.

Ich radle in großer Vorfreude in Altmünster ein, sehe ein Schild zum Schloss Traunsee und starte meine Bergattacke. Ganz schön steil hier! Ich bewundere das Schloss. Da ist auch schon Franz. Ich schließe mein Rad an, er zeigt mir mein großzügiges und hübsches Zimmer und erklärt mir, wie ich später wieder in das Schloss gelangen kann. Dann fahre ich mit Franz nach Hause – durch eine der schönsten Landschaften, die ich mir denken kann. Das Abendessen ist sehr festlich vorbereitet. Wir klären alle Details für den Montag. Die Schülerinnen und Schüler seien schon sehr gespannt. Franz erläutert: „Du wirst meine zwei Klassen mit den Zwölfjährigen unterrichten, da sind einige Internatsschüler dabei. Eine bunte und nette Truppe. Du hast zwei Stunden Zeit, kannst also nach dem Vortrag auch noch ein paar Aufgaben für eine Gruppenarbeit stellen." Ich bin ein wenig aufgeregt, da ich weder ein Internats- noch ein Hochbegabtensetting auf meiner Reise erlebt habe. Doch die Vorfreude überwiegt. Morgen ist ja ohnehin erst einmal die Kirchengemeinde dran, das ist ein Erlebnis für sich. Als Protestantin halte ich eine Predigt in der katholischen Kirche – für mich nicht unbedingt ungewöhnlich, da ich die ökumenische Ausrichtung liebe und mehr als die Hälfte meiner Lehrerfortbildungen für katholische Religionspädagoginnen und -pädagogen halte. Wie es aber dem Pfarrer und der Gemeinde damit gehen wird, darauf bin ich gespannt.

Es ist soweit. Nach einer herrlich ruhigen und erholsamen Nacht sprechen Pfarrer Trinkfass und ich in der modernen Gmundener Kirche über den Gottesdienstablauf. Ich staune nicht schlecht: Ich erlebe eine derart offene und herzliche Begrüßung, dass sich meine Vorfreude geradezu verzehnfacht. Hier probt eine Band, da wird der letzte Schmuck auf den Altar gestellt, dort strömen Gottesdienstbesucher ein, bis die Kirche keinen freien Platz mehr hat. Und das um 9 Uhr am Morgen. Wo bin ich hier nur? Der Gottesdienst ist eine Wohltat. Pfarrer Trinkfass hat eine einladende, sehr sympathische und einfühlsame Art des Sprechens, er erläutert schwierige Begriffe in Bibelversen so klar und geradezu beiläufig, dass ich innerlich gefesselt bin und fast meinen Einsatz zur Predigt verpasse. Und nun schaue ich die Gemeinde an. Offene, fröhliche Augen sehen mir entgegen, und ich genieße die Resonanz ungemein. Ich kann dieses Gefühl nur schwer beschreiben. Du trägst etwas vor und merkst, es kommt an und kommt verwandelt zurück. Du empfängst die Resonanz, bist neu bewegt und trägst die Bewegung in die Predigt ein. Wieder Applaus am Ende und wieder ein fröhliches Kirchencafé bilden den Abschluss des Vormittags. Wie hier in diesem Text alles schnell aufeinander folgt, so fühle ich mich an diesem Vormittag von der Welle der Begeisterung bewegt.

Eine Frau schaut mich schon länger immer wieder freundlich an. Ich gehe beim Kirchencafé von Tisch zu Tisch, verweile jeweils ein wenig, und bin nun bei ihr angelangt. Es ist Silvia. Sie berichtet von ihrer Arbeit an einer Schule für Erziehungshilfe. Die Jugendlichen hätten eine schwere persönliche Geschichte. Sie liebe ihre Arbeit und gebe sich alle Mühe mit den Schülern; auch das Kollegium arbeite gut zusammen, aber es sei manchmal nicht leicht. Ob ich mein Thema dort vortragen könne – trotz des Risikos des Scheiterns? „Ich kann nichts garantieren, es könnte auch sein, dass sie sich lustig machen oder untereinander handgreiflich werden. Man weiß es nie so genau." Ich staune nicht schlecht, schaue auf die Landkarte und sage: „Ich komme gerne – am besten passt es mir am kommenden Freitag." Ich freue mich. Ich liebe Herausforderungen. Silvia lässt mich ja nicht alleine. Wir tauschen die Handynummern aus, und Silvia wirkt sehr fröhlich. Es ist ja auch wirklich ein glücklicher Umstand, dass ich genau am Freitag in der Nähe ihrer Schule bin und noch nichts vorhabe.

An diesem Tisch sitzt auch Doris. Doris hat aufmerksam zugehört und bringt sich jetzt ebenfalls ins Gespräch ein. Doris sagt, ihr gehe die ganze Zeit der Gedanke durch den Kopf, ob man auch sagen könne, dass das Kriterium der Begegnung die Liebe sei. „Wenn ich mit einem liebenden Blick Menschen oder Situationen betrachte, schätze ich sie wert und gehe mit dankbarer Haltung durch die Welt." Ich bin überrascht und werde nachdenklich. Wie recht sie hat. Ich lasse das Gesagte auf mich wirken und spüre, dass der Begriff der Liebe viele Emotionen weckt. Er ist auch biblisch stärker verankert als der Begriff der Wertschätzung, denken wir nur an das Doppelgebot der Liebe und das liebevolle Zugehen Jesu auf Außenseiter und Benachteiligte. Jesu Liebe verwandelt die Menschen. Doris sagt: „Ich

„Ich glaube, dass die liebende Begegnung unsere wichtigste Aufgabe in der Welt ist."

glaube, dass die liebende Begegnung unsere wichtigste Aufgabe in der Welt ist.“ „Das könnte wirklich sein“, antworte ich.

Da kommt Ewald Fink auf uns zu. Er ist der eigentliche Organisator meiner Aktivitäten hier. Ich kenne ihn seit einigen Jahren. Sein Engagement für ein Waisenhaus in Burma, das er gegründet hat und für das er immer wieder Unterstützung sucht, hat mich damals so tief bewegt, dass ich den Kontakt gehalten habe und mich auch gerne mit Erlösen aus Veranstaltungen für dieses Waisenhaus einsetze. „Störe ich?“, fragt er. „Ihr seid so vertieft, und schaut mal, es ist gar niemand mehr da.“ Ewald lacht, und wir sind verblüfft. In der Tat: Das Kirchencafé hat sich gelichtet, die Menschen strömen in den herrlichen Tag hinaus. Auch Ewald und seine Frau wollen mich in die Berge führen und mir ihre Heimat von oben zeigen. Doris, Silvia und ich verabschieden uns, und wir nehmen unsere Gedanken mit in den Tag. „Wir bleiben in Verbindung“, rufen wir uns zu. „Ich freue mich schon so“, sagt Silvia zum Abschied. Wenn die beiden wüssten, wie ich mich erst freue. So bereichernd war unser Gespräch.

Mit Erika und Ewald Fink auf dem Gmundnerberg

Der Nachmittag mit Ewald und seiner Frau Erika ist fantastisch. Die Landschaft und das Wetter zeigen sich von ihrer besten Seite. Hier hat Gott sehr viel Liebe hineingesteckt, denke ich die ganze Zeit. Ewald erzählt mir viel über sein Engagement für die Kinder und Jugendlichen im Waisenhaus. Ja, auch ihn treibt die Liebe an. Sie ist eine so starke Kraft.

Es ist Abend. Einige bekannte Gesichter finden sich zu meinem Vortrag ein, auch neue Gesichter sind dabei. Ich untermale die Aussagen meiner Predigt jetzt mit Bildern und einigen ausführlichen Erzählungen von Begegnungen. Die Hauptfrage, die wir immer wieder streifen, ist die Frage, wie sich eine Haltung der Wertschätzung und Dankbarkeit bzw. die Haltung der liebenden Begegnung durchziehen kann, unabhängig von aktuellen Gegebenheiten. Das ist eine bedeutsame Frage, die nur im Prozess des Übens beantwortet werden kann. So begeben wir uns alle auf den Weg.

Im Bett liege ich noch lange wach. Welch ein Tag! Heute wird mir eines bewusst: Ich bin hier auf meiner Radreise vor Herausforderungen gestellt, deren Bewältigung ich nie geprobt habe. Und doch fühlt sich alles so harmonisch an. Ich bin frisch und gut gelaunt, auch noch am Abend nach diesem langen Tag. Woran liegt das? Ich kann es nur so umschreiben: Meine drei Perspektiven, mit denen ich durch den Tag gehe, verbunden mit dem bewussten Hinhören und der Gelassenheit, die all meinem Tun zu Grunde liegt, schaffen mir einen Rahmen der freudigen Erwartung. Im Vertrauen darauf, dass ich meinen Weg nicht alleine gehe, sondern mit Gott, kann ich Dankbarkeit und Wertschätzung leben. Und ich bin mir dessen bewusst, dass ich auch scheitern darf. Und dann wieder aufstehen und weitergehen. Aus dieser Haltung erwachsen Gelassenheit und Mut. Und Liebe.

Habe ich meine Lebensquelle jemals so lange kontinuierlich sprudelnd wahrgenommen? Sie ist doch immer da. Wie laut müssen andere Geräusche des Alltags nur sein, dass ich dies erst jetzt so intensiv empfinde? In mir ist wieder einmal Aufbruchstimmung. Auf geht's zur Neugestaltung des Lebens! Doch erst einmal schlafe ich zufrieden ein.

Auf geht's zur Neugestaltung des Lebens.

42

Ich wache auf und freue mich. Gleich geht's in die Schulmensa zum Frühstück. Ich bin gespannt, wen ich dort treffen werde.

In der Mensa herrscht munteres Treiben. Das Personal begrüßt mich, und ich darf mir aus einem umfangreichen Angebot mein Frühstück zusammenstellen.

Dort vorne winkt mich jemand an ihren Tisch. Die Erzieherin des Internats stellt sich vor und ist an meiner Radreise sehr interessiert. Also erzähle ich. Denn wir beide haben Zeit. Sie hat gleich ihre lange Pause, da ihre Internatsschülerinnen und -schüler ja in der Schule sind, und ich habe Zeit, da meine Präsentation erst um 10.30 Uhr stattfindet. Ich beobachte ein sehr vertrautes und herzliches Verhältnis zwischen der Erzieherin und den Schülerinnen und Schülern, denn ab und zu kommen sie noch rasch mit ihren Anliegen an unseren Tisch. Wie sich ein Leben im Internat wohl anfühlt, diese Frage beschäftigt mich. Die Erzieherin jedenfalls gibt alles, damit es den Schülerinnen und Schülern gut geht und sie sich wohl fühlen, das spüre ich sofort. Ich bewundere ihren Elan, ihr Engagement und ihre Ausstrahlung, denn mittlerweile erzählt auch sie mir einiges. Ein festes Band ist zwischen ihr und ihren Schülerinnen und Schülern geknüpft, so kommt es mir vor. Die Erzieherin verabschiedet sich, sie fährt nach Hause bis zum Nachmittag. Gerade hole ich mir noch etwas Obst, da setzt sich Johannes an meinen Tisch. Er hat offenbar erst etwas später Schule und erzählt mir, dass er aufgrund der Berufstätigkeit des Vaters viele Umzüge hinter sich habe und das Internat die beste Lösung für ihn sei. Ich bewundere seine Offenheit. Vielleicht ist das eine Wirkung des Internatslebens? Johannes fährt fort: „Es war für mich nicht gut, immer neue Schulen, neue Freunde, neue Lehrer und neue Anforderungen. Ich konnte irgendwann nicht mehr, wie bei einem Burnout. Das Internat ist das Beste, was mir passieren konnte. Und die Erzieherinnen sind wie Eltern zu uns, wir können einfach sein, wie wir sind. Ich weiß, dass ich manchmal auch Probleme mache, na ja, oft sogar, leider. Aber immer stehen sie hinter mir und versuchen, mich zu verstehen. Ganz ehrlich, nur so kann ich glücklich werden und an mir arbeiten."

Ich bin sehr betroffen von dieser tiefgreifenden Aussage. Johannes geht in seinen Unterricht und ich gönne mir noch einen Kaffee. So habe ich Zeit, über dieses eindrückliche Gespräch nachzudenken. Johannes thematisiert hier den Aspekt von Heimat, der mir auch schon auf meiner Reise mehrfach begegnet ist. Dass ein Junge mit zwölf Jahren so intensiv darüber nachdenkt und diese weitreichenden Schlüsse zieht, finde ich sehr bemerkenswert. Auf dem Weg zu meiner Präsentation treffe ich ihn wieder. Denn er kommt auch und will jetzt noch unbedingt eine Sache loswerden. „Natürlich ist mein erstes Zuhause bei meinen Eltern, das ist klar, aber, wie soll ich sagen, ich habe endlich auch ein inneres Zuhause gefunden. Ich lerne mich hier immer besser kennen. Das geht nur, wenn man sich auch mal einleben kann und zur Ruhe findet. Ich habe in meinem Zimmer einen tollen Freund. Die Erzieherinnen hatten es wahrscheinlich nicht leicht, den richtigen Zimmerpartner für mich zu finden. Der erste Versuch hatte nämlich nicht so gut geklappt. Dann haben sie gesagt: ‚Wir schaffen das, nur Geduld.' Und jetzt ist es wirklich toll. Ich rede mit meinem Freund oft lange. Wir müssen auch nicht immer reden, jeder kann auch für sich sein. Wie gesagt, langsam weiß ich, wer ich bin." Vermutlich muss man diese Geschichte erlebt haben, um als Zwölfjähriger solche Aussagen treffen zu können. Mein inneres Zuhause finde ich ja auch gerade auf meiner Tour. Ich bin jedoch schon ein bisschen älter. Aber weiß ich, wer ich bin?

> Habe ich auch ein inneres Zuhause gefunden?

Gleich startet die Präsentation im Schloss Traunsee…

Wir kommen im Saal an, die anderen Schüler strömen gerade ebenfalls ein, werden leise und sind gespannt. Die Präsentation läuft, und ich erzähle. Es macht Spaß. Die Schüler stellen sogar während des Vortrags Fragen. Natürlich interessiert auch sie, ob es schon Pannen gab, ob es mir schon einmal langweilig war, ob ich Sehnsucht nach meinen Kindern habe und was ich unterwegs esse. Aber wie in jeder Schule seither, so gibt es auch hier Überraschungen. Und nicht zu wenige. Denn auf einmal meldet sich ein Mädchen zu Wort: „Leben Sie auch zu Hause minimalistisch? Oder finden Sie gerade heraus, wie sie leben wollen?“ Vermutlich werden meine Augen in diesem Moment riesengroß und ich sage mit freudig-überraschtem Gesicht: „Das gibt's ja nicht!“ Jetzt schauen mich die Schülerinnen und Schüler verwirrt an. Sofort erkläre ich meine Reaktion: „Wisst ihr, vor wenigen Tagen habe ich mich mit dem Minimalismus befasst. Ich hatte auf einmal die Idee,

„Finden Sie gerade heraus, wie Sie leben wollen?" Diese Frage trifft den Nagel auf den Kopf. Dankeschön!

dass ich meinen Lebensstil, den ich gerade lebe, auch zu Hause fortsetzen möchte. Ich habe Pläne geschmiedet und fühlte mich in Aufbruchstimmung. Und du fragst das einfach mal so nebenbei, als wäre der Minimalismus ein bekannter Lebensstil. Wie kommst du darauf, dass ich so leben möchte?“ Ich bin so richtig begeistert, und die Schülerinnen und Schüler freuen sich darüber, kichern und tuscheln. Anna stellt sich jetzt mit Namen vor und sagt: „Ich habe mich auch schon damit befasst. Und jetzt ist es mir eingefallen. Das ist dann ja irgendwie naheliegend. Also ich finde das auch sehr reizvoll.“ Diese Kinder begeistern mich, Anna natürlich jetzt besonders. „Du kannst mir schreiben, dann erzähle ich dir, wie es so läuft“, sage ich augenzwinkernd. Ich habe zum ersten Mal ausgesprochen, dass ich den Minimalismus leben will. Und habe mir sogar eine Kontrollinstanz geschaffen. Besser geht es nicht. „Ich möchte Ihnen auch gerne schreiben. Ich werde Ihnen erzählen, wie es bei mir mit der Dankbarkeit weitergeht“, ruft Leonie. Ich strahle jetzt vermutlich übers ganze Gesicht. Können Lehrerinnen und Lehrer etwas von ihren Schülerinnen und Schülern lernen? Und ob! Wir unterhalten uns noch über dies und das, und die Schülerinnen und Schüler arbeiten an meinen Fragestellungen in ihrer Gruppenarbeit engagiert bis zur Pause. Bei der Verabschiedung gebe ich allen das Kärtchen mit dem Kettenglied und meiner E-Mailadresse. Anna und Leonie zwinkere ich zu: „Ich erwarte Post von euch.“ „Und wir erwarten Antworten“, lacht Leonie zurück. „Gerne doch.“

Ich räume meine Unterlagen zusammen und bin innerlich noch mit den bewegenden Erfahrungen beschäftigt, die ich gerade eben sammeln durfte. So bemerke ich nicht, dass Johannes nochmals zu mir kommt. Erst als er mir seine Hand entgegenstreckt, nehme ich davon Notiz. Ein besonderes Gefühl durchströmt mich. „Ich wünsche Ihnen alles Gute. Es hat mir gefallen, dass wir uns unterhalten konnten. Manchmal erkenne ich bestimmte Sachen erst richtig, wenn ich sie einmal ausgesprochen habe. Ich habe nicht bei der Gruppenarbeit mitgemacht, sondern die ganze Zeit nachgedacht. Dabei habe ich etwas Wichtiges erkannt." Johannes macht eine Pause und ich frage: „Und das wäre?" „Früher war ich sauer über das Hin- und Her in meinem Leben. Ich habe immer zurück in die Vergangenheit gedacht und mich gefragt: Warum musste es so kommen? Heute habe ich gemerkt, dass ich es wirklich gut erwischt habe, dass es mir JETZT gut geht und das ist doch das Wichtigste. Es fühlt sich sehr gut an." Johannes wird von einem Freund gerufen und geht mit ihm in die Pause. Ich setze mich erst einmal und schaue aus dem Fenster. Es regnet, also habe ich keinen Grund zur Eile.

Zu Beginn meiner Tour hatte ich mich gefragt, ob meine Themen überhaupt die Themen junger Menschen sein können. Die Antwort habe ich heute erhalten. Vielleicht sind diese Themen nicht für alle Jugendlichen relevant, aber vermutlich auch nicht für alle Erwachsenen. Doch wer sich ansprechen lässt, jung oder alt, kann etwas in Bewegung setzen.

In strömendem Regen fahre ich los – jetzt geht es in Richtung St. Gilgen. Franz macht sich Sorgen und meint, ich solle noch eine Nacht bleiben. Doch die nächsten schönen Erlebnisse warten. Und außerdem habe ich meine Regenbekleidung. Ich fahre los, atme tief ein und aus, herrlich.

Es braucht nur die richtige Kleidung!

43

Ich bin für drei Tage in St. Gilgen, um das Europakloster kennenzulernen, in dem Bruder David Steindl-Rast seit einigen Jahren lebt und wirkt. Diese Tage kann ich auch sehr gut dazu nutzen, Tagebuch zu schreiben und spontane Einladungen anzunehmen. Ich bin sehr froh darüber, dass ich meinen Reiseplan mit einigen Lücken erstellt habe, die sich nun nach und nach füllen. Auf meinen heutigen Schulbesuch freue ich mich ganz besonders. Ich bin sehr gespannt, Silvia in ihrer Schule zu besuchen und die Schülerinnen und Schüler kennenzulernen. Ob und wie sie sich wohl dem Thema öffnen werden? Wie wohl die Atmosphäre an dieser Schule ist? Das wird ein spannender Tag.

Und jetzt gerade erlebe ich einen wundervollen Morgen. Da wir uns erst gegen 11 Uhr in Bad Ischl treffen und ich nur 25 Kilometer zu fahren habe, bleibt mir viel Zeit, um in den Tag zu kommen. Heute früh bin ich besonders berührt vom Gedanken der Liebe, den Doris eingebracht hat. Ich möchte meine Wahrnehmung heute ganz besonders darauf ausrichten, allen Menschen und Mitgeschöpfen liebevoll zu begegnen. Ich möchte eine Haltung einnehmen, die in jedem Gegenüber ein geliebtes Geschöpf Gottes sieht. Ich möchte mich darin üben, in Begegnungen zu allererst das Schöne wahrzuneh-

Regenbogen über dem Wolfgangsee

men. Vor allem dann, wenn es mir schwerfällt bzw. wenn mich das Verhalten eines Mitmenschen ärgert oder mir befremdlich erscheint, möchte ich diesen Blick bewusst einnehmen. Normalerweise wollen wir im Recht sein, unsere Sicht der Dinge ist unser Maßstab der Beurteilung. Wir drücken Menschen einen Stempel auf und nehmen nicht wahr, dass viel mehr in ihnen steckt und blüht oder zum Blühen gebracht werden möchte als das, was wir gerade sehen und worauf wir gerade unsere Aufmerksamkeit richten. Ich möchte üben, das Geheimnis in jedem Menschen anzuerkennen und aufzuspüren. Und ich werde beobachten, wie mich diese Übung berührt. Natürlich weiß ich, dass niemand davor bewahrt ist, negative Gefühle zu spüren. Mit diesen Gefühlen müssen wir umgehen lernen. Und wir können auf vielerlei Weise mit ihnen umgehen. Oft verhalten wir uns so, dass die negativen Gefühle am Ende uns selbst am allermeisten schaden. Heute gehe ich einfach einmal davon aus, dass ich diese Gefühle – sofern sie mir begegnen – durch meine bewusste Haltung umwandeln kann. Wie mir das gelingen wird und wie sich das anfühlt, das werde ich beobachten.

Der Radweg, auf dem ich heute unterwegs bin, ist sehr gut ausgeschildert. Ich halte kurz an und notiere alle meine Gedanken und Erkenntnisse. Denn nun möchte ich meine Aufmerksamkeit auf die kommenden Stunden richten. Dort vorne ist auch schon Bad Ischl in Sicht. Ich biege nach links ab und steuere den angekündigten steilen Berg an, der zur Schule hinaufführt. In der Tat: steil. Ich gehe aus dem Sattel in den Wiegetritt – heute sind die Satteltaschen ganz leicht, da läuft alles geradezu spielend. Als ich oben ankomme, sehe ich einige Schülerinnen und Schüler auf dem Schulhof. Sie nehmen mich wahr, laufen schnell zur Eingangstür und halten sie mir auf. „Oh, sind Sie unser Besuch?" „Ja, und ich freue mich, dass ich hier oben angekommen bin. Ganz schön steil." „Das stimmt, wir laufen hier jeden Tag, da gewöhnt man sich dran, aber mit dem Rad wollte ich hier nicht hoch.“ Wir lachen. Da kommt auch schon Silvia auf mich zu. „Du bist schon da, klasse. Wir haben gerade Pause. Magst du einen Kaffee?“

Silvia und ich betreten das Lehrerzimmer. Eine weitere Kollegin und ein Kollege sind schon dort und haben Kaffee gekocht. Wir begrüßen einander und setzen uns um den Tisch herum. Mir gefällt die Atmosphäre: Alles klein und überschaubar, sehr freundliche und warmherzig wirkende Lehrkräfte. Ich fühle mich sofort wohl. „Wir freuen uns auf deinen Vortrag“, sagt Silvia. „Wir haben alle drei Klassen zusammengelegt, und wir drei sind auch dabei.“ Vermutlich blicke ich etwas überrascht in die Runde, denn sofort sagt Hanspeter: „Drei Klassen bedeutet bei uns etwa eine normale Klassenstärke.“ Die Tür geht auf und ein Junge steht atemlos im Raum. Jemand habe ihn verfolgt und er fürchte sich. Hanspeter lächelt mir zu und geht zu dem Schüler. Beide gehen vor die Tür. Kurze Zeit später ist Hanspeter wieder da, immer noch gelassen. Er setzt sich zu uns und trinkt seinen Kaffee weiter. Gerade bin ich mit der jungen Kollegin im Gespräch, die vor kurzem ihr Examen erfolgreich absolviert hat und sehr froh ist, an dieser Schule zu sein. Bad Ischl sei ihre Heimat, so Lea, sie wolle nirgends anders sein und hier an der Schule gefalle es ihr. „Überall gibt es doch Herausforderungen, oder? Ich möchte den Schülern helfen, in ein gutes Leben zu finden.“

Ich bin sehr berührt und erinnere mich an meine Gedanken von vorhin: Alle Menschen in Liebe betrachten, in allen Gottes Liebe entdecken und das Schöne sehen. Ich beobachte, wie die drei Lehrkräfte sich unterhalten, und merke, wie gut sie sich verstehen und aufeinander eingehen. Das ist eine wirklich wichtige Basis für ihre Arbeit.

Nun endet die Pause und wir sammeln uns alle in Silvias Klassenraum. Als wir den Raum betreten, wird der Beamer gerade hochgefahren. Ich stecke meinen Stick in den Computer, der ebenfalls bereitsteht. Dann schaue ich in die Runde und die Jugendlichen erwidern meinen Blick. „Guten Morgen“, sage ich. „Guten Morgen“, erklingt es im Chor. Nun kann es losgehen. Ich erzähle, woher ich komme und dass ich eine lange Radtour unternehme, die mich heute hierhergeführt hat. Ich sage, dass ich mich sehr freue, den Berg erklommen zu haben, um jetzt mit ihnen zusammen zu sein. „Dann fange ich einmal an und zeige euch, wie meine Route bisher verlaufen ist.“ Ich blicke auf die Leinwand, um meine Präsentation zu starten, aber das Signal kommt offenbar nicht an. „No signal“ und ein blauer Bildschirm. „Das ist öfter so“, sagt ein Schüler und wendet sich seinem Nachbarn zu. Ich versuche es mit den üblichen Tricks, denn in Sachen Beamer kenne ich mich wirklich aus. Doch nichts bewegt sich an der Wand. Das ist mir erst wenige Male so ergangen und wenn ich mich recht erinnere, konnte das Problem in diesen Fällen nicht behoben werden. „Was machen wir jetzt?“, frage ich die Gruppe. „Ich habe euch eine Präsentation mitgebracht, die meine Erzählung bebildert. Mich würde sehr interessieren, was ihr dazu sagt. Ohne die Bilder ist es leider nur halb so spannend. Hat jemand von euch eine Idee, wie wir das Gerät zum Laufen bringen?“ Da macht sich Philipp auf den Weg nach vorne. Er drückt ein paar Tasten und zieht den einen oder anderen Stecker, und siehe da, das Bild erscheint. „Wie hast du das gemacht?“, platzt es überrascht und erleichtert aus mir heraus. „Du bist spitze, vielen lieben Dank!“ Manche Schüler kichern ein wenig, Philipp freut sich über das Lob. Und nun lege ich los. Ich erzähle und erzähle, zeige die Bilder, und alle scheinen aufmerksam dabei zu sein. Nur stellt niemand eine Frage. Ich mache immer wieder Pausen und ermutige sie – doch sie schweigen. So kommt es, dass ich schon nach einer knappen halben Stunde am Ende meiner Präsentation angelangt bin. Immer noch Schweigen. „Was würde euch denn interessieren? Habt ihr Fragen?“ Schweigen. Ich versuche, ganz entspannt und freundlich abzuwarten. Plötzlich kichert Tabea und einige andere

Schülerinnen stimmen ein. Ich bin überrascht und insgeheim sehr froh, dass wenigstens jemand irgendeine Regung zeigt, auf die ich reagieren kann. „Nanu, was freut euch?“ Tabea ergreift sofort das Wort: „Ich glaube, es ist uns peinlich, dass Sie so viel mitgebracht haben und wir nicht mal eine einzige Frage finden.“ Melanie sagt: „Ich finde es ganz ungewöhnlich, dass hier alle so still sind.“ Und die Mädchen kichern weiter. Mich erleichtert dieser Beginn unserer Kommunikation. Und diese Wortmeldungen rühren mich auch tief an, denn ich spüre, dass sie damit würdigen, was sie von mir erfahren haben. „Also, ich habe mir die ganze Zeit gedacht, wie schön ich es finde, dass ihr so aufmerksam zuhört. Vielleicht habt ihr gemerkt, dass ich so richtig in Schwung gekommen bin, dafür danke ich euch. War ich denn zu schnell mit meinem Bericht?“ Die Schüler schütteln den Kopf. „Würdet ihr auch eine solche Tour unternehmen?“ Jetzt meldet sich Philipp: „Wo schlafen Sie nachts?“ Und Karsten: „Was essen Sie so?“ Und Andrea: „Vermissen Sie Ihr Zuhause?“ Und Katja: „Wie lange werden Sie noch unterwegs sein?“

Endlich ... Ich beantworte die Fragen nach und nach und fühle mich in dieser Runde sehr wohl. Ab und zu blicke ich die drei Lehrer an, die nach wie vor entspannt und fröhlich schauen. Die Fragerunde mündet in eine Freiarbeitsphase, in der die Schülerinnen und Schüler verschiedene Möglichkeiten der Vertiefung haben. Wir verabschieden uns, ich betone, wie sehr ich mich gefreut habe, hier sein zu dürfen, und dass ich gerne mit ihnen in Kontakt bleiben möchte.

Dann gehe ich mit Silvia ins Lehrerzimmer. Wir setzen uns und es gibt einen Geburtstagskuchen. „Das war beeindruckend“, sagt Silvia. „Keiner ist auf den anderen losgegangen, im Gegenteil, sie haben sich so gut auf dich eingelassen. Danke. Vielen Dank!“ „Bitteschön, es hat mir viel Freude gemacht. Ich habe mich bei euch sehr

Ich möchte üben, das Geheimnis in jedem Menschen anzuerkennen und aufzuspüren.

wohl gefühlt", sage ich spontan. „Ja, ich unterrichte auch gerne hier. Wir sind ein wirklich gutes Team. Das ist so wichtig. Wir unterstützen uns gegenseitig. Denn nicht immer läuft es so wie heute früh, das war ein echtes Geschenk, dass sie so ruhig waren. Ich denke, es war eine sehr wertvolle Erfahrung. Einfach faszinierend, wie sie auch sein können."

Wir verabschieden uns und Silvia geht wieder in ihre Klasse. Ich lasse das Rad den Berg hinabrollen und suche mir bald eine Bank, auf die ich mich setzen, nachdenken und Tagebuch schreiben kann. Ich bin sehr glücklich. Ein großartiger Vormittag liegt hinter mir. Ein Vormittag mit vielfältigen Lerngelegenheiten für mich, die sicher noch lange in mir nachklingen werden. Durch die wunderschöne Landschaft fahre ich nach St. Gilgen zurück.

Halten – Innehalten – Tagebuch schreiben

44

Nach meinem gestrigen Besuch in Bad Ischl bin ich heute auf dem Gelände des Europaklosters in St. Gilgen angekommen. Ich wohne zwar nicht auf dem Klostergelände, da das Gästehaus in der Regel mit Kursteilnehmerinnen und -teilnehmern belegt ist, aber das macht nichts. Ich wohne nicht weit entfernt und mit meinem Rad kann ich kommen, sooft und solange ich will.

Mir gefällt die Vision des Klosters: Die Mönche wollen mit ihrem Leben ein Zeichen setzen für ein Europa, in dem die Vielfalt von Menschen und Völkern als Chance für ein erfülltes Leben gesehen und ergriffen wird. Dazu wollen sie sich allen Menschen öffnen, die ins Kloster kommen, und die Gäste wie Christus ehren. Sie wollen das Fremde als Wachstumschance begreifen, das Fremde in sich selbst und das Fremde im Anderen. Darin eingeschlossen ist – angeregt durch Bruder Davids Dialog mit dem Buddhismus – auch der fruchtbare Austausch mit Vertretern verschiedener Religionen. Hier auf dem Klostergelände wollen sie viele Menschen zur Teilhabe und Mitarbeit anregen, sei es im Gottesdienst, der von Laien mitgestaltet wird, aber auch in den unterschiedlichen Bereichen des Klosters, die für jede und jeden einen Platz eröffnen. All das habe ich auf der Homepage gelesen. Und das Spannende ist: Ich spüre diese Haltung seit meiner Ankunft hier. Und in der Atmosphäre des Klostergeländes erinnere ich mich fast wörtlich an diese vor Wochen gelesenen Texte, die meine Vorfreude geweckt haben. Das beeindruckt und überrascht mich gerade. Während ich mich umsehe und auf die Klosterkirche zulaufe, springt mir ein weiterer Text ins Gedächtnis. Es ist ein Vers aus dem Prolog der Benediktsregel, den das Kloster als eine Art Motto und Überschrift gewählt hat: „Wer aber im klösterlichen Leben und im Glauben fortschreitet, dem wird das Herz weit, und er läuft in unsagbarem Glück der Liebe den Weg der Gebote Gottes.“ Klingt dieser Text nicht verheißungsvoll und geradezu geheimnisvoll? Ein klein wenig sperrig vielleicht, denn das Glück der Liebe und der Weg der Gebote Gottes könnten auch als Widerspruch begriffen werden.

Ich treffe auf einen Bruder, der spontan eine kleine Klosterführung mit mir durchführt und mir alle Bereiche zeigt. Ich bin erstaunt, wie vielfältig das Angebot ist und wie viele Menschen ich hier bei ihren Arbeiten treffe. Längere Zeit halte ich mich im Klosterladen auf. Ich spreche mit einer Mitarbeiterin über den über 90-jährigen Bruder David Steindl-Rast, der sein Leben dem Thema Dankbarkeit gewidmet hat. Viele Bücher stammen aus seiner Feder, unzählige Vorträge haben ihn bekannt gemacht und seine Lebenshaltung hat eine beeindruckende Breitenwirkung erzielt. Wer sich mit dem Thema „Dankbarkeit" befasst, stößt unweigerlich auf Bruder David. Hier, im Europakloster, verbringt er nach einer ereignisreichen Lebensgeschichte seinen Lebensabend. Die Mitarbeiterin sagt mir, ich dürfe auf keinen Fall die Mittagsmeditation verpassen, denn etwas Geheimnisvolles gehe von Bruder David aus, was man nur fühlen, aber nicht beschreiben könne. In der Mittagsmeditation sei sie schon oft innerlich sehr berührt worden. Diesen Hinweis greife ich gerne auf und mache mich pünktlich auf den Weg.

Beim Betreten des Raumes staune ich. Hier liegen in einem großen Kreis viele Decken, Meditationshocker und -kissen. Ich wähle eine Decke und ein Kissen und setze mich auf den Boden, mein Platz ist gegenüber der Plätze der Mönche. Nach und nach kommen weitere Besucherinnen und Besucher, einige von ihnen scheinen mit den Gegebenheiten sehr vertraut zu sein, andere sehen sich zunächst suchend um, wie ich es auch getan habe, reihen sich dann aber in die Meditationsgemeinschaft ein. Am Ende betreten die Mönche den Raum. Alle setzen sich in unterschiedlichen Stellungen nieder, und ich beobachte Bruder David, der an seinem Platz zuerst die Sandalen auszieht. Er scheint mit seinen Füßen den Teppichboden intensiv zu erspüren, keine Eile zu kennen und setzt sich nach einiger Zeit nieder. Ich denke spontan an Willi, der auch ohne seine Sandalen unterrichtet, dann denke ich an Mose vor dem brennenden Dornbusch, der seine Sandalen auszieht, als er sich in Gottes Gegenwart erkennt. In Gottes Gegenwart sein – das gilt in herausgehobener Weise im Gebet. Jetzt also. Ich beobachte Bruder David so unauffällig ich kann. Er wirkt auf eine besonders intensive Weise in sich ruhend. Und nicht nur das. Es scheint so, als spüre ich seine Ausstrahlung in mir. Als gäbe es eine unsichtbare Verbindung, ein unsichtbares Band zwischen uns. Als würde er Ruhe, Gelassenheit und Geborgenheit aussenden – an alle Menschen im Raum. Ist es das, was die Mitarbeiterin meinte? Es ist still. Selten habe ich eine so intensive Gemeinschaft aller Betenden gespürt. Da erklingt ein christliches Mantra, klar und bestimmt wird es gesungen, und nun ist es wieder still. Meditation. Ich genieße das Dasein. Ich genieße es, Teil dieser Gemeinschaft zu sein. Ich beobachte meinen Atem und nach ein paar Minuten wählen meine Gedanken ihren Weg zu all den Büchern und kleinen Texten, die ich von und über Bruder David gelesen habe. Die Lebenshaltung der Dankbarkeit hat dadurch in meinem Denken und Fühlen einen wichtigen Platz eingenommen und sie trägt Früchte, die ich jeden Augenblick auf meiner Tour ernten kann. Ich bin immer wieder erstaunt, wie viele unterschiedliche Glücksratgeber es auf dem Markt gibt – man findet sie in allen Buchhandlungen sichtbar präsentiert – und wie klar und eindeutig demgegenüber Bruder Davids Wegweiser sind, ganz besonders dieser: „STOP – LOOK – GO“. Mehr nicht. Darin ist alles enthalten. Wie ein Samen, der unaufhaltsam zu einer wunderschönen Pflanze heranwächst. „STOP“ heißt: anhalten, innehalten, im Hier und Jetzt ankommen. „LOOK“

> STOP – LOOK – GO
> Bruder Davids Weg zu einem erfüllten Leben.

heißt: den Moment ansehen, ihn intensiv wahrnehmen, ihn achten und wertschätzen, staunen, genießen und erkennen, was zu tun ist. Und „GO“ bedeutet: in diesem Geiste weitergehen, das Erkannte umsetzen, aktiv werden für das Gute, Gottes Liebe in die Welt tragen. Oh ja, darin ist alles enthalten. Und jetzt in der Stille geht mir auf: Wenn das der Weg der Gebote Gottes ist, der uns ein weites Herz schenkt, und wenn es gilt, in dieser Weise Liebe zu üben, Gottes Liebe auszugießen, dann beschert uns dieser Weg ein Glück, das niemals verbessert werden kann und das niemals erlischt. Ich schaue zu Bruder David, der nach wie vor in sich ruht und ein Lächeln auf den Lippen trägt. Er scheint dieses Glück zu erleben, in jedem Moment. Und ich genieße wieder die Stille. Einfach da sein, Teil der Gemeinschaft sein. Da beginnt das abschließende Friedensgebet. Die Mittagsmeditation ist beendet, doch alle bleiben zunächst sitzen. Nun verlassen die Mönche nach und nach den Raum. Bruder David bewegt sich ruhig und achtsam. Er lebt das „STOP – LOOK – GO“.

Ein intensives und wärmendes Schweigen erfüllt die Gemeinschaft auch noch, während wir aufbrechen, die Schuhe anziehen und nach draußen gehen. Ich sehne mich jetzt danach, das Erlebte zu vertiefen. So schwinge ich mich auf mein Rad und fahre still den Berg hinab nach St. Gilgen. Der Fahrtwind tut gut. Ich fahre an das Ufer des Wolfgangsees, setze mich auf eine Bank und betrachte das Wasser. Jetzt habe ich „STOP – LOOK – GO“ das erste Mal ganzheitlich begriffen. Und nur durch das aufmerksame Wahrnehmen. Das ist eine erstaunliche Erfahrung.

Später fahre ich wieder bergauf zum Kloster, denn ich möchte in den Gottesdienst, der um 17.30 Uhr beginnt. Ich begrüße die Anlage erneut. Zwar bin ich noch etwas früh, aber die Kirche hat ihre Pforten schon geöffnet und ich trete ein. Ich bin nicht die Erste. Hier probt ein Duo an Orgel und Harfe, dort bereitet sich eine Frau auf eine Lesung vor. Ein Mönch verteilt Liedblätter, ein anderer richtet den Altarraum. Einige Menschen sitzen in den Bänken und schweigen. Ich freue mich, hier zu sein. Es ist eine komplett andere Atmosphäre als am Mittag, doch nicht weniger beeindruckend. Ich setze mich neben eine Frau, Elke ist ihr Name. Wir kommen ins Gespräch. Auch sie ist auf einer Rundreise. Allerdings mit dem Auto. Eine spannende Begegnung. „Ich brauche eine neue Richtung in meinem Leben, und so habe ich mir eine Auszeit genommen. Ich fahre von Kloster zu Kloster“, sagt sie.

Der Gottesdienst beginnt; die Mönche sitzen auf ihren Plätzen. Der Platz von Bruder David ist frei. Bruder Johannes sagte mir heute Mittag, Bruder David sei gerade aus den USA zurückgekehrt und müsse Kraft tanken. Immerhin sei er schon über 90 Jahre alt. Das wird der Grund für seine Abwesenheit sein. Wie schön, dass ich ihn heute Mittag erlebt habe.

Viele Menschen sind in den Gottesdienst einbezogen, und ich habe den Eindruck, dass die Mönche diese Vielfalt genießen. Es ist ein regelrecht bunter Gottesdienst, in dem auch neue Lieder gesungen werden. Wieder ein großer Unterschied zu meinen bisherigen Klostererfahrungen. Jetzt wird mir klar, was Vielfalt in den Leitlinien dieses Klosters wirklich bedeutet. Der Höhepunkt dieses Gottesdienstes ist aus meiner Sicht der Friedensgruß. Die Mönche gehen von Gottesdienstbesucherin zu Gottesdienstbesucher und geben jeder und jedem die Hand, schauen ihr Gegenüber aufmerksam an und wünschen dann allen individuell den Frieden. Tiefe, entspannte Ruhe und hohe Authentizität, das spüre ich intensiv. Als saugten die Mönche die Gottesdienstatmosphäre auf und gäben im Gegenzug ihre eigene Kraft und Ausstrahlung zurück. Wieder werde ich auf fast geheimnisvolle Weise gestärkt. Welch eine große Chance, die ich hier und heute ergreifen darf.

„Gehen wir etwas essen?“, fragt Elke nach dem Gottesdienst. „Gerne“, antworte ich. Wir treffen uns in St. Gilgen und suchen ein passendes Lokal. „Warum reist du von Kloster zu Kloster, um deinem Leben eine neue Richtung zu geben?“, frage ich Elke. „Nun ja“, sagt Elke, „in Klöstern finden ja immer wieder Orientierungstage statt, da dachte ich mir, das könnte passen.“ „Und passt es?“, frage ich. „Ich weiß nicht, ich will mich orientieren, aber woran nur? Ich fühle mich hin- und hergeworfen. Ich habe halt das Gefühl, dass ich mal in diese und mal in jene Richtung laufe. Und wenn ich merke, es ist nicht der richtige Weg, dann laufe ich wieder zurück. So komme ich nicht wirklich voran, eigentlich gar nicht. Ist ja auch klar. Ich müsste ein Ziel kennen. Ich müsste wissen, welche Richtung ich einschlagen will.“ Elke wird nachdenklich.

„Ich müsste ein Ziel kennen, ich müsste wissen, welche Richtung ich einschlagen will.“

„Das kann ich gut verstehen“, sage ich. Und ich ergänze: „Mich würde ja interessieren, warum du dich eigentlich neu orientieren willst.“ Elke holt aus: „Ich bin 55 Jahre alt, meine Kinder sind aus dem Haus, mein Mann lebt schon lange nicht mehr bei uns. Ich habe den Eindruck, da ist nichts, was mich antreibt oder mir einen Weg zeigt. Ich bin gelernte Krankenschwester, habe dann nach der Elternzeit immer Nebenjobs angefangen, nichts Halbes und nichts Ganzes. Jetzt stehe ich dumm da.“ Elke zuckt mit den Achseln. „Wie man es sieht“, sage ich. „Was meinst du?“, fragt Elke. Ich betrachte Elkes Wasserglas. Es ist ungefähr zur Hälfte geleert. „Ist das Glas halb leer oder halb voll?“, frage ich. „Was willst du damit sagen? Halb leer. Naja, wie man es sieht.“ Jetzt lachen wir. Dann schweigen wir. Elke wartet auf meine Erklärung.

„Also wenn du mich fragst, ich sehe das so: Du bist Krankenschwester, hast Kinder großgezogen, ihnen Geborgenheit gegeben und vieles auf ihren Lebensweg mitgegeben. Außerdem hast du Erfahrungen in verschiedenen Berufsfeldern gesammelt. Du trägst einen überaus reichen Schatz in dir, das macht dir nicht so schnell jemand nach. Du kannst darauf stolz sein.“ Elke schaut mich verwirrt an. „So habe ich das noch nie gesehen. Aber was bringt mir das in meiner jetzigen Situation?“ „Nun ja“, sage ich, „ich hätte die folgende Idee: Schau dir alle deine Tätigkeiten an und überlege, was dir dabei besonders Freude bereitet hat. Vielleicht ist das eine erste Richtung für dich.“ Elke nippt an ihrem Glas und schaut aus dem Fenster. Ich freue mich, dass ich etwas in Gang setzen konnte. „Ich glaube, ich liebe es, etwas für andere zu tun. Wenn ich merke, dass ich jemandem geholfen habe, fühle ich mich auch bereichert. Das war als Krankenschwester so, als Mutter natürlich auch, und bei meinen Minijobs an der Tankstelle und im Café habe ich das auch gemerkt. Ja, vor allem im Café. Es war ein Café in einer Buchhandlung. Da haben die Gäste oft über Bücher gesprochen, die sie gerade angesehen haben, und ich habe interessiert nachgefragt. Manchmal haben sie dadurch die Entscheidung getroffen, welches Buch sie kaufen. Ich habe mir dann das eine oder andere auch gekauft. Und wenn sie das nächste Mal kamen, haben wir uns unterhalten. Das hat Spaß gemacht.“ Elke lacht und sie wirkt immer vergnügter. „Warum hast du dort aufgehört?“, frage ich. „Hmm, das Café wurde leider geschlossen.“ Elke zuckt wieder mit den Achseln. „Wäre das eine Richtung für dich?“, frage ich. „So was in der Art könnte mir gefallen“, sagt Elke. Ihr Gesicht hellt sich auf. „Dann hast du ja einen Wegweiser.“ Elke schaut mich an. „Das klingt alles so einfach.“ Sie runzelt die Stirn.

Jetzt berichte ich Elke von meinen drei Fragen, die ich jeden Tag beantworte. Und ich erzähle ihr auch von meiner Beobachtung, dass allein die dadurch gewonnene Haltung der entscheidende Schritt ist. „Wenn du erkennst, wie reich jeder Tag ist, also wie viele Gelegenheiten du hast, um Danke zu sagen, wenn du erkennst, wie sehr du dich selbst schätzen kannst und wie viele Menschen du unterstützen kannst, ihre Talente zu entdecken und sich selbst wertzuschätzen, dann gehst du schon den richtigen Weg.“ „Das klingt geheimnisvoll“, sagt Elke. Wir bestellen uns ein Überraschungsdessert für zwei. Es kommen kleine Häppchen verschiedener Köstlichkeiten. „Genauso kannst du jeden Tag genießen. Du musst nur die Gelegenheit nutzen", sage ich. Elke lacht und schüttelt den Kopf. „Irgendwie verrückt. Wie gut, dass wir uns getroffen haben." „Das stimmt!", erwidere ich. Und ich füge hinzu: „Ohne dich wäre der Abend nur halb so schön gewesen." Wir umarmen uns zum Abschied und jede geht ihren Weg.

In meiner Unterkunft angekommen, mache ich mich gleich fürs Bett fertig. Ich liege noch lange wach. Ich lasse einen ganz besonders reichen Tag Revue passieren. Erst die Begegnung mit Bruder David, dann dieser wunderbare Gottesdienst und zum Abschluss das Essen und das Gespräch mit Elke. Welchen Weg sie wohl weitergehen wird? Ich werde es erfahren, das hat sie mir versprochen.

> *„Überraschung ist ein Samen. Dankbarkeit sprießt, wenn wir uns der Herausforderung der Überraschung stellen."*
>
> Bruder David-Steindl-Rast
> www.dankbar-leben.org

45

Heute fahre ich wieder nach Deutschland. Allerdings nur für zwei Nächte. In Bad Reichenhall werde ich Philipp Reiter treffen. Philipp ist Extremsportler. Er betreibt Ultrarunning, d.h. seine Läufe sind länger als ein Marathonlauf. In einem Fernsehinterview sagt er, er liebe die Strecken zwischen 50 und 100 km, was darunter liege sei für seinen Geschmack zu kurz, und was darüber liege zu lang. Außerdem betreibt er Ski-Mountaineering, das sind ebenfalls Ultradistanzen, die mit den Skiern gegangen bzw. gefahren werden. Ich wurde durch einen Bericht im ZDF auf ihn aufmerksam. Darin kam eine so große Begeisterung für das Leben zum Ausdruck, eine hohe Wertschätzung der Natur und eine dankbare Ausstrahlung, dass ich großes Interesse verspürte, Philipp kennenzulernen. So habe ich ihm vor meiner Abfahrt eine Mail geschrieben und gefragt, ob wir uns zu einem Gespräch treffen könnten. Er hat zugesagt; die Terminabsprache war sehr angenehm und verlässlich. Ein großes Abenteuer liegt gerade hinter ihm, ein 2000 km Marsch mit den Skiern von Wien nach Nizza. Die Gruppe, zu der er gehörte, hat es geschafft, den Rekord einer legendären Gruppe aus den 70er Jahren zu brechen. Ich konnte die Tour über social media verfolgen und fieberte mit, denn es stellten sich etliche Hindernisse durch Wetterumschwünge in den Weg. Die Gruppe war am Ende erfolgreich, alle erreichten gesund und glücklich das Ziel. Nur wenige Tage sind seitdem vergangen, und nun bin ich auf dem Weg zu ihm. Ich fahre in Richtung Salzburg, durch Salzburg hindurch und stoße auf die Salzach; sie bildet die Grenze zwischen Deutschland und Österreich. Den Fluss entlang führt auf beiden Seiten ein Fahrradweg. Ich genieße die Fahrt in vollen Zügen. Ich raste mehrfach und lasse meine Gedanken hin- und herzie-

https://www.bergwelten.com/lp/der-lange-weg

hen. Welch ein Leben. Ich setze mich auf eine Bank und denke wieder darüber nach, ob dieses Leben, das ich gerade führe, auch dauerhaft möglich wäre. Manche Gedanken kommen mir öfter in den Sinn. Wäre ich nicht in familiäre Bezüge eingebunden, die ich liebe und nicht gegen eine Radtour eintauschen würde, könnte das tatsächlich ein Lebenskonzept sein. Sehr minimalistisch. Und sehr frei. Ich könnte meinen Unterhalt durch Vorträge und Workshops verdienen und ansonsten unterwegs sein. Unterwegs im Leben, unterwegs durch das Leben. Ein spannender Gedanke. Vielleicht müsste ich eine Winterpause einlegen oder im Winter in einer Gegend unterwegs sein, die keine Pause nötig macht. Vielleicht würde ich mal das eine, mal das andere Land bereisen. Auf jeden Fall unterwegs sein. Ach, ich könnte weiter träumen. Doch jetzt lasse ich diese Gedanken los und bin sehr gespannt darauf, wann ich sie wieder treffe. Ich schwinge mich auf mein Rad und fahre die letzten Kilometer nach Bad Reichenhall.

Hier in Bad Reichenhall wohne ich bei Traudl in der Pension Schwarzenbach; sie liegt auf einer Anhöhe mit herrlicher Aussicht auf die umliegenden Berge und in das Tal. Ich habe diese Pension gebucht, weil sie unschlagbar günstig ist und mich die außergewöhnlich guten Bewertungen, die jeweils auf verschiedenen Portalen zu lesen sind, neugierig gemacht haben.

Vielleicht fragen Sie sich jetzt oder haben sich schon längst gefragt, wie ich überhaupt zu meinen Unterkünften komme. Das will ich gerne berichten. An den Orten, an denen ich meine Schul- oder Gemeindeaktionen durchführe, bin ich in der Regel privat untergebracht oder die Verantwortlichen haben mir eine Unterkunft besorgt. Manchmal übernachte ich bei Freunden, z.B. bei Reinhilde und Karl in Eisenstadt. Ansonsten nächtige ich in Klöstern auf dem Weg oder in privaten Unterkünften, die ich im Internet recherchiert habe. Entsprechende Informationen sind ja über die Gemeinden und über verschiedene Portale zu finden. Ich habe immer darauf geachtet, eine Unterkunft zu wählen, die irgendetwas Besonderes verspricht, sodass ich mein Thema mit dieser Besonderheit vernetzen kann. Von vielen Begegnungen in meinen Unterkünften erzähle ich in diesem Buch, und ich hoffe, dass deren Besonderheiten zutage treten. Während meiner Fahrt habe ich allerdings festgestellt, dass jeder Mensch und darum auch jeder potenzielle Gastgeber etwas Besonderes in sich trägt. Mittlerweile würde ich die Herbergssuche deshalb spontaner gestalten – das ist ein Fazit für meine nächste Reise.

Nun zu Traudl. Bei ihr bin ich jetzt also angekommen. Ich werde von einem liebevoll dekorierten Gästehaus empfangen. Schon allein im Garten könnte ich mich lange aufhalten, um jedes Detail zu bestaunen. Die Dekoration wirkt keineswegs kitschig auf mich, die Dinge sind mit Sinn für das Schöne und die Gemütlichkeit aufgestellt. Als ich an die Haustür komme, finde ich eine Notiz mit einer Handynummer, die die Besucher anrufen sollen, wenn die Eingangstür gerade verschlossen ist. Also rufe ich an. Traudl meldet sich sofort. Es raschelt und bellt im Haus, da steht sie auch schon in der Tür.

Pension Schwarzenbach in Bad Reichenhall

Sie umarmt mich und empfängt mich wie eine Freundin, die sie lange nicht mehr gesehen hat. Fast hätte ich gefragt: Kennen wir uns? Ich spüre plötzlich dieses warme Gefühl im Inneren, von dem eine Teilnehmerin der Lehrerfortbildungen als einem Gefühl der Wertschätzung gesprochen hatte.

Traudl zeigt mir alles, auch, wo ich mir einen Tee oder Kaffee kochen und mich mit Kaltgetränken versorgen und einige Stücke Obst oder Gebäck nehmen kann. Dann entschuldigt sie sich wieder zur Fortsetzung ihrer Mittagsruhe. Ihre Hunde kommen mit. Ich bin bewegt von diesem Empfang und sehe mir alles in Ruhe an. Überall freundliche Hinweise für die Gäste, wie sie sich versorgen können. Mein Zimmer wird im Internet als „sehr kleines Zimmer" angekündigt. Ich empfinde es von der Größe her als völlig angemessen und war schon mehrmals in deutlich kleineren Zimmern untergebracht. Es kommt wohl immer auf den Maßstab an, mit dem man Dinge misst.

Ich bereite mir einen Kaffee zu und setze mich mit Obst und leckerem Schokogebäck in den Garten. Ich schaue mich um und schreibe Tagebuch. Es ist ein herrlicher Nachmittag.

Nach einer Stunde kommt Traudl zu mir und wir unterhalten uns. Sie erzählt mir, dass sie früher auch Rennrad gefahren sei, ab und zu noch ihr Rad aus der Garage hole, jetzt aber, da sie über 70 sei, habe sie sich eher auf das Wandern verlegt. „Weißt du, mit meinen Hunden macht mir das viel Spaß, und die halten mich in Schwung." Traudl lacht. Ich bin beeindruckt, hätte sie eher zehn Jahre jünger geschätzt. Wie bei Bruder Ulrich.

Da kommen weitere Gäste, und Traudl wendet sich ihnen zu. Auch diese werden so herzlich empfangen wie ich. Ich beobachte regelrecht, wie sich die Gesichter jedes Mal aufhellen, von jung bis alt. Freude und Herzlichkeit, die überspringt. Ich genieße meine Beobachterrolle gerade sehr.

„Sag mal", Traudl wendet sich an mich, „ich habe deinen Fotoapparat gesehen. Könntest du von unserem Frühstücksraum morgen ein paar Bilder machen? Ich würde gerne neuere Fotos veröffentlichen." „Klar, gerne", sage ich und freue mich darauf.

So langsam bekomme ich Hunger und gehe nach Bad Reichenhall. Das Rad hat Pause. Ich schaue mich um und wähle ein kleines Lokal mit einer kleinen, feinen Speisekarte. Draußen finde ich einen schönen Platz und mache es mir neben dem Tisch einer Frau mit einem sehr hübschen Hund gemütlich. Ich hole mein Tagebuch heraus und schreibe weiter. Als ich die Frau neben mir mit ihrem Hund sprechen höre, kommt mir der Akzent sehr bekannt vor. „Darf ich fragen, woher Sie kommen?“ „Klar, ursprünglich aus Heidelberg, seit acht Jahren wohne ich aber hier.“ „Oh, dann habe ich richtig gehört. Ich bin auch in der Nähe von Heidelberg aufgewachsen.“ Irgendwie freue ich mich, ein Stück Heimat neben mir zu haben. „Was hat Sie denn hierhergeführt?“ „Das ist eine spannende Geschichte“, sagt Evelin. „Ich war hier zur Kur und es hat mir einfach gut gefallen. Ich wollte mich ohnehin verändern, bin alleinstehend, immer schon. Ich wollte ein schönes neues Plätzchen finden, da meine Vermieter Eigenbedarf angekündigt hatten. Ihre Kinder wollten in meine Wohnung ziehen.“ „Oh, das ist ja schade“, sage ich. „Wie man es sieht, für mich war das eine gute Gelegenheit. Und meine Vermieter haben auch nicht gedrängelt. Sie sagten: ‚Suchen Sie ganz in Ruhe, und wenn es soweit ist, sagen Sie Bescheid.‘ Das hat mich motiviert. Als sollte mein Leben eine neue Wendung nehmen.“ „Wollten Sie nicht in Heidelberg bleiben? Also die Heimat aufzugeben, das ist doch sicher nicht so leicht, oder?“, möchte ich wissen. „Was heißt Heimat? Ich bin als Kind viel umgezogen. Meine Eltern haben mir immer gesagt, dass ich mir in meinem Inneren eine Heimat schaffen kann, dann fühle ich mich überall wohl. Das habe ich getan. Ich habe mir ein schönes Zimmer eingerichtet, in das ich in meinen Gedanken gehen konnte. Die Möbel habe ich von Zeit zu Zeit ausgetauscht. Und jetzt verrate ich es dir: Hier in Bad Reichenhall habe ich mir die Wohnung so eingerichtet, wie ich sie mir in meinem Inneren schon seit Jahren vorstelle. Ich bin angekommen.“ Wahrscheinlich schaue ich ein wenig überrascht, wenn nicht sogar entgeistert. Ähnliche Gedanken zum Thema Heimat hatte ich auch. Und ich habe

„Heimat ist da, wo ich mich zu Hause fühle.“

erzählt, was ich mir im Inneren vorstelle, wie ich quasi die Verwirklichung meiner Träume vorwegnehme. Fast so wie Evelin. Und dennoch hat Evelins Idee andere Akzente. Das macht mich neugierig. „Das hört sich wirklich spannend an. Aber wie richte ich ein Zimmer in meinem Inneren ein? Wie gehe ich da hinein? Wie kann ich Möbel umstellen und das noch dazu als Kind?" Evelin lacht. „Gerade als Kind, denn wer es nicht als Kind lernt, lernt es nur schwer oder gar nicht." „Was meinst du damit?", frage ich. „Nun ja, ich bin Erzieherin. Und ich habe beobachtet, dass Kinder in Gedanken all ihre Träume umsetzen können. Kindern fällt es leicht, sich etwas vorzustellen und mit ihren Gedanken zu spielen. Vielleicht bin ich sogar Erzieherin geworden, weil mich meine Eltern als Kind so sehr zum Träumen angeleitet haben. Vielleicht wollte ich diese Leichtigkeit der Kinder jeden Tag um mich haben." Evelin zuckt mit den Achseln, schaut in sich hinein und wirkt vergnügt. Schade, dass sie keine eigenen Kinder hat, denke ich. Evelin erinnert mich in ihrer Haltung an die Erzieherinnen in Eisenstadt. Und selbstverständlich auch an Papilio. „Ich hatte mein Leben lang immer Kinder um mich. Und auch hier helfe ich bei meinen vielen Freunden und Nachbarn aus, wenn sie jemanden brauchen. Ich bin sozusagen ihre Feuerwehr." Evelin lacht. Und ich freue mich mit ihr. „Ich muss jetzt gehen", sagt sie. Der Dienst ruft." „Dienst?" frage ich. „Ja, meine Nachbarn gehen ins Theater. Und ich zu Julian." Evelin steht auf, wir verabschieden uns, und ich schaue ihr lange nach. In jedem Menschen stecken doch wunderbare Geschichten, das denke ich jetzt wieder. Ich freue mich, Evelin getroffen zu haben, und tippe alles in mein Tagebuch. Eine Wohnung im Inneren einrichten, um überall Heimat zu spüren, das ist ein faszinierender Gedanke – ein Gedanke, der mir nicht fremd ist.

Im Frühstücksraum erscheine ich am Morgen mit meiner Kamera und mache einige Bilder: Traudl und ihr Mann werden auch abgelichtet. Und hier entdecke ich die nächste Überraschung: Liebevoll gestaltete Tische, alles was man sich zum Frühstück nur denken kann und noch viel mehr. Am Buffet ist ein Schild angebracht: Gerne können Sie sich Brötchen auf ihre Wanderungen mitnehmen. Welch eine Fülle. Traudl betont, sie bekomme dieses Geschenk vielfach von fröhlich gestimmten, herzlichen Urlaubern zurück. „Großzügigkeit wandert von Herz zu Herz, da ist nie eine Einbahnstraße."

„Großzügigkeit wandert von Herz zu Herz, da ist nie eine Einbahnstraße."

Traudl und Helmut am Frühstücksbuffet

46

Auf, zu Philipp Reiter, dem Ultraläufer, Alpinisten und Sportfotografen, dem Weltklassesportler mit wertschätzender Grundhaltung und Dankbarkeit im Gepäck. So habe ich ihn jedenfalls in Reportagen und Interviews wahrgenommen. Das transportiert auch seine Homepage. Einen passenderen Gesprächspartner kann ich kaum finden. Moment mal – was sage ich da eigentlich? Meine bisherigen Gesprächspartnerinnen und Gesprächspartner waren alle sensationell. Vielleicht nicht so bekannt, okay, aber welchen Unterschied macht das? Ja, welchen Unterschied macht das eigentlich?

www.philipp-reiter.de

Menschen wie Philipp stehen im Rampenlicht. Das ist nicht nur positiv, das wissen wir alle. Vermutlich haben Menschen ohne Rampenlicht ein deutlich ruhigeres und freieres Leben als die Stars. Nun ja, vermutlich stehen ihnen aber nicht so viele Möglichkeiten offen. Alles hat seine zwei Seiten. Wer im Rampenlicht steht, ist für viele Menschen sichtbar. Darin liegen Verantwortung und Chancen. Ein Star kann zum Vorbild werden durch das, was er verkörpert und ausstrahlt.

Und nun komme ich zu Philipp. Als ich ihn zum ersten Mal in einer Reportage gesehen und kennengelernt habe, war ich sofort von seiner Lebenseinstellung begeistert, das habe ich schon geschrieben. Ich nahm eine lebensfrohe Grundhaltung wahr. Eingebettet in eine positive Familienatmosphäre wurden Wertschätzung und Dankbarkeit transportiert. Da ich auch Mutter bin, habe ich Philipps Mutter beim zweiten Betrachten des Films besonders beobachtet. Wie sie ihn unterstützt und sich in ihn einfühlt, das habe ich als sehr berührend wahrgenommen. Ihre Aussage, Philipp genieße auf seinen Läufen Gottes Schöp-

„Reportage Bergläufer Philipp Reiter" ist auf YouTube verfügbar

fung, hat mir einen zusätzlichen Anstoß gegeben, Kontakt zu ihm zu knüpfen. Ich wollte ihn unbedingt kennenlernen. Vielleicht – so dachte ich mir – kann er gerade für Jugendliche zu einem Vorbild werden.

Wir sind um 14 Uhr verabredet. Ich finde Philipps Elternhaus auf Anhieb. Es liegt in einem hübschen Wohngebiet eines kleinen Ortes, der zu Bad Reichenhall gehört. Hinter dem Haus sind Felder, dann kommen schon die Alpen. Die Grenze zu Österreich ist in Sichtweite. Ich fahre in die Einfahrt und stelle mein Rad hinter der Garage ab. Dann laufe ich zur Tür und läute. Philipp kommt, er begrüßt mich und wir setzen uns gemütlich auf die Terrasse. Er bietet mir etwas zu trinken an und wir unterhalten uns über dies und das.

Nach einiger Zeit des Warmsprechens stelle ich meine Kamera auf und filme das Gespräch. Während ich bei anderen Gesprächen auf meiner Tour einfach Tonaufnahmen mache, weil das völlig unkompliziert und ohne Vorkehrungen mit dem Handy quasi immer spontan möglich ist, ist es mir hier wichtig, ein Video zu drehen, um das Gespräch eventuell auch einmal vorführen zu können.

Petra Zunächst interessiert mich, woher du deine fröhliche, optimistische und frische Ausstrahlung hast. Das habe ich mich bei jedem Beitrag, den ich über dich gesehen habe, gefragt.

Philipp Also, ich glaube, was zählt, was mir sehr hilft, der zu sein, der ich bin, das sind meine Eltern. Ich weiß, sie mögen mich, egal, was passiert, ich bin einfach ihr Kind. Sie unterstützen mich in jeglicher Hinsicht. Und gerade beim Sport erlebe ich ja viele gute Momente und auch viele schlechte. Egal, was los ist, sie sind dabei und das ist schon eine sehr große Stütze. Wir haben auch einen religiösen Hintergrund. Für mich ist der Glaube in meinem Leben sehr bedeutsam. Es gibt für mich einen, an den ich glaube und mit dem ich reden kann – jederzeit. Beides bedeutet mir viel: Zu meinen Eltern und zu Gott habe ich eine wirklich gute Beziehung, auch wenn ich nicht immer sonntags mit zum Gottesdienst kann, weil ich oft unterwegs bin. Na ja, und weil ich quasi Rückendeckung habe, kann ich mich so frei und fröhlich fühlen.

Petra Ich bin ganz begeistert, dass du diese beiden Aspekte so spontan nennst. Ich kann mir gut vorstellen, dass du dich mit dieser Rückendeckung mutiger an schwierige Aufgaben heranwagen kannst. Und du suchst ja wirklich atemberaubende Ziele. Wir haben vorhin schon einmal von Zielen im Leben gesprochen, als die Kamera noch nicht lief. Das würde mich jetzt einmal genauer interessieren: Welche Bedeutung haben Ziele für dich? Und wie motivierst du dich? Ein Ultralauf erfordert ein immenses Durchhaltevermögen. Das macht man nicht nebenbei.

Philipp Ja, ich setze mir Ziele im Leben, das ist sogar etwas ganz Wichtiges für mich. Wenn ich ein Ziel habe, dann kann ich den Sinn hinter den Schritten sehen, die ich gehe. So einfach dahinleben, ohne Ziel, das wäre nichts für mich. Na ja, und auch wenn die Ziele weit entfernt liegen, dann sage ich mir: „Los, Philipp, einen Schritt nach dem anderen gehen." Ich glaube, die Kunst ist es, das Gesamte im Blick zu haben, aber sich trotzdem kurze Ziele zu setzen. Das kann ich bei meinen Läufen üben. Wenn ich 100 Kilometer im Wettkampf laufe, ist es tatsächlich so, dass mir manchmal nach 10 Kilometern schon alles weh tut, je nach dem, in welcher Verfassung mein Körper ist. Das

„Selfie" mit Philipp Reiter

ist ja nicht immer gleich. Und wenn ich dann sage: Oh nein, ich habe erst 10 Prozent, dann mache ich mich ja selbst fertig. Dann kann ich gleich aufhören. Solche Gedanken ziehen dich nur runter, die bringen gar nichts. So darf ich also nicht rechnen. Ich sage dann eher: Hey, bis zur nächsten Verpflegungsstation sind es nur noch 5 Kilometer, da steht sogar jemand, den kenne ich, und dann kann ich mir auch etwas zum Essen mitnehmen. So setze ich mir die Zwischenziele. Kleine Erfolge, Teilerfolge feiern – und irgendwann ist das Ziel schon ganz nah greifbar. Das übertrage ich auf mein ganzes Leben. Also, ich schaue mir die Herausforderung oder mein Ziel an, zerlege das in ganz viele kleine Teile, und dann kommt eines nach dem anderen. Und jede Etappe, jedes kleine Erfolgserlebnis motiviert mich und bringt mich weiter nach vorne.

Petra Das leuchtet mir ein. Und ich kann das im Moment auch gut nachvollziehen. Ich musste gerade an die allerersten Kilometer auf meiner Tour denken. Als ich dachte, ich würde mit den Satteltaschen nicht vom Fleck kommen oder im Graben landen. Der Weg kam mir unwirklich lange vor. Allerdings hatte ich nie den Impuls umzukehren. So wirklich vorstellbar war es für mich aber trotzdem nicht, mit dem Fahrrad mal eben nach Österreich und quer durch das Land zu fahren. Tag für Tag habe ich mein Etappenziel gefeiert, es mir gut gehen lassen. Jeder einzelne Tag hatte seinen unverwechselbaren Wert.

Philipp Also, wenn du zu mir sagst, dass ich abenteuerlustig bin, dann kann ich das genau an dich zurückgeben. Wenn das mal kein Abenteuer ist!

Petra Ja, ein tolles Abenteuer. Und was mir hierzu auch noch einfällt: Wie verarbeitest du eigentlich einen Misserfolg? Wie setzt du dir neue Ziele, wie motivierst du dich da? Du hast ja vorhin auch davon gesprochen, dass es gute und schlechte Tage gibt – gerade im Sport.

Philipp Das ist eine echt wichtige Frage. Mir geht es mittlerweile so, dass ich weiß: Da gibt es so vieles in meinem Leben und in meinem Umfeld, was ich spannend finde und vertiefen möchte, dass ich gar nicht alles machen kann, wozu ich Lust habe. Und das gibt mir so viel Gelassenheit. Wenn eine Sache scheitert, gibt es einfach noch viel mehr. Ich versteife mich also nicht auf ein Ziel. Bislang habe ich immer etwas Neues gefunden, für das ich mich begeistern konnte, auch wenn ich vorher ein Ziel nicht erreicht habe. Gerade das Nichterreichen hat mir schon das eine oder andere Mal ganz neue Perspektiven nähergebracht. Ja, da gab es ein einschneidendes Erlebnis, das mir die Augen geöffnet hat.

Petra Jetzt hast du mich neugierig gemacht.

Philipp Als ich so richtig erfolgreich geworden war, quasi kurz vor dem allergrößten Senkrechtstart, da hatte ich auf einmal Probleme mit meiner Ferse. Und zwar richtig heftig: Fersensporn. Ich konnte nicht mehr auftreten, nicht mehr trainieren. Eine Welt ist zusammengebrochen. So, was machst du jetzt?, habe ich mich gefragt. Natürlich ist der Sport nicht alles, was mich ausmacht, aber in dem Moment fühlte es sich schon so an. Ich wollte wieder laufen, um alles in der Welt. Ich habe alles versucht, unzählige Therapien. Kein Erfolg. Ich war total deprimiert, ich fühlte mein Leben auf dem Tiefpunkt. Dann war ich eines Tages im Krankenhaus zur Röntgenkontrolle. Als ich dort im Keller durch den Gang lief, sind mir drei Menschen entgegengekommen. Ich habe sofort gesehen, dass der Mittlere, der von den beiden anderen gestützt wurde, sterbenskrank ist. Das sah schlimm aus, ich sehe das Bild jetzt noch vor mir. Keine Haare, blass, abgemagert. Und ich marschiere da rein mit meinem Fuß. Sonst nichts. Kerngesund. Das kam mir in diesem Augenblick so unpassend vor, mein Problem wurde in diesem Moment winzig klein. Da wurde auf einmal alles relativ für mich. Ich habe gesehen, dass ich mit so vielen Freuden beschenkt bin. Seit diesem Erlebnis trage ich eine neue Haltung in mir. Immer, wenn irgendetwas nicht klappt, sage ich mir: Jetzt bleib bloß auf dem Boden, dir geht's eigentlich richtig gut. Na ja, und während ich so meine Trainingspause hatte, bin ich viel mit dem Rad unterwegs gewesen. Ich hatte auf einmal die Idee, mir eine Kamera zu kaufen und beim Radeln Aufnahmen zu machen. Und so bin ich zum Fotografieren gekommen. Ich habe mich da richtig reinvertieft, immer bessere Aufnahmen gemacht, neue

Ideen entwickelt, experimentiert. Das war ein toller Ausgleich, ein neues Ziel. Und mittlerweile ist es ja so, dass ich damit jetzt ein Stück weit mein Geld verdiene. Das macht enorm Spaß. Ich bin mittlerweile als „Running Cameraman" unterwegs. Das ist super. Im Rückblick kann ich meine Verletzung also positiv sehen, sie brachte mich auf diesen neuen und spannenden Weg. Ich glaube, die Kunst besteht darin, nicht den Mut zu verlieren, wenn etwas ganz anders läuft, als du denkst, wenn etwas scheitert, wenn du enttäuscht wirst u.s.w. Es geht in solchen Situationen darum zu sagen: Hey, lass den Kopf nicht hängen, vielleicht eröffnet es dir neue Möglichkeiten! Aber das erfordert natürlich schon einen sehr weiten Horizont und auch eine Leichtigkeit im Leben, sag ich mal.

Petra Das stimmt. Deine Erfahrung kann vermutlich jeder nachvollziehen. Von außen betrachtet, liegt ein gewaltiger Unterschied zwischen deinem Fersenproblem und der schweren Erkrankung des anderen Patienten, dem du begegnet bist. Aber natürlich lebt niemand immer im Vergleich mit anderen, das wäre vermutlich auch gar nicht erstrebenswert, sondern jeder hat persönliche Bezugswerte. Und da kann eine solche Verletzung, wie du sie hattest, dich natürlich aus der Bahn werfen, das kann ich verstehen. Deine Erfahrung könnte ein Vorbild für viele Menschen sein, die sich in einer vergleichbaren Lage befinden. Und ich glaube, solche Situationen gibt es sehr oft, auf ganz verschiedenen Ebenen natürlich.

Philipp Auch das ist ein Ziel in meinem Leben, dass ich diese Erfahrung wachhalte, damit sie mich in schwierigen Phasen leiten kann.

Gerade kommt Philipps Katze um die Ecke und wir legen eine kleine Pause ein. Philipp zeigt mir die Umgebung und erzählt mir viel über die Berggipfel, die wir sehen können und die er schon erklommen hat. Zu jedem Berg und jedem Fleckchen um uns herum gibt es Geschichten. Philipp ist erfüllt davon. Ich glaube, wir könnten tagelang miteinander sprechen und spannende Themen finden.

Was mich besonders bewegt, sind die folgenden Fragen, die sich jeder stellen und aus eigenen Erfahrungen beantworten kann: Wer oder was gibt mir eine solche Rückendeckung und Zuversicht im Leben, wie sie Philipp eingangs beschreibt? Und an welchen Punkten meines Lebens habe ich diese Erfahrung gesammelt, dass ich zuerst dachte, alles sei gescheitert – und doch haben sich ganz neue und spannende Türen geöffnet?

Atemberaubend …

47

Da bin ich wieder. Ich habe viel über Philipps Aussage nachgedacht, mit der er die Konsequenzen aus seinen Erfahrungen zusammenfasst: Hey, lass den Kopf nicht hängen, vielleicht eröffnet es dir neue Möglichkeiten! Was würde sich verändern, habe ich mich gefragt, wenn wir jedem Scheitern und jedem Ereignis unseres Lebens, das anders verläuft, als wir es uns zuvor dachten oder wünschten, in dieser Haltung begegnen würden? Vielleicht noch etwas nachdrücklicher formuliert: *Hey, Kopf hoch, schaue dich um. Ganz bestimmt eröffnet dir diese Erfahrung neue Möglichkeiten, die du vorher gar nicht ahnen konntest!* Was würde sich verändern, wenn wir dies nicht nur dahinsagen würden, sondern tatsächlich daran glaubten?

Das wäre eine positive, nach vorne gerichtete Einstellung. Wir würden die Brille aufsetzen, die nach den Chancen sucht, die also die Chancen im Leben scharf stellt. Solch eine Lebensperspektive fällt uns natürlich nicht einfach zu. Und ganz gewiss gibt es schlimme Situationen, in denen wir unseren Kopf nicht für solche Gedanken frei haben. Wir können uns jedoch bewusst dafür entscheiden, diese Perspektive so oft wie möglich einzunehmen. Das ist ja auch eines von Philipps Zielen. Je mehr positive Erfahrungen wir mit dieser Haltung gesammelt haben, desto griffbereiter liegt die Brille neben uns. Ich probiere es jedenfalls weiterhin aus.

Vermutlich ist dies ein guter Übergang zum Thema „Dankbarkeit" und „Wertschätzung". Auch danach frage ich Philipp.

Petra In deinen Interviews, auf deiner Homepage, in den Berichten, die ich über dich gefunden habe, habe ich immer wieder die Aspekte Dankbarkeit und Wertschätzung entdeckt, die mir auf meiner Tour so bedeutsam sind. Sind diese Aspekte für dich tatsächlich auch zentral?

Philipp Ja, auf jeden Fall. Ich habe neu schätzen gelernt, was mir alles im Leben zur Verfügung steht. Was ich machen kann aus meinem Leben. Eine solche wertschätzende Perspektive erfordert schon einen besonderen Fokus. Und den habe ich mit dem Fotografieren ausgebaut, würde ich sagen. Denn beim Fotografieren bekommst du einen ganz neuen Blickwinkel. Du nimmst, was du siehst, fokussiert auf etwas Bestimmtes, wahr, willst Stimmungen einfangen und letztlich damit auch eine bestimmte Sicht und Haltung transportieren. Du stehst irgendwo am Berg, die Sonne geht unter, und du fängst das ein – du schaust ganz anders hin, du entdeckst viel, viel mehr um dich herum. Mit den Fotos erschaffst du ja im Grunde ein Kunstwerk – und solch ein Kunstwerk ist das ganze Leben, wenn wir entsprechend hinsehen. Und das stimmt mich dankbar. Das war es auch, was ich vorhin ganz am Anfang meinte, dass ich vermutlich immer Sachen finden werde, die mich begeistern und die mir Sinn und neue Ziele geben. Weil ich das weiß, deshalb kann ich viel gelassener sein. Ich kann auch mit dem Scheitern ganz anders umgehen. Natürlich tut es im Moment weh. Und das muss auch so sein. Wer keine Tiefen kennt, kann auch keine Höhen genießen. Doch die Tiefen im Vertrauen und in der Hoffnung zu durchleben, das macht den Unterschied.

Petra Wie wahr. Gibt es aus deiner Sicht noch weitere Tipps, wie man das lernen kann? Nicht jeder entwickelt doch automatisch diese Haltung. Das Glas ist für manche Menschen vermutlich einfach immer halb leer.

Philipp Klar. Zwar muss jeder sich diese Sicht auf das Leben selbst erarbeiten, aber wenn du gute Vorbilder hast, geht es leichter, also Menschen, die dich überzeugen durch das, was sie sind. Das waren halt meine Eltern für mich. Und sie sind es immer noch. Ich bleibe immer ihr Kind. Ich glaube aber auch, dass Jugendliche, die es nicht so gut erwischt haben wie ich, nicht automatisch zu Pessimisten werden. Die positive Haltung kann ihnen überall begegnen.

Petra Das ist eine sehr wichtige Aussage. Ich könnte mir vorstellen, dass du ein solches Vorbild sein kannst. Hättest du denn Tipps für Jugendliche? Wenn sie sich in einem Loch befinden, wie sie dann eine neue Idee für ihr Leben entwickeln könnten?

Philipp Lass mich einen Moment nachdenken, wie ich das am besten formulieren kann, was ich gerade im Kopf habe. Ich glaube, dass jeder in irgendeinem Bereich eine Befähigung hat, eine Sache, die ihm Spaß macht und in der er auch gut ist. Wahrscheinlich in mehreren Bereichen. Ich habe mal eine Studie gelesen, darin wurde von mindestens drei Bereichen gesprochen, die jeder Mensch so gut kann wie kaum ein anderer. Das hört sich verheißungsvoll an, finde ich. Da scheint es schlummernde Talente und ungeahnte Möglichkeiten zu geben, und zwar in jedem von uns. Die Sache ist nur: Man muss es herausfinden, man muss wirklich das Richtige finden.

Petra Ich war vor drei Jahren zu Gast an einer christlichen Schule in Neuseeland. Dort wurde genau nach diesem Prinzip gearbeitet. Die Lehrer glaubten daran, dass in den Schülerinnen und Schülern ungeahnte Talente und Begabungen schlummern, und wollten diese gemeinsam entdecken. Das hatte große positive Auswirkungen auf den Umgang miteinander, das Schulklima und nicht zuletzt die Schulleistungen und das Selbstbewusstsein. Daran erinnert mich deine Aussage gerade. Du wolltest aber noch etwas sagen, ich habe dich unterbrochen.

Philipp Das passt ja wirklich sehr gut. Danke für das Beispiel. Ich glaube, für Jugendliche ist es ganz wichtig, dass sie auch etwas ausprobieren, etwas Neues ausprobieren. Denn wie sollen sie sonst entdecken, was in ihnen steckt? Je jünger die Kinder sind, desto mehr sind die Eltern gefragt, dass sie ihre Kinder fördern, ihnen jedoch auch gleichzeitig den nötigen Freiraum lassen. Das ist halt ein schwieriger Grat, denn wenn man zu viel Freiraum lässt, dann wird das gern ausgenutzt. Bei uns war es so, wenn wir in einen Sportverein wollten oder irgendetwas unbedingt beginnen wollten, zum Beispiel ein Musikinstrument spielen lernen, dann durften wir uns das ein paar Mal anschauen und dann sollten wir uns entscheiden. Und wenn wir uns dafür entschieden hatten, dann mussten wir es mindestens ein Jahr lang durchhalten. Du verpflichtest dich quasi dazu. Und das war so wichtig. Ich finde, Kinder sollen die Möglichkeit bekommen, Neues zu versuchen. Aber weil aller Anfang ja schwer ist, muss man sich immer erst eingehender mit der Sache beschäftigen. Doch dazu kommt es vielfach nicht. Oft ist es so: Eine Sache begeistert dich, du willst das unbedingt machen, und wenn du anfängst, dann erkennst du, wie schwer es ist. Und du resignierst, hörst auf. Wenn du das ein paar Mal so erlebt hast, denkst du, du kannst eigentlich gar nichts. Vielleicht wird dir das sogar vorgehalten. Aber mal ehrlich: Es dauert einfach oft eine gewisse Zeit, bis man in etwas reinkommt. Erst wenn man eine Sache besser beherrscht, wenn man Fortschritte spürt, entwickelt man so richtige Freude daran. Wenn man besser wird, hat man auch mehr Erfolg, ich meine, es geht einem leichter von der Hand, und dann macht es noch mehr Spaß. Plötzlich gelingt es. Das müssen keine sportlichen Höchstleistungen sein. Erfolg kann vieles bedeuten. Schon der Genuss, dass man eine Sache beherrscht, ist ein großer Erfolg, der dich anspornt. Aber diese Überwindung am Anfang, das ist der Knackpunkt. Deswegen bin ich meinen Eltern dankbar, dass sie uns Möglichkeiten gegeben haben, Neues zu probieren, dass wir im Gegenzug aber auch eine Verpflichtung eingegangen sind. Wir konnten gleich zu Beginn prüfen: Will ich das wirklich so sehr, dass ich es ein Jahr lang durchziehe, auch wenn es mir vielleicht dann doch keinen Spaß macht? Das war wirklich hilfreich!

Weißt du, ich glaube, dass es heute wirklich schwer ist, sich nicht vom einen zum anderen treiben zu lassen. Heutzutage geht alles so schnell, nichts ist mehr richtig verbindlich, man macht mehrere Dinge gleichzeitig. Da ist das Durchhalten oft nicht mehr in Mode. Und hinzu kommt ja, dass das, was man begonnen hat, oftmals viel Geld kostet. Reiten, Tennis, Musikschule, was auch immer. Da liegt die Versuchung nahe, einfach das nächste anzufangen, wenn das erste nicht passt. Mein Tipp wäre also: Sich selbst kennenlernen, bewusst ein Hobby ausprobieren und das eine Zeitlang durchziehen. Wenn man einmal erfahren hat, wie die scheinbar unüberwindbaren Schwierigkeiten und Hindernisse doch überwunden werden können, dann prägt dich das und bringt dich weiter. Du lernst, bewusst etwas aus dir zu machen. Wenn es stimmt, dass jeder ca. drei herausragende Talente hat, dann ist das doch ein echt toller Anreiz.

Petra Eine Schatzsuche quasi. Du spornst mich gerade an, darüber nachzudenken, was ich einmal Neues probieren möchte.

Philipp Oh ja, denke mal nach. Das interessiert mich, was du da herausfindest. Aber bleibe am Ball, du weißt ja, ein Jahr verpflichtest du dich.

Philipp und ich einigen uns, dass dies ein sehr passender Abschluss unseres Gespräches ist. Wir holen tief Luft und schweigen. „Eine Sache noch“, ruft Philipp, während er plötzlich aufspringt. Er verschwindet kurz und kommt mit einer Postkarte wieder. Darauf ist ein Bergpanorama zu sehen und die Aufschrift „Der lange Weg“, eine Karte also zu der kürzlich erfolgreich absolvierten Ultratour. „Die schicke ich dir mit einem wichtigen Spruch drauf. Eine Erinnerung an unser Gespräch“, sagt er und zwinkert mir zu. „Du musst aber erst an deinem Ziel angekommen sein.“ Wir lachen. „Danke! Ich kann gar nicht genug danken, es war wirklich eine tolle und bereichernde Begegnung für mich.“ Philipp winkt mir nach, während ich mit meinem blauen Rad der Nachmittagssonne entgegenfahre. Jetzt suche ich mir ein schönes Eiscafé und schreibe Tagebuch, beschließe ich.

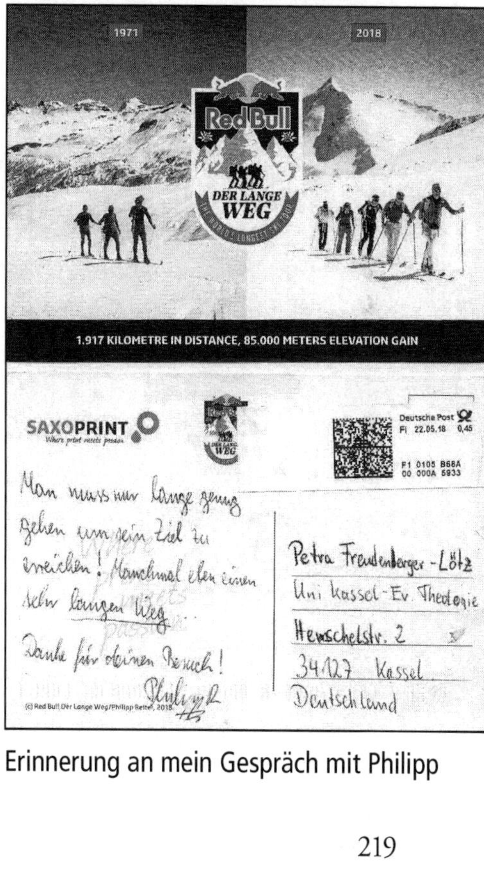

Erinnerung an mein Gespräch mit Philipp

48

Heute mache ich einen Überraschungsbesuch. Ich besuche Barbaras Eltern. Nein, nicht die Barbara mit dem Kräutergarten, die ich in den ersten Tagen meiner Tour traf. Auch nicht Barbara aus Finnland, von der ich erzählt habe. Die Barbara, die ich jetzt meine, wohnt in meinem Heimatort. Zusammen mit ihrem Mann Stefan leitet sie den wunderbaren Reiterhof, auf dem unsere Pferde stehen. Dazu könnte ich eine lange Geschichte erzählen. Ich könnte erzählen, wie wir zu unseren Pferden gekommen sind. Ich könnte das Thema Wertschätzung in Verbindung mit den Erfahrungen auf unserem Hof über mehrere Seiten entfalten. Wie die kindliche und jugendliche Entwicklung durch das Reiten gefördert werden kann und was ich hier alles gelernt habe. Doch das wäre zu ausufernd. Ich bleibe bei einer Erfahrung: Als ich meine Knieverletzungen hatte, habe ich nicht nur das Radeln entdeckt, sondern auch das Reiten. Es ist auf andere Weise intensiv, als ich es vom Ausdauersport kenne. Meine Kinder waren damals schon lange mit dem Reitsport verbunden und ich hatte den Gedanken, das Reiten ebenfalls zu lernen, um wenigstens mitreden zu können. Und wie habe ich mich dann dabei schwergetan. Ich habe mir allerdings viel bei meinen Kindern abschauen können. Und sie motivierten mich. Meinen Unterricht hatte ich auf einer Islandstute, Freyja ist ihr Name, die unglaublich geduldig mit mir war. Genauso wie die Reitlehrerin Regina. Ihr habe ich in einem anderen Buch schon einmal eine Geschichte gewidmet. Und zu Freyja: Gemeinsam gingen wir durch dick und dünn, Freyja und ich. Als Freyja aus der Reitschule ausschied – sie hatte viele, viele Jahre treue Dienste geleistet und sich eine geruhsamere Zeit verdient – und zum Verkauf anstand, habe ich sie bekommen. Welch ein Glück, denn ich war eine von vielen Kaufwilligen. Nicht, dass ich den höchsten Preis geboten hätte. Der stand fest und war auch gar nicht so unfassbar hoch. Nein, Regina freute sich, dass wir auf diese Weise zusammen weiterarbeiten konnten und sie im Kontakt mit Freyja blieb. Sie war nämlich Freyjas Besitzerin. Mehr und mehr habe ich erfahren, was so ein Tier mir alles schenken kann. Pferde sind sensibel. Dankbarkeit und Wertschätzung haben so nochmals eine ganz neue Dimension erhalten, und ich habe selbstverständlich erfahren, wie viel Verantwortung ich übernehme. Nun ja, was soll ich sagen. Ich bin oft nicht zur Stelle, wenn überraschend etwas zu tun ist. Wenn Freyja eine Verletzung hat, der Hufschmied kommt oder vieles mehr. Barbara und Stefan, die Hofbesitzer, finden immer eine rasche und unkomplizierte Lösung. Alle dort sind ein großes Team. Ich fühle mich sehr gut aufgehoben. Ich bin sehr dankbar, dass ich mich auf diese Hofgemeinschaft verlassen kann. Gerade auch jetzt während meiner Tour. Und mir wird wieder bewusst: Beziehungen, die meinen Alltag prägen und ermöglichen, nehme ich ganz neu als Geschenk wahr. Ach wie passend, während ich gerade schreibe, bekomme ich eine frühmorgendliche Nachricht von Barbara: „Braucht Freyja einen Hufschmiedtermin? Ich würde ihr einen besorgen." Ja, genau so ist sie.

Freyja eröffnet mir neue Perspektiven …

Und nun also radle ich zu Barbaras Eltern. Ich weiß schon lange, dass Barbara aus den Bergen kommt, und habe mich immer schon gefragt, wo wohl ihr Elternhaus steht. Und gleich sehe ich es vor mir.

Da ich Barbara überraschen will, nach dem Motto: „Schau mal, wo ich gelandet bin", habe ich die Adresse ohne ihre Hilfe herausgefunden und mich auf den Weg gemacht. Und nun sehe ich Ruhpolding schon vor mir, die Biathlonhochburg. Das also ist Barbaras Heimat. Wie schön. Ich finde das Haus schnell und läute. Welch eine Überraschung, als wir uns gegenüberstehen. Ich kenne Barbaras Eltern nur vom Sehen und einem flüchtigen Hallo, aber das macht nichts. Sie laden mich ein zu bleiben, denn sie haben eine Ferienwohnung, in der Barbaras Familie wohnt, wenn sie zu Besuch ist. Gerne nehme ich die Einladung an. Barbara freut sich, als sie meine Nachrichten empfängt. Und wie ich mich erst freue!

Ich gehe in die Stadt, um mich umzusehen und einen Blumenstrauß zu kaufen. Auf einmal fängt es heftig an zu schütten. Wie froh ich bin, nicht mit dem Rad in den Regen gekommen zu sein. Ich rette mich in ein Café und bestelle eine heiße Zitrone. Das ist ja alles glimpflich ausgegangen, denke ich, nur habe ich eine kleine Herausforderung zu meistern: Meine einzigen Schuhe, die ich neben den Radsportschuhen dabeihabe, sind nicht wasserdicht. Normalerweise ist das nicht weiter schlimm, doch ich habe eben keine überzählige Kleidung dabei. Alles muss bis zum nächsten Tag trocken sein. Während ich so meine Schuhe mustere, tritt eine Frau an meinen Tisch. „Darf ich dazu kommen?“, fragt sie höflich. „Gerne“, sage ich mit einer einladenden Geste. Ich hatte gar nicht bemerkt, dass offenbar alle Menschen, die gerade unterwegs waren, in diesem Café Zuflucht gesucht haben. Ein echter Platzregen. Elfriede trinkt einen Kaffee, und wir kommen ins Gespräch. „Erfinderisch muss man sein!“, ruft sie, als ich ihr von meiner Herausforderung erzähle. Sie springt auf und kommt kurze Zeit später mit zwei Gefriertüten wieder. „Sie ziehen Sie einfach über die Socken und schlupfen damit in die Schuhe. Das klappt wunderbar. Sie werden trocken bleiben.“ Ich muss lachen und probiere diesen Trick gleich einmal aus. Es fühlt sich lustig an und knistert etwas, aber es könnte klappen.

„Erfinderisch musst du sein, dann schaffst du alles spielend!" Ein sehr gutes Motto für meine Tour.

„Den Trick habe ich von meinem Enkel gelernt", sagt Elfriede. „Und auch den Spruch. Immer, wenn ich ein Problem vor mir sehe, sage ich mir: Erfinderisch musst du sein, dann schaffst du alles spielend. Also den zweiten Teil habe ich selbst ergänzt. Und wirklich, plötzlich wird ein Problem zu einer spielerischen Angelegenheit, als müsste ich ein Rätsel lösen. Klingt vielleicht ein wenig verrückt, aber was soll's?" Ich muss schmunzeln. „Das werde ich mir merken. Vielen Dank!" Elfriede steht auf und zieht weiter. Ich schaue ihr hinterher und frage mich, warum ich nicht schon früher auf diese einfache Idee gekommen bin. Besser jetzt als nie! Woher sie wohl diese Gefrierbeutel auf einmal hatte? Ich zucke mit den Achseln und freue mich. Mit meinem neuen Outfit kaufe ich einen Blumenstrauß und kehre zu Barbaras Eltern zurück. Tatsächlich, meine Socken bleiben trocken.

Das Abendessen ist schon fertig, und ich setze mich mit Angela auf den herrlichen Balkon mit weitem Ausblick. Barbaras Vater, Dieter, ist in die Bauarbeiten am Haus verwickelt. Bis morgen muss er eine neue Planung fertig haben. Wir beginnen nun mit einem genussvollen Abend zu zweit. Stundenlang sitzen wir zusammen und unterhalten uns. Angela erzählt mir viel von ihren drei Kindern, dem Leben in den Bergen, ihrer Arbeit als Lehrerin und ihrer eigenen Lebenshaltung. Sie scheint auf einem ähnlichen inneren Weg wie ich zu sein, und so haben wir keine Mühe, den ganzen Abend mit unseren Themen zu verbringen. Ich erzähle ihr auch, wie wohl ich mich auf unserem Hof in der Nähe von Kassel fühle. Da blickt sie in die Ferne und sagt: „Ich bewundere Barbara auch. Woher sie diese Ruhe und Gelassenheit nimmt, diese verantwortungsvolle Aufgabe so zu meistern?" „Nun ja", sage ich, „wer in diesem Hause aufgewachsen ist …“ Wir lachen. Angela hat eine ganz besondere Gabe. Sie kann die Welt mit den Augen anderer sehen und beschreiben. So bringt sie Verständnis für ganz unterschiedliche Umstände und Beweggründe des Handelns auf. Wem das gelingt, der kann entspannter durchs Leben gehen. Denn es ist ja gerade unsere eigene festgefahrene Sicht, die uns daran hindert, Verständnis für eine andere Perspektive als die eigene aufzubringen. Ganz entspannt geht es bei Angela dennoch nicht zu, da sie sich derzeit in sehr vielen Rollen sieht, denen sie gerecht werden möchte. Es ist immer ein Spagat zwischen dem Sorgen für sich selbst und dem Sorgen und der Hilfsbereitschaft für andere. Patentrezepte gibt es nicht. Gerne würde ich etwas Hilfreiches sagen. Ich denke nach. Da fällt mir Elfriedes Motto ein. Erfinder entdecken die Lösung auch nicht von einem auf den anderen Moment. Sie experimentieren, scheitern, experimentieren weiter – und irgendwann haben sie Erfolg. Nun, die Idee mit den Plastiktüten war nicht so kompliziert, zumal Elfriede diesen Trick schon kannte. „Manche Rätsel brauchen einfach etwas länger, bis sie gelöst sind“, sage ich zu Angela. Und ich erzähle von meiner Begegnung mit Elfriede. Angela lacht und lacht. „Das ist gut, das ist wirklich gut“, freut sie sich. „Wahrscheinlich hast du recht, das ist ein tolles Motto. Ich werde immer daran denken, wenn ich mich überfordert fühle.“ Und dann sagt sie noch schmunzelnd: „Also mal ehrlich, Socken hättest du auch von mir haben können und einen Fön zum Trocknen der Schuhe haben wir auch.“ Wir umarmen uns fröhlich und gehen schlafen.

Die Nacht ist herrlich und die Dusche am Morgen erfrischend. Nach einem wunderschönen, entspannten und gemütlichen Frühstück zu dritt – die Baupläne sind rechtzeitig fertig geworden – breche ich wieder auf. Ich bin sehr froh, hier gewesen zu sein und einen Einblick in Barbaras Familie bekommen zu haben. Nun fahre ich meinem nächsten Klosterbesuch entgegen. Auf geht’s.

49

Ich bin auf dem Weg nach Michaelbeuern. Wieder besuche ich ein Benediktinerkloster. Während meiner Fahrt frage ich mich, was ich an diesem Ort erwarte und was ich dort erleben möchte. Nicht zuletzt sind es ja unsere Einstellungen und Erwartungen, die unsere Erfahrungen prägen, weil sie unsere Aufmerksamkeit in besonderer Weise ausrichten. In Michaelbeuern würde ich gerne einen Rückzugsort finden. Ich möchte die Zeit, die ich in Bad Reichenhall hatte, vertiefen und zu Papier bringen. Ich freue mich darauf, direkt auf dem Klostergelände in einem Gästezimmer untergebracht zu sein, und ich bin sehr gespannt auf das Gespräch mit einem Bruder, das mir schon bei meiner Kontaktaufnahme angeboten wurde. Während ich so nachdenke, wird mir bewusst, wie meine Tour von Spannung und Entspannung lebt – genauso ist es auch im Alltag am angenehmsten. Nach intensiven Erfahrungen wünsche ich mir intensive Ruhe.

Von Bad Reichenhall fahre ich nun also nach Salzburg und anschließend nach Michaelbeuern. Der zweite Streckenabschnitt ist eine gewisse Herausforderung. Zwischen Salzburg und Michaelbeuern sind eine Menge Hügel zu überwinden, die teilweise steiler sind als die mir bekannten Alpenpässe rund um den Großglockner, jedenfalls kommt mir das so vor. Eine herrliche Landschaft eröffnet sich hier mit teilweise sehr weitem Blick in die Berge.

In Michaelbeuern angekommen, erlebe ich die erste Überraschung. An der Pforte erwartet mich der Prior des Klosters, Pater Michael. Er weiß nicht nur, dass ich heute komme, sondern er hat sich auch ausführlich über meine Reise kundig gemacht, sodass er mich bei der Ankunft direkt darauf ansprechen kann. Ich freue mich, fühle mich angenommen und in besonderer Weise gewürdigt. „Wenn Sie schon so eine weite und anstrengende Reise unternehmen, dann brauchen Sie ein besonders schönes und ruhiges Zimmer“, sagt Michael. Er gibt mir den Schlüssel und ich gehe auf die Suche. Beim Öffnen der Tür komme ich aus dem Staunen nicht heraus: Mein Zimmer ist riesig, mit stilvollen Möbeln eingerichtet und einem wunderbaren Arbeitsplatz mit Blick in den Klosterhof. Ein echtes Studierzimmer, eine Suite mit antiken Möbeln. Dieses Ambiente ist wie geschaffen für mein Vorhaben. Ich stelle meine beiden Satteltaschen ab und sehe mich im Kloster um. Bald schon treffe ich erneut auf Michael. „Na, wie gefällt Ihnen Ihr Zimmer?“, fragt er. „Ich habe nie gedacht, dass es so schön sein würde. Vielen Dank!“, erwidere ich fröhlich. „Gerne doch, unser Zimmer für Ehrengäste“, sagt Michael augenzwinkernd. Wie freundschaftlich ich hier empfangen werde, das ist außergewöhnlich. Die Klosteranlage versprüht eine andere Atmosphäre als das Europakloster, doch wirkt sie nicht minder einladend.

Eingangstor zum Kloster Michaelbeuern

Heute ziehe ich mich oft in mein Zimmer zurück. Ich mache es mir an meinem Studiertisch bequem und schaue in den Klosterhof. Ich beobachte und beobachte. Einfach einmal nichts tun, das ist auch sehr gut. Ich werde aufnahmefähig für Neues und bin ganz im Augenblick. Langsam wird es dunkel und ich knipse das Licht an. Der ganze Abend liegt vor mir. Beim Nachdenken über die letzten Tage muss ich intensiv an Evelin denken und das, was sie über die kindliche Fantasie und den Rückzugsort im Inneren gesagt hat. Wie klug ihre Eltern waren, wie weitblickend, dass sie Evelin trotz der häufigen Umzüge so sehr stärken konnten. Ich habe Lust, ihren Tipp jetzt gleich einmal auszuprobieren: Ich richte mir einen Rückzugsort im Inneren ein. Ich schließe meine Augen und schaue mich um. Ohne meine Gedanken bewusst zu steuern, sehe ich eine Waldlichtung und eine Holzhütte mit einem gemütlichen Innenraum vor mir. Ich habe dort die Möglichkeit, auf einem bequemen Schaukelstuhl zu entspannen oder an einem Tisch zu sitzen, Tee zu trinken und zu schmökern oder zu schreiben. Von Zeit zu Zeit ziehe ich meine Laufschuhe an und jogge im Wald. Herrlich ist es hier. Ich komme zurück und entspanne wieder. Da fällt mir ein: Ein Fahrrad sehe ich hier nicht im Inneren der Hütte. Bestimmt ist es draußen. Ich sehe nach und wirklich: Das Rad lehnt an der rückwärtigen Hauswand. Es ist aber nicht mein Reiserad: Es sieht aus wie mein altes Mountainbike. Ein Rad für den Wald. Ich laufe um die Hütte und höre in die Natur. Ab und zu Vogelgezwitscher. Ich höre das Rauschen eines kleinen Baches, von weitem das Bellen eines Hundes. Wenn ich zu Hause, inmitten meines Alltags, einen solchen Rückzugsort hätte, das wäre herrlich, denke ich bei mir. Ich komme mit diesen Gedanken wieder ins Kloster zurück. Ich sitze auf meinem Stuhl und betrachte mein Studierzimmer. Evelin hatte recht. Es ist etwas ganz Besonderes, sich einen solchen inneren Rückzugsort einzurichten. Sicher werde ich ihn noch öfter besuchen. Vielleicht auch einmal umgestalten, wer weiß. Oder ihn zu Hause erschaffen? Wie Evelin?

Jetzt richte ich meine Gedanken auf den Augenblick. Mir gefällt diese Übung, den Augenblick wertzuschätzen, den Augenblick intensiv und als einmalig wahrzunehmen. Ich freue mich so sehr, hier zu sein, an diesem Ort. Ich bin müde, doch ins Bett möchte ich noch nicht. Ich muss wirklich schmunzeln. Irgendwann gehe ich dann aber doch schlafen. Schließlich möchte ich morgen fit sein. Augen zu und …

Huch, wo bin ich? Ich blinzle ins helle Zimmer – was? So lange geschlafen? Nichts wie raus und ab in den Gottesdienst. Ich ziehe mich in Windeseile an, mein schlanker Kleiderschrank beschleunigt diesen Vorgang beträchtlich. Und jetzt ab im Galopp.

Die Kirche ist schon gut gefüllt, offenbar kommen viele Menschen aus Michaelbeuern in den Gottesdienst. Habe ich mich eigentlich gekämmt? Na ja, ich kann jetzt nicht mehr zurück und falle hier ohnehin in meinem Trikot auf. Ich wähle einen Platz in der dritten Reihe. Da treten auch schon die Mönche ein. Feierlich schreiten sie in den Altarraum. Wieder empfinde ich den Gedanken der intensiven Wertschätzung des Augenblicks. Als werde mit dem Einzug der Mönche die Kostbarkeit des Lebens auf einem Tablett in den Altarraum getragen. Mir wird in diesem Moment bewusst, wie großartig es ist, einen neuen Tag mit Gebet, Lob, Dank und Andacht zu begrüßen. Die Mönche setzen sich und Pater Michael tritt nach vorne, um die Gottesdienstteilnehmer zu begrüßen. Er wählt Worte, die mir in ganz ähnlicher Form gerade eben durch den Kopf gegangen sind: Wie kostbar jeder Tag sei und wie sehr wir dafür danken und Gott loben können. Michael betont die Freude darüber, dieses Lob und diesen Dank in der heute versammelten Gemeinschaft vor Gott bringen zu dürfen. Er freue sich über die Menschen, die mit den Mönchen feiern, nicht nur heute, sondern Tag für Tag. Das ist ein schöner Gedanke, der Resonanz erzielt.

Das Frühstück nehme ich zusammen mit einer Seminargruppe im Speisesaal ein. Ich habe einen Tisch für mich alleine, der so gestellt ist, dass ich den gesamten Speisesaal im Blick habe. Das Frühstücksbuffet ist einfach, aber reichlich und liebevoll angerichtet. Ich persönlich mag die Einfachheit und sie ist für mich im Rahmen eines Klosters ohnehin genau das Richtige. Da kommt Michael herein und setzt sich einen Moment zu mir. Er fragt mich, wie es mir gehe und ob ich alles habe, was ich brauche. Außerdem möchte er wissen, wie es mit dem Tagebuchschreiben laufe. Ich berichte Michael, dass es mir gar nicht besser gehen könne.

Kurz darauf treffe ich mich im Klosterhof mit Pater Clemens zum Gespräch. Wir setzen uns an einen der Naturholztische und Clemens schaut mich fröhlich und offen an.

Ich erzähle ihm zunächst von dem Grundanliegen meiner Reise und meinen Fragestellungen. Clemens knüpft direkt an meine Worte an und verbindet diese mit seinem Glaubensleben als Mönch. „Für mich gehört das Üben untrennbar zum Glauben dazu. Genauso, wie Sie die Tage Ihrer Tour zum Einüben von Dankbarkeit nutzen. Glaube und bewusstes Leben sind auf Wachstum angelegt und nicht von Anfang an fertig vorhanden.“ Pater Clemens lächelt und fügt hinzu: „Für mich ist das Glaubensleben auch ein Abenteuer, denn immer wieder gibt es neue Herausforderungen – wie auf Ihrer Radreise. Ich habe gelernt, dass ich diese Herausforderungen durch Vertrauen meistern kann, ich nenne es Grundvertrauen oder Urvertrauen. Unter dem Urvertrauen verstehe ich, dass Gott mich begleitet, dass alles am Ende gut wird, auch wenn es manchmal anders scheint. Somit geht es um eine bestimmte Haltung und auch um Treue, denn natürlich gibt es Situationen, die anders sind, als wir sie uns wünschen. Treue bedeutet, beständig auf dem Weg zu bleiben."

Ich finde es erhellend, wie Clemens sein Glaubensleben als Mönch mit meiner Radtour vergleicht. Dadurch erhält meine Tour einen ganz besonderen Stellenwert. Seit zwei Jahren sei er erst Benediktinermönch, erzählt Clemens, vorher habe er einem anderen Orden angehört, jedoch habe er seinen Weg hier gesehen, bei den Benediktinern. Zum Glauben gehöre also auch Mut. Und dieser zahle sich aus. „Jeder Mensch", so Pater Clemens, „hat eine Berufung und immer wieder Chancen auf seinem Weg, die es zu entdecken gilt. Jeder hat Talente und Begabungen, die entfaltet werden wollen. Jeder kann finden, was zu ihm passt. Und ich bin zu dem Entschluss gekommen, dass der Orden der Benediktiner mein Weg ist." Ich finde es faszinierend, dass mir die Rede von den Talenten und Begabungen so oft auf meiner Tour begegnet. Clemens ergänzt: „Für mich ist das Gebet sehr wichtig und die Gewissheit, dass ich meine Sorgen und Lasten abgeben darf. Wenn ich in diesem Vertrauen lebe, kann ich sogar in herausfordernden Situationen eine gewisse Lockerheit bewahren. Und jetzt kommt wieder die Dankbarkeit ins Spiel. Wenn ich in dieser Haltung lebe, spüre ich, dass ich in der Dankbarkeit wachse und immer neue Facetten entdecke, die mein Leben bunt und lebenswert machen." Diese Bezugnahme auf das Gebet, das damit einhergehende Vertrauen, die Gelassenheit und schlussendlich die Lebensfreude und Dankbarkeit erachte ich an dieser Stelle als sehr hilfreich. Mir wird auch bewusst, dass mein Vertrauen in Gott ein großes Potenzial der Gelassenheit und der Tiefe mit sich bringt, die eine Lebenshaltung ohne diesen Bezug nicht hätte. Für mich ist das jedenfalls so. Für Pater Clemens offenbar auch.

Ich erzähle Clemens, dass ich mich frage, wie man Menschen, die aus ihren Problemen nicht herauszukommen scheinen,

Dankbarkeit und Lebensfreude vermitteln könne. „Da hilft nur Hinhören", antwortet er spontan. Und er vergleicht ein solches Gespräch mit einem Beichtgespräch: „Hinhören und Offenheit sind zunächst entscheidend; manche Probleme klären sich schon, wenn jemand ein offenes Ohr hat. Wer wirklich hinhört, kann oftmals wichtige Hinweise und Hilfen geben. Und nur, wenn das Gespräch als hilfreich empfunden wird, kann eine weitergehende Öffnung gelingen." Wie recht er hat. Hinhören ist ein so wesentlicher Türöffner. Das habe ich auf meiner Tour oft erlebt.

„Ein Leben ohne Ballast öffnet den Blick für das Wesentliche."

Clemens betrachtet mein Rad und meine Satteltaschen. „Ich glaube, wir haben noch etwas gemeinsam", sagt er. „Ein Leben ohne Ballast öffnet den Blick für das Wesentliche, oder?" „Ja", rufe ich erfreut. Ich bin begeistert, wie er sich in meine Situation einfühlt. Clemens schmunzelt. Da kommt auch schon Pater Michael um die Ecke. Er weiß, dass meine Abfahrt naht. Wir verabschieden uns herzlich.

Ja, so stelle ich mir benediktinische Gastfreundschaft vor!

Abschied von Pater Michael – ich komme wieder!

50

Mein Herz hüpft in großer Vorfreude, denn ich bin auf dem Weg zum Großglockner. Mit dem höchsten Berg Österreichs verbinden sich bewegende Erfahrungen. Ich bin dort vor zwei Jahren mein erstes Berg-Radrennen gefahren. Nach zuvor drei Jahren mit Folgeproblemen wegen einer Knieoperation hatte ich das Rennradfahren als mein neues Hobby entdeckt.

Seit meiner Kindheit gehört der Ausdauersport zu meinem Leben, genauer gesagt der Langstreckenlauf. Allerdings nicht der Ultralauf. 10–20 km durch Wälder und Felder waren genau das Richtige für mich. Das Laufen war immer mein Motivator, bestimmte Vorhaben anzupacken, es war mein kreatives Potenzial und brachte mich auf neue und wegweisende Ideen. Laufen war einfach gut zum Entspannen. Ich liebte das Gefühl, laufen und laufen und laufen zu können, ohne zu ermüden. Doch dann brach eine Verletzung im linken Knie wieder auf, die noch von meiner Studienzeit her rührte, und ich unterzog mich einer größeren Knie-OP. Nach der Rehaphase wurde mir das Laufen zwar nie wirklich verboten, aber ständig kamen Folgeprobleme, sodass ich beschloss, mich neu zu orientieren und ggf. nach einer Alternative Ausschau zu halten. In dieser Zeit habe ich viel über mich und die Frage der Lebens- und Sinnorientierung gelernt. Ich habe neue Hobbys entwickelt, die mir ebenfalls innere Ruhe schenkten und mir viel bedeuteten. Das Radfahren mit dem Mountainbike auf den wunderschönen Waldwegen und in den Feldern rund um meinen Wohnort hatte ich bald liebgewonnen und ich war dankbar, dass ich mit dieser Alternative eine wirklich tolle Möglichkeit, Sport zu treiben entdeckt hatte. Eines Tages machte mich eine Freundin auf das Rennradfahren aufmerksam und auf die Gelegenheit, an einem „Jedermannrennen" in der Umgebung teilzunehmen. Das fand ich reizvoll. Ich kaufte mir ein gebrauchtes Rennrad, meldete mich zu meinem ersten Radrennen an, das eine kleine Bergwertung beinhaltete, und kam fröhlich ins Ziel. Am meisten gefiel mir der Berg. In die Pedale treten und Kraft übertragen, dabei spüren, wie viel Kraft in den Beinen steckt, das war ein tolles Gefühl.

Zu meinem 50. Geburtstag meldete ich mich zum „Glocknerkönig" an. Das war gewagt, denn das Rennen lag ca. 10 Wochen nach meinem Trainingsbeginn mit dem Rennrad. Ich lieh mir ein leichtes Rennradmodell und fuhr Anfang Juni 2016 mit dem Rad im Kofferraum meines Autos nach Österreich. Um ehrlich zu sein, war mir damals noch nicht einmal klar, wie stark ich die Reifen mit Luft befüllen muss, damit sie gut auf der Straße rollen. Das fiel mir erst einen Tag vor dem Rennen auf. Ich wusste auch nicht, wie ich mit den Ventilen des geliehenen Rades umgehen musste, denn das System war mir neu. Nun ja, Günther aus Wien half mir weiter. Vielleicht liest er dieses Buch. Danke, Günther! Vermutlich wunderte er sich sehr und fragte sich, wie ich eigentlich auf die Idee gekommen war, dieses anspruchsvolle Rennen mitzufahren, wo ich doch nicht einmal Ahnung vom Reifendruck hatte, geschweige denn das Rad selbst mit Luft befüllen konnte. Ich muss auch sagen, dass mir der Anblick des Großglockners Sorgen hinsichtlich meiner Kondition bereitete. Ich fürchtete, dass mich die Kraft verlassen könnte und ich in der Höhe elend frieren würde. Berichte von Bergläufen kamen mir in den Sinn, bei denen Menschen an Unterkühlung gestorben waren. Doch jetzt war ich angemeldet. Die Teilnehmerzahl war auf über 2000 gestiegen, so schlimm würde es also bestimmt nicht werden. Zurückziehen wollte ich meinen Start auf keinen Fall. So fuhr ich am nächsten Morgen mit Günther und seinem Team zum Start, stellte mich im riesigen Teilnehmerfeld ganz hinten auf, rollte dann irgendwann über die Startlinie und schon ging es los. Ich fuhr zunächst ruhig an, arbeitete mich von Kehre zu

Kehre nach oben, merkte, dass meine Beine genügend Kraft entwickeln konnten, und sprintete am Ende regelrecht ins Ziel. Das Gefühl, das ich verspürte, als ich die Ziellinie überquerte, werde ich nicht so schnell vergessen. Unbeschreibliches Glück. Ich hatte es nicht nur geschafft, sondern ich hatte erlebt, wie mich meine neue Leidenschaft erfüllt.

Bei einem solchen Bergrennen wird die Kleidung dankenswerterweise ins Ziel transportiert und dort nach Startnummern sortiert abgelegt. Ich nahm also meinen Kleiderbeutel aus dem Beutelmeer, zog mich an und genoss noch einige Zeit den Ausblick, bevor ich ins Tal sauste. Seit diesem Tag war das Rennradfahren am Berg endgültig zu meinem Element geworden, zu einer Herzensangelegenheit.

All diese Erinnerungen bewege ich jetzt, während ich mit meinem Reiserad unterwegs zu „meinem" Berg bin. Ja, auch im Rahmen meiner jetzigen Tour nehme ich am „Glocknerkönig" teil. In einer Woche findet das Rennen statt. Dieses Mal habe ich mich sogar für die neue Ultrawertung angemeldet. Hier geht es ganz hinauf zur Edelweißspitze, das ist die höchste befahrbare Stelle des Großglockners. Darauf freue ich mich schon sehr. Immer wieder habe ich mich zwar während der letzten Tage gefragt, ob ich wohl trainiert genug bin. Ich trainiere zwar den ganzen Tag, könnte man sagen, aber ein Bergtraining unterscheidet sich doch deutlich von einer Radreise. Ich werde es sehen, jedenfalls zweifle ich nicht mehr daran, überhaupt anzukommen.

Oh, ich war gerade so sehr in Gedanken versunken, dass ich gar nicht mehr auf den Weg geachtet habe. Jetzt erkenne ich, dass ich eine Abzweigung verpasst habe. Das kann leicht passieren. Ich fahre zwar mit Fahrradnavigation, aber ich habe den Ton ausgestellt und durch die Lichtverhältnisse bei strahlendem Sonnenschein muss ich schon sehr genau auf das Display schauen, um den Weg zu erkennen. Halb so wild, denke ich, das System erkennt ja meinen Standort und berechnet den Weg immer neu, das ist beruhigend. So führt mein Weg zum Ziel, auch wenn ich mich verfahren habe. Ein schöner Gedanke. Kann ich diesen auf mein Leben übertragen?

Habe ich durch eine dankbare Lebenseinstellung, eine wertschätzende Haltung und meinen Glauben ein Navi durchs Leben, das mir dieses Grundvertrauen mit auf meinen Weg gibt? Kann ich mich im Vertrauen darauf, dass ich immer einen guten Weg finde, durch mein Leben bewegen, auch wenn ich manchmal Umwege ansteuere? Das wäre eine starke Haltung voller Zuversicht. Umwege können spannend sein und sie liefern auf jeden Fall Eindrücke, die wir sonst nicht gewinnen würden. Ich schaue mich um und entdecke ein kleines Café, das einen sehr einladenden Eindruck macht und mich förmlich anzieht. Ich setze mich an einen freien Tisch im Außenbereich und kann von hier aus das Treiben auf der Durchgangsstraße dieses kleinen Dorfes beobachten. Schon kommt eine Mitarbeiterin des Cafés. „Schon gewählt? Was darf es sein?“ Ich werfe einen Blick auf die Karte und sage spontan: „Einen Melange bitte und Topfennockerl.“ „Gerne“, erwidert die freundliche Mitarbeiterin und verschwindet ins Innere des Cafés. Ich bin stolz, dass ich die verschiedenen Kaffeesorten mittlerweile voneinander unterscheiden kann und auch sonst einige österreichische Spezialitäten kenne. Und ich freue mich auf den bevorstehenden Genuss.

Da kommt mir ein schöner Gedanke: Ich bin einen Umweg gefahren und anstelle von negativen Gefühlen und Hetze suche ich mir ein schönes Plätzchen zum Verweilen und Genießen. Was bedeutet es, wenn ich auch diese Erfahrung auf mein Leben übertrage? Vielleicht dies: Immer dann, wenn sich etwas ereignet, was meine Erwartungen sprengt, halte ich inne, schaue mich um, nehme mir Zeit. Das passt gut zu Bruder Davids Dreischritt: „STOP – LOOK – GO“. Manchmal scheint das Leben aber doch dahinzurasen und mir gar keine Zeit zum Verweilen zu schenken, denke ich jetzt. Muss ich mich dann nicht beeilen, um den Umweg auszugleichen? Muss ich das wirklich? Was geschieht, wenn ich genau in solchen Situationen bewusst innehalte? Und ich denke an meine Tochter und ihre Frage auf der ersten Etappe meiner Tour: Wer schenkt hier eigentlich wem Zeit?

Achtsamkeit einzuüben, das ist so wichtig. Und gerade jetzt spüre ich, was diese Form der Achtsamkeit bedeutet – oder bedeuten könnte. Ich möchte jedenfalls im Alltag einmal ganz genau darauf achten, wie es mir gelingen wird, eine verweilende Einstellung umzusetzen. Was geschieht wohl, wenn ich auf einem Umweg bin oder wenn Hindernisse mir im Weg stehen, und ich reagiere achtsam und verweilend? Welche Erfahrungen werde ich sammeln? Ich schmunzle. Das wird eine neue Herausforderung. Mit diesen Gedanken genieße ich meinen Kaffee und die leckere Süßspeise, fotografiere die „wegweisende" Serviette, verweile noch einige Zeit und fahre anschließend guten Mutes meinem Ziel entgegen.

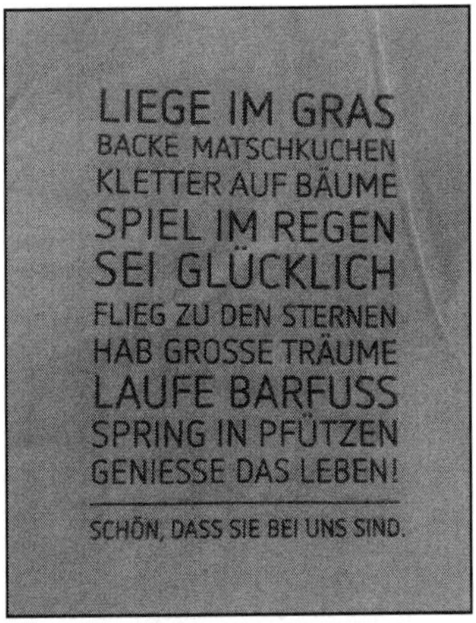

Eine inspirierende Serviette …

51

Ich radle in Gries im Pinzgau ein. Hier werde ich bei Familie Öttl bis kurz vor dem Rennen am Großglockner wohnen. Ich habe diese Unterkunft als Ferienwohnung im Internet gefunden und ausgewählt, weil sie zum Entspannen einlädt und ich die Tage vor dem Start meinen Körper nochmal richtig pflegen möchte, während mein Geist mit Tagebuchschreiben und Schulaktionen befasst ist. „Mountain Love“, so heißt das hübsche Ferienhäuschen auf dem Grundstück der Familie. Daniela, die Vermieterin, studiert in Salzburg. Sie wird Lehrerin, und das Thema Wertschätzung interessiert auch sie sehr.

Nur noch einen letzten herausfordernden Berg zum Haus hinauf. Ich biege in die Einfahrt und schon begegne ich Frau Öttl, Danielas Mutter. Sie ist gerade mit Blumengießen beschäftigt, stellt die Kanne ab und sagt: „Wow, tolles Rad. Herzlich willkommen.“ Sie begrüßt mich, zeigt mir ihren riesigen Garten und anschließend die Ferienwohnung. Es ist Danielas Häuschen, liebevoll eingerichtet. Frau Öttl fordert mich auf, das Bad ausgiebig zu nutzen, bevor nachher auch ihre Tochter nach Hause kommt. Ob ich später mit zu Abend essen möchte, fragt sie, als sie fast schon aus der Tür ist. „Oh sehr gerne, danke!“, antworte ich und freue mich schon darauf. Dann steige ich in die wunderschöne Badewanne und bin ein Weilchen offline.

Als es Abend wird, höre ich, wie Daniela und ihr Freund auf das Grundstück fahren. Ich setze mich auf den Balkon, sodass ich das muntere Treiben beobachten kann. Wir winken uns zu, als würden sich alte Freunde treffen. Bald schon gibt es Abendessen und wir versammeln uns alle um einen Tisch im herrlichen Garten. Ich erzähle von meiner Tour, Daniela und Mauritz von ihrem Studium, Gertraud, die Mutter, von einer ihrer Leidenschaften, nämlich einen Rückzugsort aus ihrem Garten zu machen, und Hans, der Vater, berichtet vom Kirchenchor, den er leitet. Ich muss mich mehrfach daran erinnern, dass ich hier eine Ferienwohnung gebucht habe und nicht bei Freunden eingeladen bin, denn ich fühle mich verbunden und befreundet. Daniela hat eine unglaublich fröhliche und interessierte Ausstrahlung, und so erzählen und erzählen wir, bis wir auf das Thema „Glaube" zu sprechen kommen. Es ist erstaunlich, wie ein theologisches Gespräch beim Nachtisch alle Gemüter anregen kann. Und es ist wohltuend, dass niemand „recht haben" muss, sondern alle aufeinander hören.

Woher kommt das Empfinden, sich so schnell vertraut zu fühlen? Das frage ich mich. Sicher sind es die ähnlichen Interessen, aber auch die generelle Haltung, offen auf andere zuzugehen, den anderen sein zu lassen, wie er/sie ist, sich gleichzeitig für die Lebensweise des anderen zu interessieren und bereit zu sein, die eigene Lebenshaltung gegebenenfalls zu hinterfragen. Das sind die besten Voraussetzungen für einen fruchtbaren Dialog.

Am meisten Kontakt habe ich in den kommenden Tagen zu Gertraud. Mir gefällt ihre herzliche Ausstrahlung, ihre Offenheit und Begeisterungsfähigkeit. Sie hat ihren wunderbaren Garten vielfältig dekoriert und pflegt ihn sorgfältig. Ich darf mich darin nach Lust und Laune bedienen.

Wenn ich es mir recht überlege, so fasziniert mich besonders ihre Begeisterung, mit der sie ihr Gegenüber beschenkt. Wenn sie erzählt, wie sie sich seit kurzem als Märchenerzählerin übt und welche Erfahrungen sie dabei sammelt, sprüht sie Begeisterung und gute Laune in die Welt. „Meine Kinder sind ja schon groß, und wenn ich jetzt die kleinen Kinder sehe, wie sie mich mit weit aufgerissenen Augen und offenem Mund anstaunen, glaub mir, das ist ein unbeschreiblich tolles Gefühl." Gertraud liebt, was sie tut, und sie ist vielfältig interessiert. Sie möchte immer weiter lernen. „Weißt du, ich möchte noch besser hinbekommen, meine

Zuhörer zu begeistern. Verschiedene Methoden und Erzähltechniken oder so. Ich bin eigentlich keine gute Erzählerin, das dachte ich jedenfalls, doch meine ersten Versuche machen mir viel Mut, dieses neue Hobby auszubauen. Ich glaube, du kannst in jedem Alter mit etwas Neuem beginnen. Egal, auch wenn es vielleicht mühsamer ist als in der Jugend, es ist niemals zu spät."

Gertraud lädt dazu ein, die Welt neugierig zu erkunden!

Gertraud nimmt sich ein paar Nüsse und kaut genüsslich, dabei schaut sie in die Berge. „Uns geht es so gut hier", sagt sie.

Gertraud genießt auch die für sie neue Aufgabe, Gäste zu empfangen – und an Touristen mangelt es hier wahrlich nicht. Daniela hatte vor einigen Monaten die Idee, ihr kleines Häuschen als Ferienwohnung zu vermieten, um damit teilweise ihr Studium zu finanzieren. Dadurch kommt einige Arbeit auf Gertraud zu, denn Daniela ist unter der Woche und an manchen Wochenenden an ihrem Studienort. Gertraud könnte nun über den Mehraufwand klagen, außerdem könnte sie sich in ihrer Ruhe gestört fühlen. Aber ganz im Gegenteil, sie sagt, sie blühe auf und habe schon so viele nette Menschen kennen gelernt. „Und ganz nebenbei, Petra, habe ich mein Englisch verbessert." Jetzt lacht Gertraud. „Meine Aussprache vielleicht nicht, aber meinen Wortschatz habe ich enorm erweitert und ich verstehe jetzt richtig gut, was die Gäste mir sagen wollen. Zum Beispiel das junge Ehepaar aus Kanada. Also die Sache mit dem Vermieten war eine wirklich gute Idee von Daniela."

Mir gefällt ihre Haltung in vielfacher Hinsicht. Offenbar hat sie die Gabe, aus den Situationen das Beste zu ziehen, immer die Chancen zu sehen.

Jeden Tag schreibe ich die Situationen auf, in denen Gertraud mich mit ihrer Lebensfreude begeistert. Ich nehme auch Situationen in mein Tagebuch auf, in denen ich sie von meinem Balkon aus beobachten kann. Und bei jedem Eintrag überlege ich, was Gertraud genau tut, um ihre Lebensfreude zum Ausdruck zu bringen. Meine Forschungen kommen rasch zu eindeutigen Ergebnissen. Die folgenden Punkte tauchen so gut wie immer gemeinsam auf: Gertraud hat eine fröhliche Ausstrahlung, als würde sie Wärme aussenden, eine offene Haltung, gepaart mit einem neugierigen, interessierten Blick. Sie stellt situativ variierende Fragen, um sich nach dem Befinden ihres Gegenübers zu erkundigen, und ich beobachte stets ein deutliches Innehalten, das Gertraud genaues Hinhören und Mitfühlen ermöglicht, bevor sie auf das Gehörte eingeht. Und schließlich sind da immer wieder kurze Bemerkungen, die ihr Gegenüber einladen, die Welt mit ihren fröhlichen Augen zu sehen.

Klingt fast wie die Zutatenliste für ein köstliches Rezept. Es ist Gertrauds Eigenkreation, von der man sich einiges abschauen kann. Doch die Kraft ihrer Ausstrahlung liegt in ihrer Authentizität. Und die muss jeder Mensch für sich selbst entdecken.

Als ich Gertraud eines Nachmittags bei der Arbeit an ihrem Hochbeet antreffe und ihr meine Beobachtungen schildere, dreht sie sich zu mir und schaut mich fröhlich an. Dann dreht sie sich wieder zu ihrem Beet und hält inne. Ich warte. Nach einer Weile dreht sie sich wieder zu mir und sagt nachdenklich: „Eines Tages habe ich die bewusste Entscheidung getroffen, die Welt mit offenen, neugierigen und lernbereiten Augen zu sehen. Und ich habe mir klargemacht, dass es unendlich viele Kostbarkeiten gibt, die ich finden kann. Sie sind überall versteckt. Selbst wenn es mir einmal nicht so gut geht, sind sie da und wollen entdeckt werden. Glaub mir, wenn du sie wieder und wieder findest, diese Kostbarkeiten, dann wird das Sammeln zu deiner Lebensgewissheit und Lebenshaltung. Es kann gar nicht anders kommen, als dass du die nächste Kostbarkeit entdeckst. Egal, was du gerade tust und wo du gerade bist."

> „Es gibt unendlich viele Kostbarkeiten, sie sind überall versteckt. Wenn du sie wieder und wieder findest, wird das Sammeln zu deiner Lebensgewissheit und Lebenshaltung."

Ich bin beeindruckt, ziehe mein kleines Notizbüchlein aus der Tasche und schreibe ihre weisen Worte auf. Währenddessen pflückt Gertraud Petersilie in ihrem Hochbeet und setzt sie mit frischem Wasser zu einem Getränk an. Als ich mit meinen Notizen fertig bin, nimmt sie zwei Becher und gießt das Petersilienwasser ein. Hinzu kommt eine Prise Pfeffer. Gertraud weiß, dass ich Petersilie und Pfeffer liebe. Aber ein solches Getränk hatte ich noch nie. Ich probiere einen Schluck. Ein feiner Petersiliengeschmack mit einer würzig-pfeffrigen Note kitzelt meinen Gaumen. „Genau so ist das im Leben", sagt Gertraud. „Du schmeckst auf einmal immer genau das, was du liebst. Alle Situationen sind davon durchzogen." Ich nehme einen weiteren Schluck und spüre der Würze in meinem Körper nach. „Welches sind deine Lieblingszutaten?", frage ich. Gertraud schaut mich schmunzelnd an: „Ich wähle immer das, was gerade reif ist. So muss ich nicht viel suchen. Das Reife ist immer das Gute. Und so bleibt das Leben ganz von selbst abwechslungsreich." Ich muss einen Moment nachdenken, um zu verstehen. „Pass auf, Gertraud, bald wird die Philosophie dein neues Hobby", sage ich. „Was heißt hier bald?", ruft sie zurück – und wir beide lachen fröhlich um die Wette.

Da läutet mein Handy, und ich empfange einen Anruf der Volksschule in Zell am See. Dort werde ich übermorgen zu Gast sein. Mit der Schulleiterin treffe ich letzte Absprachen und gehe im Garten an eine Stelle, an der ich besseren Empfang habe. Danach packe ich mein Notizbuch weg, während Gertraud bereits wieder bei der Gartenarbeit ist. Als ich abends meine Eintragungen lese, entdecke ich einen geheimnisvollen Zusatz:

„Und all dies ereignete sich an einem Montag im Frühling, neben einem Hochbeet im Garten eines Hauses am Fuße des Großglockners in Österreich, einem Land in Europa, auf der wundersamen Erdkugel, die wie eine kostbare Perle durch das unendlich große All gleitet. Wenn ich mir dies bewusst mache, kann ich nicht anders als staunen und danken."

Gertrauds Lieblingsplatz: Mitterberg, Zell am See

52

„Sind Sie schon dankbarer geworden?" Diese Frage hat Laura in Feldkirchen gestellt, und ich habe mir vorgenommen, sie hier auf meinem wunderschönen Aussichtsplatz auf dem Balkon von Danielas Ferienwohnung zu beantworten. Ich hatte Laura versprochen, dass ich mich melde, wenn ich weitere Erfahrungen sammeln konnte. Die wunderbar poetischen Zeilen in meinem Notizbuch, die Gertraud gestern dorthin gezaubert hat, regen mich jetzt dazu an, all meine bisher zu Lauras Frage notierten Gedanken zu bündeln.

Wie war das noch in Feldkirchen? „Danke für diese spannende Frage", habe ich gesagt. „Seit ich losgefahren bin, spüre ich die Dankbarkeit sehr stark. Und dies macht mich glücklich. Ein Vergleich ist nicht ganz leicht, weil mein Tag ganz anders verläuft als zu Hause. Ich kann allerdings sagen, dass ich durch meine täglichen Übungen sehr viele Gelegenheiten entdecke, die mich dankbar stimmen, und dass die Dankbarkeit darum wie ein Grundgefühl geworden ist, wie eine angenehme Hintergrundmusik. In dieser Weise kannte ich das vorher nicht."

Ich bin sehr froh, dass Laura diese Frage gestellt hat, denn die Reise zu mir selbst ist ja ein wichtiges Anliegen: Die Beobachtung also, was sich innerhalb der 66 Tage tut, was sich in meinem Inneren verändert. Ich war damals gespannt darauf, ob ich dies überhaupt in Worte würde fassen können.

Und wie geht es mir jetzt mit dieser Frage? Wenn ich die Augen schließe, kommen mir zuerst viele Begegnungen in den Sinn, die mich verändert und die mir gezeigt haben, wie facettenreich Dankbarkeit gespürt und gelebt werden kann. Ein bunter Blumenstrauß entsteht in meinem Inneren. Vielleicht eher eine Blumenwiese, die immer wieder neue Blumen hervorbringt. Ja, dieser Vergleich ist passender.

Wenn ich nun noch weiter nachdenke, erinnere ich mich neben diesen Begegnungen an viele weitere Situationen, die das Gefühl der intensiven Dankbarkeit entstehen ließen. Dies war dann der Fall, wenn ich mein Inneres ganz auf die Wahrnehmung von Wertschätzung und Dankbarkeit ausgerichtet habe, so, wie es meine täglichen Übungen vorsehen. Es gelingt mir mittlerweile durchgehend, meine Dankbarkeitssensoren aktiviert zu halten und Freude zu spüren. Diese Fähigkeit habe ich auf der Tour gelernt. Oh ja, das ist eine fantastische und willkommene Kompetenz. Ich vermute, dass sie mir im Alltag sehr gut helfen kann, auch in bewegten und stressigen Situationen Freude zu verspüren. Ich bin gespannt darauf, wie sich das anfühlen wird, wenn größere Herausforderungen auf mich zukommen als diejenigen, die mir auf der Tour begegnen.

Es gibt im Grunde zwei Einflussbereiche oder vielmehr Richtungen meiner Dankbarkeit: Die Bewegung von außen nach innen und die Bewegung von innen nach außen. Ich sauge viel stärker als früher Dankbarkeit aus Begegnungen mit Menschen, deren inneren Reichtum ich intensiv wahrnehme. Das ist die Bewegung von außen, die mich dankbar stimmt. Und ich habe in meinem eigenen Inneren Dankbarkeitssensoren freigelegt, die es mir erlauben, jeden Augenblick bewusst zu leben. Das ist die Bewegung von innen heraus. Gerade merke ich, dass ich dies nur schwer beschreiben kann.

Auf meinem Weg nach Klosterneuburg hatte ich ein überraschendes Erlebnis, das eine nachhaltige Veränderung brachte. Ich dachte intensiv über das „Vorher" und „Nachher" nach und begab mich voll und ganz in das Gefühl der Dankbarkeit, wie ich es auf meiner Tour kennengelernt hatte. Auf einmal, ganz plötzlich, hatte ich den Eindruck, alles bunter und schärfer zu sehen. Als ob ich einen Filter für ein Foto wähle, der dieses aufpeppt. Eine Taste drücken, und schon sieht man das Bild anders. Mir fiel ein, dass die Redewendungen „etwas betrübt mich“ oder „etwas heitert mich auf“ diesen Unterschied von „vorher“ und „nachher“ ganz gut beschreiben. Und ich fragte mich: Kann es sein, dass Ärger, Wut und Traurigkeit unsere Wahrnehmung im wahrsten Sinne des Wortes trüben? Während Freude, Dankbarkeit und Glücksgefühle alles aufheitern? Beeinträchtigen unsere Stimmung und unser Grundgefühl also sogar unser Sehen? Das ist gut denkbar, und ich erinnerte mich daran, über entsprechende Studien gelesen zu haben. Wie dem auch sei, es bleibt eine für mich erlebte, kaum beschreibbare und tief beeindruckende Erfahrung. Das also war die erste Situation, in der ich die oben beschriebenen Dankbarkeitssensoren nicht nur im übertragenen Sinn, sondern real in mir entdeckt habe. Von diesem Moment an gelang es mir, zu jedem gewünschten Zeitpunkt die Perspektive der Dankbarkeit so bewusst „einzuschalten“, dass ich aus meinem Inneren heraus den Raum in mir und um mich herum zu erhellen vermochte. Wenige Tage später hatte ich den Eindruck, dass die Sensoren dauerhaft aktiv blieben. Welch eine schöne Erfahrung.

Es bleibt abzuwarten, wie sich diese Haltung im Alltag bewährt. Meine Tour ist ein großartiges Übungsfeld mit geringerer Komplexität als der Alltag. Und meine Hoffnung ist, dass ich meine neu gewonnenen Einsichten und Lebenskompetenzen nach der intensiven Übungsphase auch im Alltag, also in der höheren Komplexität, umsetzen kann.

Von einer weiteren Beobachtung kann ich Laura berichten. Es ist die Beobachtung, die ich am Tag der Abfahrt von Eisenstadt gemacht habe: Dass ich mich täglich überraschen lassen kann und die Haltung der freudigen Erwartung an das Leben so vieles hervorzubringen vermag. Auch das war ein eindrückliches Erlebnis, das mich seither leitet. Ich schreibe:

Hallo Laura, ich habe jetzt mehr als die Hälfte meiner Tour hinter mir, und es geht mir sehr gut. Ich kann sagen, dass die Dankbarkeit eine Grundstimmung in meinem Inneren geworden ist, die mich glücklich macht. Sie ist fest in mir verankert. Und sie möchte sich verbreiten.
Sie verändert meine Sicht auf mein Leben: Wie wenn du ein dunkles Bild betrachtest, das plötzlich strahlend bunt wird. Du schaltest ganz bewusst einen Filter ein, der alles aufhellt. Ich könnte es auch so ausdrücken: Es ist wie eine besondere Brille, durch die ich mein Leben sehe. Ich entscheide, ob ich sie trage – oder eben nicht. Und weil ich meine Brille jetzt ganz selbstverständlich trage, weil sie wirklich zu mir gehört, hat sich etwas verändert.
Eine weitere wichtige Erfahrung ist es für mich, in der freudigen Erwartung an das Leben Dankbarkeit als Geschenk empfangen zu dürfen. Hört sich das kompliziert an? Du kannst gerne nachfragen. Ich freue mich ja immer über Nachrichten von dir. Für den Moment versuche ich es einmal so: Es ist eine Dankbarkeit, die ich dann verspüre, wenn ich einfach offen und fröhlich durch den Tag gehe und so darauf warte, beschenkt zu werden. Ich erlebe jeden Tag neu, dass dies die beste Einstellung ist. Der Weg der Dankbarkeit hat also eine echte Veränderung in meinem Leben gebracht.
Und wie geht es dir? Was macht dein Dankbarkeitstagebuch?
Liebe Grüße Deine Petra Freudenberger-Lötz

Lauras Antwort lässt nicht lange auf sich warten:

Hallo Frau Freudenberger, ich habe gerade vorhin an Sie gedacht. Das ist ja toll, danke für die Nachricht. Meinem Tagebuch geht es gut. Und mir auch. ☺ Ja, ich glaube, ich verstehe was Sie schreiben. Vor allem die erste Idee mit dem

Bild, das bunter wird. Na ja, ich verstehe es, aber ich habe das noch nicht mit meinen Augen erlebt, nur am Handy, wenn ich Bilder bearbeite. Das hört sich witzig an. Und Geschenke aufsammeln hört sich ein bisschen unwirklich an, aber ich glaube Ihnen, dass Sie das erleben. Wahrscheinlich müsste ich auch so etwas Außergewöhnliches machen. Manchmal habe ich in den Ferien oder im Urlaub solche Glücksgefühle. Ein bisschen ist Ihre Reise ja auch wie Urlaub, oder? Und wenn der Urlaub vorbei ist? Ob das mit den 66 Tagen stimmt? Dass Sie dann die Welt immer anders sehen? Schreiben Sie mir?
Viele Grüße Laura

Lauras Antwort freut mich sehr, und ich nehme mir fest vor, ihr nach dem Ende meiner Reise erneut zu schreiben. Mir fällt wieder auf, dass ich schwer in Worte fassen kann, was ich in meinem Inneren erlebe. Das ist geheimnisvoll.

Übrigens: Es gibt tatsächlich mehrere Studien, die meine in Klosterneuburg gesammelte Erfahrung untermauern, beispielsweise die empirische Studie der Indiana University, Bloomington, USA mit dem Titel „The effects of gratitude expression on neural activity". Diese empirische Studie konnte an den Probanden Aktivitäten in verschiedenen Hirnregionen messen, welche durch das im Test angeregte Gefühl der Dankbarkeit hervorgerufen wurden, und zwar in der Tat im Sehzentrum des Gehirns, dem Occipitallappen, daneben auch im Frontallappen (Sitz der individuellen Persönlichkeit und des sozialen Verhaltens) sowie im Parietallappen (verantwortlich für das Verarbeiten sensorischer Informationen). Erkennbar wurde in dieser Untersuchung zudem, dass das Gehirn in seiner Struktur durch Gefühle der Dankbarkeit langfristig verändert werden kann und diese Einstellung zu den Widerfahrnissen des Lebens eine neue Lebensqualität mit sich bringt. Das hört sich doch verheißungsvoll an!

53

Auf meinen Besuch der Volksschule in Zell am See habe ich mich schon lange gefreut. Die Direktorin hatte auf meine Anfrage, ob ich mein Projekt an ihrer Schule vorstellen könne, so freundlich geantwortet, dass ich von Beginn an den Eindruck hatte, hier könnte sich eine fruchtbare Kooperation ergeben. Hinzu kam, dass sie mir ganze vier Unterrichtsstunden zur Verfügung stellen wollte.

Herrlicher Morgen in Zell am See

Mein Wecker klingelt heute wieder früh, und ich stehe fröhlich auf. Was mich wohl erwarten wird? Endlich wieder eine Schulaktion! Mein Frühstück schmeckt heute besonders gut; ich richte mir noch etwas Leckeres für die Pause, und schon starte ich mit meinem Rad in Richtung Zell am See. Wieder einmal genieße ich die Radwege in Österreich. Alles ist bestens präpariert und ausgeschildert. Unterwegs mache ich einige Fotos, denn der Morgen ist herrlich und ich radle direkt am See entlang. Trotzdem komme ich sehr pünktlich an, es ist noch viel Zeit bis zum Start in den Schultag.

Die Direktorin Susanne ist schon vor Ort, begrüßt mich und ist gleich brennend an meinem Thema interessiert. Als es läutet, lässt sie alle Kinder in die Aula kommen, und ich erzähle von den wichtigsten Erlebnissen meiner Tour. Die Themen „Wertschätzung" und „Dankbarkeit" scheinen diesen Kindern nicht fremd zu sein, stelle ich sehr erfreut fest. Immer wieder melden sich einzelne Kinder und erzählen dazu Erlebnisse aus dem Schulalltag. Mich fasziniert diese Atmosphäre.

In den dritten Klassen, die ich jetzt in den verbleibenden rund drei Stunden unterrichten darf, befinden sich knapp zur Hälfte Kinder mit Migrationshintergrund, auch einige erst kürzlich geflüchtete Kinder sind darunter. Viele arabische Familien haben sich in Zell am See niedergelassen und leben vom Tourismus. Zusammen mit den geflüchteten Kindern ergibt sich ein buntes Bild. Ich schaue mir alle Gesichter der Kinder nach und nach an. Diese Vielfalt empfinde ich als großen Reichtum und gleichzeitig als große Aufgabe. Nachdem ich meine Augenbegrüßung beendet habe, frage ich, ob ihnen etwas einfalle, was sie heute schon dankbar gestimmt habe. Prompt melden sich einige Kinder – darunter der vor sechs Wochen mit dem Boot aus Afghanistan geflüchtete Mohammad. Seinen Blick werde ich so schnell nicht vergessen, seine leuchtenden Augen, auch seine Aufregung, mit der er den Finger in die Höhe streckt. Ich erlöse ihn aus seiner Anspannung und bitte ihn zu Wort. „Dass ich jetzt hier bin, an dieser Schule mit Freunden.“ Er schaut sich um und strahlt alle an „Diese alle sind meine Freunde,“ ruft er in die Klasse. Und prompt umarmt er seinen Nachbarn, der die Umarmung erwidert. In diesem Moment wird es ganz still. Ich spüre das Glück überall im Raum.

Die Anlässe zum Danken, von denen die Kinder nachfolgend erst zögerlich, dann mehr und mehr sprudelnd berichten, sind sehr unterschiedlich, und es ist den Kindern offenbar bewusst, dass Mohammads Anlass so tiefgreifend ist, wie es kein materieller Anlass jemals sein kann. Ich spüre den Stolz der Klasse darüber, dass Mohammad mir berichtet hat, wie gut aufgehoben er sich in der Klassengemeinschaft fühlt. Und ich kann in der Tat den ganzen Vormittag beobachten, wie geduldig alle Kinder miteinander umgehen und dass sie immer bemüht sind, den anderen zu verstehen. Wieder einmal wird mir bewusst, wie weit Kinder in diesem Alter sein können und dass es von den Bezugspersonen und den Gelegenheiten abhängt, die ihnen geboten werden, wie sie sich entwickeln. Ich bin mir sicher, dass diese Kinder die besondere Pädagogik, die Fürsorge und das Vertrauen spüren, das ihnen hier an der Schule entgegengebracht wird. Die große Herausforderung der Heterogenität wird in diesem Klima zur Chance.

Ich zeige einige Bilder von meiner Tour und bin sehr gespannt darauf, was die Kinder darunter verstehen, dass ich eine „Reise zu mir selbst“ unternehme. Ich frage sie, setze mich hin und warte gespannt ab. Erst tuscheln die Kinder miteinander und schauen mich immer wieder an. Sie lachen, nicken und … da meldet sich das erste Kind: „Du fühlst in dich hinein und spürst dich.“ Klara legt die Hand auf ihr Herz. „Spürst du dich?“ Ich sage: „Wow“ und nicke. „Du hast recht. Ich spüre mich mehr, als ich mich sonst im Alltag spüre.“ Während ich langsam spreche, weil ich dabei nachdenke, warten alle Kinder geduldig ab. Ein nächster Finger geht nach oben, als ich eine Pause mache. „Du lernst dich besser kennen.“ Und noch ein Kind: „Du merkst, wer du wirklich bist.“ Und schließlich: „Du fühlst, was du gerne magst.“

Ich schaue die Kinder an und nicke. Stille ist im Raum. „Danke“, sage ich. „Wie könnt ihr das wissen? Ihr helft mir jetzt gerade, mich besser zu verstehen. Warum oder woher kennt ihr mich so gut?“ Ich schmunzle und zucke mit den Schultern. Wir schweigen. Die Kinder freuen sich. Ein Junge sagt: „So schwer ist das gar nicht.“ Wir lachen. Und er ergänzt: „Du hast ja von dir erzählt, und ich habe immer versucht, mir alles genau in mir vorzustellen. Das hat uns die Frau Direktorin beigebracht. So machen wir das immer.“ Mehrere Kinder schauen in Richtung der Direktorin, die mit in der Runde sitzt. Auch ich schaue zu ihr. Vermutlich schwebt Susanne gerade über den Wolken. Ein größeres Kompliment kann ihr niemand für ihre Schule machen.

„Danke, dass du mich fröhlich machst“, sagt Mohammad beim Abschied. Wir nehmen uns spontan in den Arm.

Susanne bedankt sich ebenfalls bei mir. Sie ist immer noch bewegt von ihren Kindern und hoch erfreut über deren Einfühlungsvermögen. Außerdem sagt sie, sie sei sehr verwundert, dass die geflüchteten Kinder, obwohl sie so viel Schlimmes erlebt hätten, eine solche Begeisterung und Freude zeigten und dass sie das Positive so sehr aufsaugten. Das sei einfach ein Phänomen. Ich kann ihr nur zustimmen. Und wir fragen uns, ob sie das Negative leichter in den Hintergrund rücken können, wenn sie in ein solch positives Umfeld kommen? Sicher gibt es schlimme Erlebnisse und Traumata, die lange nachwirken und therapeutisch angegangen werden müssen. Im Falle der Kinder hier in Zell am See scheint es mir jedoch so, dass sie die wärmende Fürsorge und Wertschätzung derart intensiv spüren, dass sie ihr Lebensgefühl und ihre Lebenswirklichkeit tatsächlich neu ausrichten können. Ein Geschenk für diese Kinder und ein Geschenk für die Klassenkameraden, die die Tragweite solcher Erlebnisse aus eigener Erfahrung nicht kennen und auf diese Weise eine veränderte Perspektive auf ihr eigenes Leben gewinnen.

Wir sitzen noch eine Weile im Lehrerzimmer beieinander. Ich genieße diese Runde sehr. Die Haltung der Wertschätzung durchzieht alle Bereiche, das nehme ich wahr. Dieses Erlebnis ist eine große Ermutigung.

„Gemeinschaft durch Vielfalt"

54

Einen Tag nach meinem Schulbesuch habe ich einen Friseurtermin – wieder in Zell am See. Nur biege ich an einer Weggabelung nicht rechts zur Schule ab, sondern links in Richtung Industriegebiet. Hier irgendwo muss der Friseur sein. Da vorne! Ich treffe etwas früher ein, schließe mein Rad an und gehe hinein. Fröhlich werde ich von Verena empfangen und auf meinen Platz gebeten. Sie bedient noch eine andere Kundin, ich mache es mir gemütlich, dabei beobachte ich Verena. Mir gefällt ihre Ausstrahlung, sehr freundlich und im Umgang fröhlich und spontan. Als sie zu mir kommt, überlege ich nicht lange und sage ihr, dass sie eine sehr fröhliche und herzliche Ausstrahlung habe und ich mich freue, jetzt hier zu sein.

Sie freut sich über meine Worte und hat wohl nicht mit dieser Begrüßung gerechnet. Sie schaut mich an und sagt: „Dankeschön! Ich mache meinen Beruf einfach so gerne!“ Verena überlegt kurz. „Und wenn ich etwas gerne mache, dann bin ich gut gelaunt.“ Ich nicke. Jetzt erkundigt sich Verena nach der Bedeutung der Aufschriften auf meiner Jacke und ich erzähle ihr von meiner Tour. Verena betrachtet meinen Kopf, denkt nach und fragt: „Darf's was Neues sein? Ich würde Ihnen kürzer vorschlagen, gerade jetzt, wenn Sie unterwegs sind und immer Ihren Helm tragen.“ „Gerne, sage ich!“ Sie lacht. „Keine Nachfragen? Keine Zweifel? Wird man auf solch einer Radtour mutiger?“ Mit dieser Frage habe ich nicht gerechnet „Könnte sein“, antworte ich vage. „Es kommt nicht so oft vor, dass eine Kundin mir einfach alles überlässt. Vor allem, wenn sie mich gar nicht kennt.“ Verena lacht, mustert mich wieder und erläutert, wie sie die Haare genau schneiden wird. Und während sie konzentriert schneidet, denke ich über die Frage nach dem Mut weiter nach.

> „Wenn ich etwas gerne mache, dann bin ich gut gelaunt.“

Sicher gehörte Mut dazu, diese Tour überhaupt zu starten. Das haben bereits andere zu mir vor meiner Abfahrt gesagt, ich selbst habe das gar nicht so empfunden. Vor der Reise war mein Alltag so vollgestopft, dass meine Sehnsucht, diesen Traum zu verwirklichen, das hervorstechende Gefühl war. Wenn mich jemand fragte, wovor ich Angst habe, schaute ich erstaunt und mir fiel nichts ein.

Während meiner Tour bin ich tatsächlich in vielerlei Hinsicht mutiger geworden, das wird mir jetzt bewusst. Es war quasi eine Entwicklung, Schritt für Schritt. Mehr und mehr habe ich den Mut entwickelt, Menschen einfach so auf Dinge anzusprechen, die mir auffallen. Es sind in der Regel Aspekte, die mein Reisethema betreffen. Und oft entstehen schöne Kontakte, da wertschätzende Äußerungen gar nicht anders können, als Freude hervorzurufen.

Mut habe ich auch im Blick auf mein eigenes Leben entwickelt. Da ich auf dieser Tour mich selbst besser kennen gelernt habe, höre ich jetzt intensiver in mich hinein und tue das, woran ich Freude habe. Und natürlich denke ich über die Kontinuität meiner jetzigen Erfahrungen mit meinem künftigen Alltag nach. Ich entwickle viele Gedankenexperimente, Pläne für die Zukunft, die aus dem Rahmen fallen, zumindest aus dem Rahmen des Bisherigen. Ich entdecke in mir eine nie geahnte Freiheit in der Entwicklung kreativer Lebensentscheidungen. Und das ist ein sehr schönes Gefühl. Dazu gehört gewiss auch Mut.

„Ja", sage ich plötzlich, nach einer langen Pause des Schweigens. Verena hält inne und schaut mich erstaunt an. Ich lache und erkläre: „Die Reise hat mich mutiger gemacht, ich werde diesen Mut bewahren." Jetzt lacht Verena. „Das hört sich geheimnisvoll an. Werden Sie mir davon berichten, wenn Sie wieder einmal hier sind?" „Na klar, gerne, ich komme mindestens einmal im Jahr zum Radrennen." Verena freut sich. Und dann sagt sie: „Ich habe auch nachgedacht, und zwar über die Freundlichkeit, die Sie angesprochen haben." „Und?", frage ich. „Ich war schon in vielen Ländern und habe immer dieselbe Erfahrung gemacht. Wenn ich freundlich und offen auf Menschen zugehe, dann kommt diese Freundlichkeit zu mir zurück. Da ich das immer und immer übe, kann ich gar nicht mehr anders. Und ich will auch nicht anders: Wer will sich schon das Lächeln und die Fröhlichkeit der Kunden entgehen lassen?" Wir lachen beide.

Verena föhnt meine Haare. „Das sieht wirklich toll aus", sage ich anerkennend. „Windschnittig für Ihr Rennen", ergänzt Verena.

Wir verabschieden uns, und ich radle fröhlich in meine kleine Ferienwohnung zurück. Ich genieße die Zeit, die ich heute noch habe, und denke schon mit Freuden an meinen Tagebucheintrag am Abend. Das ist ein wunderschönes Ritual geworden.

Abschiedsfoto mit Verena und neuer Frisur

55

Die Tage bei Familie Öttl sind zu Ende. Wir verabreden, uns schon in einigen Wochen wiederzusehen. So lässt sich der Abschied leichter ertragen. Das tut gut. Ich fahre heute nur wenige Kilometer weiter nach Bruck an der Großglocknerstraße. Dort, im Gasthaus „Zur Post", habe ich auch letztes Jahr während meiner Zeit beim Radrennen „Glocknerkönig" gewohnt. Die Lage ist ideal, denn die Starterzone endet direkt vor dem Haus, man kann sich also vor der Haustüre gleich aufstellen und von dort aus starten. Kein Getümmel und Gedränge. Auf jeden Fall habe ich den Start im vergangenen Jahr als sehr ruhig und entspannt erlebt. Genügend Platz zum Warmfahren gibt es hier auch.
Sandra, die Besitzerin, begrüßt mich als Stammgast, obwohl ich letztes Jahr zum ersten Mal bei ihr war. Ich hatte ihr gesagt, dass ich wiederkommen werde – vielleicht macht das einen Stammgast aus? Jedenfalls freue ich mich über diese Ehrung.

Ich bekomme ein schönes Einzelzimmer mit Balkon und einem frisch renovierten Bad. Die Nächte sind wunderbar, ich schlafe sehr gut und genieße all die Vorzüge meines schönen Zimmers.

Auch das Frühstück ist herrlich, alles sehr liebevoll vorbereitet. Immer wieder werde ich gefragt, ob alles in Ordnung sei und welche Wünsche noch erfüllt werden könnten. Als ich sage, dass ich ein Buch über meine Erfahrungen schreibe und hier schon manches entdeckt hätte, das ich in mein Buch aufnehmen könne, erwidert Sandra erfreut: „Oh toll." Sie mustert mich und sagt augenzwinkernd: „Hoffentlich nur Gutes." „Selbstverständlich", sage ich.

Ich genieße meinen Obstsalat und denke nach. Auch bei genauerem Nachdenken finde ich nichts Negatives. Sandra erzählt mir immer wieder, dass die Arbeit in diesem Gasthaus einfach ihr „Ding“ sei und sie sich gerne hier verwirkliche. Das freut mich zu hören, da fühle ich mich als Gast gleich noch wohler. Die Atmosphäre, die Sandra versprüht, überträgt sich auf das gesamte Personal. Ganz ähnlich also, wie ich es an der Schule in Zell am See erlebt habe – und an vielen anderen Orten. Sandra hat einige neue Mitarbeiterinnen und Mitarbeiter eingestellt. Ich spüre ihre Geduld und die Gewissheit, dass es ein gutes Team ist, das da zusammenwächst. Es ist faszinierend, dass das Personal auch in stressigen Zeiten sehr ruhig und den Gästen zugewandt agiert, auf eine liebevolle Art und Weise.

Als ich nach meinem ersten Abendessen in mein Zimmer gehe und meine Gedanken auf die vergangenen Wochen und die vielen Erfahrungen richte, fällt mir auf, dass ich auf meiner Reise im Grunde permanent das Gute verarbeite. Aus Erlebnissen, die in verschiedener Weise gedeutet werden könnten, ziehe ich immer das Gute und speichere es in mir. Das Negative verblasst. Das ist eine interessante Entdeckung. Natürlich kommen mir bei genauerem Nachdenken auch Situationen in den Sinn, die auf den ersten Blick ausschließlich negativ erscheinen:

Gerade gestern, als ich ein kurzes Stück Bundesstraße fahren musste, weil auf dem Radweg eine Baustelle war, hielt ein Auto auf meiner Höhe an. Der Fahrer ließ die Scheibe der Beifahrertür herunter, schrie mich an, ich solle den Radweg nehmen, fuhr dann knapp vor mir her und besprühte mich mit seiner Scheibenwischanlage. Ich musste innerlich schmunzeln, nicht um ihn auszulachen, sondern weil die Abkühlung guttat und mir klar war, dass seine Unfreundlichkeit kein Grund sein konnte, ähnliche Gefühle gegen ihn zu hegen, egal, wie berechtigt diese vielleicht gewesen sein mochten. Was hätte ich auch davon gehabt? Nur negative eigene Gefühle. Als mir dies klar wurde, ließ ich all die Gedanken los und genoss weiter die Natur und den sich nach der Baustelle fortsetzenden Radweg. Außerdem hat mir dieser Autofahrer eine andere wichtige Botschaft vermittelt. Da er offenbar übersehen hatte, dass der Radweg im Bau war, dachte er, er sei im Recht, und diese Meinung bewirkte seine Haltung. Wie oft urteilen wir, ohne die genauen Umstände zu kennen? Das Thema „Schubladendenken" hatte ich schon mehrfach aufgegriffen, und heute erlebe ich die möglichen Konsequenzen ganz intensiv.

Meine Aufmerksamkeit ist seit Beginn meiner Reise konsequent auf das Gute gerichtet. Ich sauge immer auf, was ich an Gutem erfahre. Jede Situation wird automatisch danach ‚abgescannt', was sie für das Thema meiner Tour, das inzwischen mein Lebensthema geworden ist, bedeutet.

Wenn ich davon ausgehe, wie es die Forschung erkannt hat, dass ich jeden Moment aufgefordert bin, aus den vielen hereinprasselnden Informationen herauszufiltern, was für mich bedeutsam ist, dann konzentriere ich mich doch auf das, was dem Leben dient, was meinen Zielen und Lebenshaltungen entspricht. Und das bedeutet keineswegs, dass ich die Wirklichkeit nicht wahrnehme oder alles beschönige. Denn es ist in jedem Augenblick alles vorhanden, das Gute und das Schlechte, das Friedvolle und das, was stört. Welcher Perspektive schließe ich mich an? Welche Perspektive soll mein Leben leiten? Das liegt sehr oft in meiner Hand oder in meinem Kopf – und vor allem in meinem Herzen.

„Hoffentlich nur Gutes!" Ich schmunzle und freue mich, dass mich Sandras Satz zum Nachdenken gebracht hat.

56

Morgen ist das Radrennen am Großglockner, dem mit 3798 Metern höchsten Berg Österreichs. Ich überlege, was ich heute mit meinem Kribbeln anfangen könnte. Natürlich Freunde treffen, Radsportler, die ich aus den letzten Jahren kenne. Darauf freue ich mich. Katja und Ulrich sind schon eingetroffen, wir haben gestern einen schönen Abend zusammen verbracht. Neben der Begrüßung meiner ganzen Radsportfreunde muss ich noch mein Rennrad abholen. Ja richtig. Mein eigenes, schnelles, leichtes Rennrad. Denn mit dem Reiserad wären die Herausforderungen nochmals deutlich größer. René, ein Freund aus Kassel und Radhändler meines Vertrauens, hat mir mein Rad an einen hiesigen Radladen geschickt, dem er vertraut. Dort tausche ich mein Reiserad heute gegen mein Rennrad und lasse das Reiserad bis übermorgen überprüfen, damit ich die Weiterfahrt guten Mutes genießen kann. Sehr praktisch. Die Radsportler scheinen eine große Familie zu sein und haben mich aufgenommen. Ich freue mich darüber sehr. Und was mache ich heute noch? Ja klar, Tagebuch schreiben. Nachdenken. Das tut gut.

Sandras Gasthof „Zur Post"

Nach dem Frühstück mache ich mich mit meinem Reiserad in Richtung Zell am See auf, um mein Rennrad zu holen. Den Weg kenne ich ja mittlerweile und der Radladen liegt ziemlich genau zwischen Friseur und Schule. Ich finde ihn leicht und bin glücklich, wie reibungslos die Übergabe funktioniert. Da ist es: mein Rad. Ich bin überrascht, wie leicht es ist, und schieße wie eine Rakete zurück zum Gasthof „Zur Post". Statt 27 kg Reiserad mit Satteltaschen habe ich jetzt 7 kg zu beschleunigen. Federleicht fühlt sich das an. Ich komme mir sehr gut trainiert vor, als könne ich jeden Berg bezwingen.

Zurück im Gasthof verstaue ich mein Rad im Fahrradkeller, gehe auf mein Zimmer und hole mein Tagebuch. Mir ist gerade eben während der Fahrt immer wieder durch den Kopf gegangen, dass ich auf meiner Tour anderen etwas schenke und gleichzeitig vielfältig beschenkt werde.

Meine Aktionen an Schulen, die Lehrerfortbildungen und meine Predigten bringen es mit sich, dass Netzwerke aufgebaut werden. Viele Menschen kommen mit den verschiedensten Anliegen auf mich zu. Da sind persönliche Fragen, die Bitte, eventuell in dieser oder jener Klasse auch eine Aktion zu gestalten, der Hinweis auf Menschen, die mit vergleichbaren Motiven unterwegs sind, E-Mails und vieles mehr. Jede dieser Rückmeldungen oder Bitten motiviert mich. Und so fahre ich an „freien" Tagen an weitere Schulen, unterrichte, bedanke mich für die Aufmerksamkeit und verteile meine Andenken mit den Kettengliedern, berate, knüpfe Kontakte, biete meine Mitarbeit an … schenke also etwas von mir. Doch mein innerer Akku wird nicht geleert, es scheint, als werde er geladen, denn meine Freude und Dankbarkeit werden immer und immer größer. Vielleicht bin ich manchmal vom Radeln körperlich erschöpft, aber ich fühle mich innerlich so frisch und lebensfroh wie lange nicht mehr. Verrückt, es fühlt sich an, als komme alles, was ich gebe, doppelt zurück.

Kommt alles, was ich gebe, doppelt zurück?

Was ist das für ein Phänomen? Aus dem Alltag kenne ich das nicht so intensiv. Da kommen viele Anfragen für Lehrerfortbildungen, die mich, wenn ich ehrlich bin, manchmal zu erdrücken scheinen. Worin liegt der Unterschied?

Ich denke, es ist zum einen die Erfahrung, mich auf das EINE, das zugleich meinen tiefsten Lebenssinn beinhaltet, zu konzentrieren. Ich habe mich erneuert, so empfinde ich das. Wenn ich dann all meine gesammelten Erfahrungen weitergebe, wenn ich, so gesehen, Lebensfreude verteilen kann, fühlt sich alles leicht an.

Doch unabhängig vom konkreten Thema ist da noch etwas anderes. Wenn ich gebe, um Freude zu schenken – und doch spüre ich, wie alles zu mir zurückkommt – in Fülle. Bin ich kleinlich und misstrauisch, ernte ich dies – bin ich großzügig und voller Vertrauen, wird auch mir diese Haltung entgegengebracht. Schon allein, wenn ich diese Zeilen schreibe, spüre ich, wie sich in meinem Inneren alles zusammenzieht, wenn ich nur an Misstrauen denke, und wie weit und groß mein Inneres demgegenüber wird und wie sehr ich aufatme, wenn ich an Vertrauen und Liebe denke.

Es fühlt sich so an, als wäre die Einlösung dieses Prinzips auf meiner Tour extra für mich überall verstreut. Es gibt viele Bezeichnungen für diese Lebenserfahrung, zum Beispiel das „Prinzip der Spiegelung" oder das „Gesetz der Resonanz". Für mich handelt es sich um eine ganzheitliche und bereichernde Lebenserfahrung, die mich auf meiner Radreise zum Staunen gebracht hat.

Es klopft an meiner Zimmertür. Ulrich fragt, ob ich mit zum Kaffeetrinken komme. Huch, ich bin ja hier. Ich reibe meine Augen und rufe: „Gerne doch. Kleinen Augenblick noch." Ich schließe mein Tagebuch und gehe in die Gaststube. Dort finde ich die fröhliche Runde. Das wird mir guttun, denke ich. Pläne schmieden für den morgigen Tag. Inzwischen sind viele Sportler eingetroffen, auch Maik und seine Frau, die ich aus dem vergangenen Jahr kenne. Betriebsam ist es hier, heiter, und ich spüre die Vorfreude überall. Sandra zwinkert mir zu. „Na, aufgeregt?", fragt sie. „So weit bin ich noch nicht", rufe ich fröhlich zurück.

57

Mein Wecker klingelt. Es ist 4.45 Uhr. Ich muss schmunzeln. Das ist meine Zeit zu Hause. Im Alltag stehe ich auch etwa um diese Uhrzeit auf, damit ich um 5 Uhr mit meiner Stillen Stunde beginnen kann. Mit meinem Grüntee und guten Gedanken – sei es die Tageslosung, die mich inspiriert, ein gutes Buch oder ein eigener Text – starte ich zu Hause immer in den Tag. Das ist eine so wichtige Gewohnheit für mich geworden, dass ich keinen Tag auslasse, auch nicht am Wochenende. Vielleicht hört sich das seltsam an. Aber ich bin in den letzten Jahren nie liegen geblieben, um noch mein Bett zu genießen, wenn MEINE Stunde gerufen hat. Ich fühle mich regelrecht angezogen, in Vorfreude auf diese wichtige Zeit. Ich war schon immer Frühaufsteherin, habe die frühen Morgenstunden genossen, wenn es noch ruhig im Haus war. Und dann habe ich entdeckt, dass in dieser Zeit eine bewusste Ausrichtung auf den Tag, die Stille und das Gebet mich erfüllen und stärken. So hat sich nach und nach ein Ritual entwickelt. Vielleicht ist es sogar meine intensivste und stärkste Gewohnheit im Leben geworden.

So, auf in den Tag. Um 7 Uhr startet das Rennen, um 5.30 Uhr möchte ich beim Frühstück sein. Ich werde am Tisch zusammen mit meinen Radfreunden sitzen: Katja und Ulrich, Andrea und Maik. Das ist ein wirklich witziges Gespann, fällt mir auf: Während Ulrich betont, er wolle Spaß haben und alles von der lockeren Seite sehen, ist Maik ganz mit dem Leistungssport verbunden und freut sich riesig darauf, seine Bestform abzurufen. Die Frauen unterstützen und begleiten, wo sie nur können, und sie fahren selbst gerne Rad, Katja auch einige Rennen im Jahr. Die beiden Pole, zwischen denen ich heute schwanke, sehe ich in Ulrich und Maik leibhaftig vor mir. Beide genießen ihre jeweilige Einstellung, es gibt kein Besser oder Schlechter, sondern nur persönliche Vorlieben.

Wie ist das bei mir? Denkbar sind als Alternativen für mich bei jedem Wettkampf entweder das Angreifen oder das Genießen. Angreifen ist die beste Wahl, wenn ich gut trainiert bin, mich gut fühle und meine Bestform abrufen möchte. Genießen ist die beste Wahl, wenn mein Trainingszustand kein Angreifen zulässt und ich das Genießen mental vorziehe. Letztlich ist in jeder Perspektive selbstverständlich auch die andere enthalten. Wenn ich gut drauf bin, genieße ich es, Leistung zu bringen, die Kraft meines Körpers zu spüren, mich mit anderen zu messen, Spannung und später Entspannung zu erleben. Doch auch wenn ich genieße, möchte ich Leistung bringen und Ziele erreichen. Auch eine Genussfahrt auf die Edelweißspitze ist eine große Leistung. Es ist eine Frage der Gewichtung. Meistens weiß ich vor dem Rennen, welche Perspektive im Vordergrund steht. Aber manchmal ändere ich sie auch während des Rennens. Einen solchen Perspektivenwechsel zu beherrschen, hat große Vorteile. Ich schenke mir jederzeit das Beste.

Jetzt ist aber Schluss mit Nachdenken, der Startschuss wartet nicht auf mich. Ich springe rasch unter die Dusche und ziehe mich für das Rennen an. Im Frühstücksraum ist munteres Treiben, alle Sportler sitzen in ihren Trikots am Tisch, sie essen und trinken teilweise mit Genuss, teilweise hektisch, manche scheinen sehr wach, andere verschlafen. Wir sind recht munter an unserem Tisch und ich finde es toll, dass Katja und Andrea bei uns sitzen und Ruhe in die Angelegenheit bringen.

Ich fahre mich anschließend mit Ulrich warm. Anschließend stellen wir uns ins Starterfeld. Sehr praktisch, direkt vor der Haustüre. Der Startschuss ertönt, und es braucht einige Minuten, bis wir im hinteren Teil des Starterfeldes losrollen. Maik ist selbstverständlich vorne im ersten Startblock. Da die Zeit dank des Chips an der Startnummer erst gemessen wird, sobald man die Startlinie überquert und von da an freie Fahrt möglich ist, muss niemand hektisch sein oder sich ärgern, wenn er oder sie weit hinten im Feld steht. Jetzt geht es auch für uns los. Im Getümmel habe ich Ulrich verloren, aber das macht nichts, jeder fährt ja irgendwann sowieso für sich. Ich fahre über die Startlinie, trete in die Pedale und ich spüre, wie gut mir das tut. Wie eine Befreiung. Ich fühle mich super. Es geht richtig flott voran. An der Mautstelle in Ferleiten sehe ich meine Zwischenzeit, die um sage und schreibe drei Minuten schneller ist als die Zeit des Vorjahres. Was ist das? Bin ich etwa in der Verfassung meines Lebens? Ich spüre einen riesigen Motivationsschub und trete noch engagierter in die Pedale. Kurze Zeit später beginnt die Steigung wirklich steil zu werden, das ganze Feld wird langsamer und jeder stellt den Tritt auf das Bergfahren um. Es wird leise im Teilnehmerfeld, das Atmen und teilweise Keuchen wird lauter vernehmbar, jeder ist jetzt mit sich beschäftigt. Es braucht nicht lange, und ich erkenne: Ich habe mich getäuscht. Meine Kraft in den Beinen ist keine Kraft für den Berg. Woher soll sie auch kommen? Ich muss schmunzeln. Und ehrlich: Es fühlt sich gut an. Das Erlebnis, das ich in diesem Moment innerlich verspüre, ist ein ganz besonderes: War meine Perspektive gerade eben noch die des Angreifens, war ich mir an der Mautstelle des Erfolgs dieser Perspektive gewiss, so wechsle ich jetzt zu der des Genießens. Ich verabschiede die eine Sicht und begrüße die andere. Ich schwenke innerlich so schnell und geschmeidig um, wie ich es zuvor noch nie erlebt habe. Ich freue mich plötzlich sehr, dass ich überhaupt in der Lage bin, das Rennen zu fahren, dass ich mein leichtes Rennrad hier bewegen darf, dass das Wetter so schön ist und ich die herrliche Aussicht bestaunen kann. Vor allem bin ich dankbar, dass ich meine Perspektive bewusst und frei wählen kann.

Kehre für Kehre geht es nach oben, und ich denke an das Gespräch mit Philipp und die Zwischenziele, die wir uns setzen können. Oh ja, eine Kehre nach der anderen. Ich genieße den

Ausblick und die Atmosphäre, wie ich sie mir gar nicht schöner vorstellen könnte. Am liebsten würde ich absteigen und Fotos machen, aber das wäre jetzt vermutlich weniger vorteilhaft. So speichere ich die Bilder einfach in meinem Kopf und Herzen. Meine innere Freude und einen Ausschnitt der Landschaft erkenne ich später auch an den Fotos, die am Berg gemacht und anschließend zum Kauf angeboten werden. Dieses Angebot greife ich sehr gerne auf.

Die letzten Kilometer hinauf zur Edelweißspitze sind neu für mich. Diese sogenannte Ultrawertung gibt es erst seit diesem Jahr. Die Herausforderung besteht darin, dass der Straßenbelag nun aus Kopfsteinpflaster besteht, die Kehren besonders eng sind und die Steigung noch einmal deutlich extremer ausfällt. Und dies alles am Ende des Rennens. Die neue Wertung hat es also in sich. Auch Ulrich hat diese Wertung gewählt. Gestern sind Katja und er mit dem Auto nach oben gefahren, und Katja berichtete am Abend, wie unfassbar steil und eng alles sei. Sie fragte uns, ob wir uns das wirklich gut überlegt hätten. Ulrich und ich lachten und nickten. Also nichts wie hinauf. Glücklicherweise habe ich mir so viel Kraft

Auf den letzten Kilometern beim „Glocknerkönig"

aufgehoben, dass ich jetzt richtig Gas geben und in die Pedale treten kann. Viele Zuschauer stehen am Rand und bejubeln die Fahrerinnen und Fahrer. Ich fahre mit einem Teilnehmer auf gleicher Höhe, wir lächeln uns kurz zu, um dann gleich wieder auf den Straßenbelag und den Streckenverlauf zu achten. Denn Unachtsamkeit könnte unangenehme Folgen haben. Letzte Kehre, und jaaaaa, geschafft. Überglücklich rolle ich ein paar Meter weiter und steige ab. Der andere Fahrer, Karsten, beglückwünscht mich und ich ihn. Hier oben ist es herrlich: Überall laufen Helferinnen und Helfer herum und schenken warmen Tee aus, die Kleiderbeutel liegen wohlgeordnet bereit. Ich schnappe den Beutel mit meiner Nummer und packe die warmen Sachen aus. Der Ausblick ist fantastisch, ich knipse viele Fotos. Nun möchte ich auch noch die Abfahrt genießen. Und schon geht's hinab. Einige Kehren unterhalb der Edelweißspitze gibt es nochmals Getränke und den leckeren Kaiserschmarrn. Hier treffe ich auf Ulrich. Er hat es ebenfalls geschafft und ist glücklich. Oh, da vorne ist Ingrid. Sie war bestimmt super schnell. Letztes Jahr hat sie ein süßes Baby zur Welt gebracht, ich konnte die kleine Eva gestern in den Arm nehmen, ganz ruhig und zufrieden wirkte sie. Und dieses Jahr ist Ingrid schon wieder sensationell fit. Unglaublich. Ingrid beeindruckt mich, nicht nur hinsichtlich ihrer sportlichen Talente, sondern auch im Blick auf ihre wertschätzende Ausstrahlung. Mit ihr und ihrem Team mache ich einige Fotos.

Dann verabschiede ich mich und rolle ins Tal. Welch ein grandioses Erlebnis. Als ich im Gasthof „Zur Post" ankomme, ist es noch ruhig. Sandra begrüßt mich und ist glücklich, dass alles gut gegangen ist. Ich dusche ausgiebig und kuschele mich eine Stunde in mein Bett, bevor ich mich wieder zu den anderen Sportlern gesellen möchte. Diese Zeit ist wie meine „Stillen Stunden" am Morgen ein großes Geschenk. Einfach still nachdenken, Gott loben und danken. Besonders mag ich es, dies nach intensiver Anstrengung zu tun. Mein Körper ruht, ich spüre die angenehme

Schwere und Müdigkeit, bin glücklich und trotz der Müdigkeit voller Kreativität im Denken. Das ist ein herrliches Gefühl.

Während ich so nachdenke, klopft es. „Ulrich, ich komme." Ulrich ist so ein treuer Sportskamerad. Ich freue mich, dass ich ihn kenne. Ab in die Klamotten, und jetzt geht es einem gemütlichen Ausklang des Tages entgegen.

Übrigens: Maik hat in seiner Altersklasse gewonnen. Er ist überglücklich. Und Ingrid war schnell wie eine Rakete, ich freue mich so sehr mit ihr. Auch Ulrich hat seine persönlichen Ziele erreicht – genau wie ich. So viele Gründe zum Feiern. Und zum Danken.

Glücklich im Ziel: Zusammen mit Ingrids Team

58

Hurra, heute geht es weiter. Ich blinzle dem neuen Tag entgegen. Aber: Was heißt hier eigentlich „Hurra“? So langsam kehre ich Österreich den Rücken zu. Seltsam, ich dachte, mein Aufbruch würde mir schwerer fallen. Aber nein, das Abenteuer geht doch weiter. Jeder Tag bringt ein neues Abenteuer mit sich. Jeder Tag ist perfekt – so, wie er ist.

Es ist kurz vor 6 Uhr. Ich schaue aus meinem Fenster. Ein unglaublich schöner Morgen. Richtung Großglockner ist blauer Himmel und teilweise Nebel zu sehen. Bestes Wetter für tolle Fotos, würde Gertraud jetzt sagen. Das ist auch ein Hobby von ihr. Zum Leidwesen von Hans: Bei Wanderungen kommen sie nicht vom Fleck, sagt er. Ich muss lachen, während ich mir das vorstelle. Gertraud entdeckt halt auf Schritt und Tritt Schönheiten. Mir geht es auf der Tour auch oft so, ich könnte ständig anhalten und Fotos machen. Wie Philipp schon sagte: Du bekommst einen anderen Blick, wenn du Stimmungen mit der Kamera einfangen willst. Und jetzt? Meine Füße kribbeln. Ich denke an die Mohnblume in Eisenstadt und muss lachen. Nein, so verrückt bin ich heute nicht. Nur ein wenig Richtung Glockner joggen, einen Hügel hinauf und ein schönes Plätzchen für ein Abschlussfoto suchen. Gesagt getan, schon sause ich los. Meine Beine fühlen sich noch etwas schwer an. Doch heute habe ich keine so lange Radstrecke vor mir, da kann ich mir etwas Frühsport erlauben. Ich jogge Richtung Fusch, und noch am Ortsende von Bruck laufe ich eine Anhöhe hinauf, vorbei an einer Weide, hinein in den Wald. Hier komme ich bald zu einer Lichtung, die einen fantastischen Blick eröffnet. Ich setze mich mit der Kamera ins Gras und fotografiere Butterblumen mit dem Großglockner im Hintergrund. Ich denke an Gertraud. So sehen auch ihre Lieblingsfotos aus. Noch ein Abschiedsblick und ich laufe meinem Frühstück

Der Großglockner im Morgennebel

entgegen. Irgendwie eine witzige Aktion, aber mir gefällt sie. Ein wenig verrückt sein, das liebe ich. Das Frühstück schmeckt fantastisch, und danach geht's gestärkt los. Ein unbeschreibliches Gefühl der Freiheit begleitet mich erneut, als ich wieder auf mein Reiserad steige und in die Pedale trete.

Kann ich nicht öfter – inmitten meines Alltags – ein wenig „verrückt" sein? Erfinderisch, spielerisch, humorvoll ungewöhnliche Wege gehen?

In Leogang lege ich einen Stopp ein, denn hier erwartet mich wieder ein Physiotherapeut, der mir noch ein letztes Mal auf meiner Tour auf die Sprünge helfen soll. Ich habe diese Behandlungen sehr zeitig gebucht, ohne zu wissen, ob ich sie benötige. Aber besser einmal zu viel als zu wenig, habe ich mir gesagt. Ich kann die Massagen und Faszienbehandlungen ja auch ein-fach genießen. Umso besser. Bis jetzt lag ich übrigens jedes Mal richtig: Nicht nur, dass ich interessante Menschen kennengelernt habe, die alle etwas zu den Themen meiner Tour beisteuern wollten – selbstverständlich habe ich auch hilfreiche Behandlungen erlebt.

Das Haus von Thomas in Leogang finde ich leicht. Er wohnt am Ende einer Straße, die einfach von der Hauptstraße abzweigt. Ein wunderbarer Garten mit einem Teich und liebevoller Dekoration begrüßen mich – inmitten des Bergpanoramas. Ich bin etwas zu früh dran, sodass ich den Anblick erst einmal genieße. Während ich staunend in der grünen Idylle sitze, kommt Thomas fast unmerklich um die Ecke. „Eine kleine Abkühlung gefällig? Gerne darfst du in den Teich springen." Ich lache, begrüße ihn und gehe mit ihm in den Behandlungsraum. Wohlriechende Öle und sanfte Musik schaffen eine angenehme Stimmung, ganz passend zu Thomas' ruhigem Charakter. Er behandelt meine Beine und meint, er merke kein Großglocknerrennen, nur leichte Spannungen, die sich mühelos lösen lassen. Das erstaunt mich und freut mich umso mehr. Denn nun bleibt mir Zeit und Atem, auch Thomas zu meinem Thema zu befragen. Thomas hält inne und mustert mich: „Sehr, sehr spannend, was du da machst. Von Zeit zu Zeit muss jeder mal die Reset-Taste drücken, nicht wahr?" Ich verstehe in diesem Moment nicht, was er meint. Sicher schaue ich ihn erstaunt an. Jetzt lacht Thomas. Dann sagt er: „Dieser Reset-Knopf, das ist mein aktuelles Thema. Quasi alles zurücksetzen, das Leben neu ordnen, neu anfangen oder wie auch immer. Das mache ich alle paar Jahre und nächste Woche geht es auch wieder los. Ich freue mich schon sehr darauf. Ich frage mich dann immer: ‚Was macht mein Leben lebenswert? Brenne ich noch für meine Lebensweise? Freue ich mich, jeden Morgen aufzustehen? Welchen Sinn sehe ich in meiner Arbeit? Habe ich Träume?' Und so weiter. Ich fahre meist mit dem Wohnmobil fort, zwei oder drei Wochen. Ganz intensiv denke ich nach. Nur über diese eine Sache, sie steht im Zentrum. Hast du auf deinem Handy auch oft viele Tabs geöffnet? Seiten, die die ganze Zeit im Hintergrund mitlaufen und den Akku ziemlich belasten? Genau das gibt es doch auch im Alltag. Wir befassen uns mit vielen Dingen gleichzeitig, werden den Aufgaben oft nicht gerecht, vergessen das eine oder andere … und unter all diesen Prozessen leidet unser Akku, unsere Lebensenergie. In meiner Auszeit widme ich mich ganz intensiv diesem einen Thema: meinem Lebenssinn. Vermutlich erlebe ich ähnliche Prozesse wie du gerade, auch wenn deine Idee deutlich ungewöhnlicher ist. Hut ab! Du wirst sehen: Du wirst verändert aus dieser Zeit herausgehen, du wirst ganz neu starten."

Ich schweige und gehe den Gedanken nach. Wie recht Thomas hat. Ich fühle mich ja schon längst neu. Und spannende Vergleiche, die er für diese inneren Vorgänge gebraucht. „Hast du dich beim letzten Mal in diesen zwei oder drei Wochen auch verändert? Welche Erfahrungen hast du gemacht?", frage ich nun. Thomas denkt nach. „Ja, das habe ich. Vielleicht haben das andere Menschen an mir gar nicht so wahrgenommen. Es geht eher um die innere Ruhe, die Achtsamkeit und die Freude über das, was mir geschenkt ist. Ja, ich stehe jeden Tag gerne auf und genieße meine Arbeit und auch meine Freizeit. Ich habe ein wenig entrümpelt, jedes Mal ein paar Tabs mehr geschlossen und nicht wieder geöffnet. Und das funktioniert."

Welche offenen Tabs in meinem Leben kann ich schließen? Wie gehe ich mit der Fülle der sich täglich neu öffnenden Tabs um?

Ich habe die Wahl. Das weiß ich ja – und ich werde es mir jetzt noch besser merken. Thomas ist sozusagen mein Anker für diese Erkenntnis.

„Pass also auf", sagt Thomas. „Bald wollen sich wieder viele Tabs gleichzeitig öffnen. Du solltest zusehen, dass dein Lebensthema das Zentrum bleibt. Du hast alle Chancen, denn 66 Tage sind eine starke Zeit zur Veränderung." „Danke für deine Ideen. 66 Tage sind wirklich eine tolle Zeit zum Eintauchen in ein neues Lebensgefühl", rufe ich und freue mich innerlich über diese Lebenschance, die ich nutzen darf. Ich bin dreimal so lange unterwegs wie Thomas. Unglaublich eigentlich.

Nach einer wunderschönen und erholsamen Stunde starte ich die Weiterfahrt, nicht ohne Thomas meinen Besuch im kommenden Jahr anzukündigen – denn der nächste „Glocknerkönig" kommt bestimmt. „Dann bin ich gespannt, was sich in deinem Leben getan haben wird", sagt Thomas und winkt mir lange nach.

Thomas hat etwas in mir bewegt, ganz sicher. Ist es ein Zufall, dass gerade er mir – als letzter der Physiotherapeuten – einen kleinen Warnhinweis mit auf den Weg gibt? Nun ja, ich habe mich ja schon einige Male gefragt, wie ich meinen Alltag fortan gestalten kann. Und ich denke durchaus, dass hier Bewusstheit gefordert ist. Gleichzeitig kann ich mir kaum vorstellen, dass ich einfach in alte Gewohnheiten hineinrutsche. Zu intensiv habe ich meine Lebensthemen in mir verankert. Da haben sich doch neue Gewohnheiten etabliert, die ich nicht so einfach aufgeben werde. Oh ja, ich freue mich auf das nächste Jahr, wenn ich Thomas erzählen kann, wie viele Abenteuer und wunderbare Momente mein Leben mir schenkt. Und ich bin mir ganz sicher, dass es so kommen wird.

Sommerwiese am Wegesrand

59

Heute ist es soweit. Ich verlasse Österreich. Mein Ziel ist Bad Feilnbach. Ich radle durch Kössen und nähere mich der Grenze. Der Weg führt mich genau an der Straße entlang, die ich von meinen Autofahrten nach Österreich kenne. Das ist jetzt ein eigenartiges Gefühl. Ich fühle mich auf eine gewisse Weise zu Hause. Die Landschaft und die Orte nehme ich sehr intensiv wahr, ich atme tief ein und aus und singe ein wenig vor mich hin. Das ist sicher ein lustiger Anblick.

Einige Kilometer vor dem Grenzübergang lege ich eine Pause am Walchsee ein – und eine Ente gesellt sich zu mir. Achtsamkeit – Ruhe. Der Grenzübergang ist unspektakulär. Ich fahre an den Schildern vorbei: Grüß Gott, Bayern. Ich biege rechts ab und nehme nun eine Route am Inn entlang. Nanu, was ist

Achtsamkeit und Ruhe am Walchsee

das? Hier wird der Radweg zur Schotterpiste und kurz darauf soll ich auch noch den Inn überqueren – ohne Brücke, versteht sich. Ich muss lachen und schüttle den Kopf. Kurzerhand biege ich links ab und radle eine Weile, bis mein Navi wieder die Führung übernimmt. Alles halb so wild. Meine Strecke ist heute nicht sonderlich lang. Ich verfahre mich tatsächlich noch ein paar Mal und komme dennoch wohlbehalten in Bad Feilnbach an.

Auf meine Unterkunft freue ich mich, denn ich habe wieder einmal eine kleine Forscheraufgabe. Die Bewertungen zu dieser Pension auf den entsprechenden Plattformen im Internet sind derart gespalten, wie ich es kaum kenne: Entweder man lobt, wie günstig und sauber hier alles ist, oder man ärgert sich über den Umgangston, über knarrende Betten und vor allem darüber, im Frühstücksraum mit fremden Menschen am Tisch sitzen zu müssen. Die negativen Kommentare sind meine Chancen auf der Tour. Sollte die Wirtin wirklich unfreundlich sein, kann ich üben, geduldig und wertschätzend zu bleiben. Sollte mein Bett schlimm knarren, kann ich dies sachlich ansprechen. Und fremde Menschen an meinem Tisch sind mir willkommen. Also nichts wie hin.

Ich kündige meine Ankunftszeit von unterwegs an und bekomme prompt eine Rückantwort mit guten Wünschen für meine Fahrt. Okay, wirklich unfreundlich ist das schon mal nicht. Ich lache und freue mich. Kurz darauf setze ich mich auf eine Bank und rufe nochmals die Bewertungen auf. Die negativen Bewertungen stehen da aber tatsächlich. Nun gut, warten wir ab. Ich rolle in Bad Feilnbach ein und suche die richtige Straße und Hausnummer. Da bin ich schon und stelle mein Rad ab. Ich läute und gleich kommt die Wirtin zur Tür. Sie begrüßt mich, zeigt mir, wo ich mein Rad sicher unterstellen kann, weist mir den Weg zu meinem Zimmer und erklärt mir noch etwas zur Heizung. Und schon ist sie verschwunden. „Unten ist eine Klingel zu meiner Wohnung. Melden Sie sich, wenn Sie etwas brauchen“, ruft sie noch. „Dankeschön“, rufe ich ihr hinterher. Ich schaue mir mein Zimmer genau an. Für diesen grandios günstigen Preis absolut top. Und mit lustiger Bettwäsche bezogen, da kommen fröhliche Gefühle auf. Ich lege mich auf das Bett: Es ist super gemütlich und während ich so liege, schlafe ich für eine halbe Stunde ein. Jetzt wird die Dusche getestet, alles bestens. Bewährungsprobe bestanden. Hat das Bett eigentlich geknarrt? Ich werfe mich nochmals regelrecht hinein. Na ja, nichts Ungewöhnliches ist zu entdecken. Ein wenig albern komme ich mir schon vor mit meinen Aktionen. Nun überlege ich, mit welcher Frage ich die Wirtin nochmals zu Gesicht bekomme. Ich will der Sache auf den Grund gehen. Ja, welches Restaurant sie empfehlen kann, das kann ich fragen. Ich gehe nach unten an ihre Wohnungstür, und schon steht sie vor mir. Sie erläutert mir den Weg ins Zentrum und empfiehlt mir den Bibelweg „Auf Gottes Spuren“ durch den Park: „Ich bin dort auch sehr oft, seit ich gemerkt habe, dass ich innerlich dadurch ausgeglichener und freudvoller werde. Ich kann es nicht richtig beschreiben, Sie müssen da jedenfalls hin.“ Sie empfiehlt mir ein Restaurant und zeigt mir für den kommenden Morgen noch den Frühstücksraum. Dabei schaut sie mich an und erklärt, dass sie zu wenig Platz habe, um Einzelgäste alleine an einen Tisch zu setzen. „Macht Ihnen das etwas aus?“, will sie wissen. „Nein, im Gegenteil. Ich bin ja unterwegs, um mit Menschen zu sprechen. Das ist mir sehr willkommen.“ Da freut sie sich. „Lassen Sie mich überlegen. Da ist eine ganz nette kleine Gruppe aus Brandenburg. Bestimmt verstehen Sie sich gut. Sie sitzen immer hier, und da ist noch ein Platz frei. Ist das gut? „Ja, bestens, danke, dass Sie sich solche Mühe machen.“ Ich verabschiede mich und laufe durch den Park, setze mich auf eine Bank und lese die Bewertungen erneut durch.

„So etwas Unfreundliches habe ich noch nie erlebt." – „Die Frau ist kalt und überheblich." – „Ich warne alle vor dieser Gastgeberin." – „Ich musste mit fremden Menschen an einem Tisch sitzen und die Übernachtungskosten wurden nicht mal reduziert. Wo gibt es denn sowas?"

Wie kommen Menschen eigentlich dazu, eine Gastgeberin öffentlich derart persönlich zu verletzen? Vielleicht, um angestauten Frust loszuwerden an einer Person, die sich nicht wehren kann? Wie mag es im Inneren eines Menschen aussehen, der ein solches Ventil braucht? Und wie mag diese Verletzung im Inneren der angegriffenen Person wirken? Wie traurig, dass keine andere Form der Kommunikation gewählt wurde. Außerdem verstehe ich nicht, dass meine Gastgeberin die Person aus den Bewertungen sein soll. Jetzt schaue ich mich an den einzelnen Stationen des Bibelweges um. Das ist wirklich beeindruckend und lädt zum Verweilen ein – und zum Entdecken der Spuren Gottes im eigenen Leben. Da kommt mir der Gedanke: Hat die Wirtin hier vielleicht ihre innere Ruhe gefunden, nachdem sie derart angegiftet wurde? Ich merke, wie sehr mich diese Frage beschäftigt.

Der Bibelweg „Auf Gottes Spuren" in Bad Feilnbach

Das Essen in dem empfohlenen italienischen Restaurant schmeckt sehr lecker, ich gehe bald zu Bett und schlafe anschließend in meinem angeblich knarrenden Bett sehr gut. Jetzt ist der neue Morgen da. Ich freue mich auf die Reisegruppe aus Brandenburg. Im Frühstücksraum bin ich die Erste und staune nicht schlecht. Für jeden Gast ist tatsächlich eine Frühstücksauswahl auf einem kleinen Tablett auf dem Tisch angerichtet. Ich erkenne meinen Platz gleich und setze mich. Die Wirtin kommt und zwinkert mir zu, als hätten wir eine geheime Absprache getroffen. Ich genieße den Kaffee und beginne mit meinem ersten Brötchen. Nach und nach kommen andere Gäste, auch die drei Personen an meinem Tisch begrüße ich bald. Und in der Tat: Es ist eine lustige Truppe. Wir kommen ins Gespräch und ich erzähle von meiner Tour. Kritische Blicke. „Radeln Sie einmal bei uns herum. Da interessiert sich die Jugend nicht für den Glauben, wir sind auch ganz anders aufgewachsen. Also ich kann auch nichts damit anfangen", sagt Monika. Dann denkt sie nach: „Aber wissen Sie, was mir gefallen hat? Ich war einmal auf einer Studienreise, da haben wir ein Kloster in Andalusien besucht. Die Mönche haben mich neugierig gemacht und ich habe zum ersten Mal begriffen, was sie vielleicht an ihrer Lebensweise reizt. Die hatten eine tolle Ausstrahlung. Wenn ich mich manchmal innerlich überfordert fühle oder es zu hektisch wird, dann denke ich daran. An solch einen Ort würde ich gerne einmal wieder reisen." Monika erzählt noch dies und das von diesem Kloster, dann beißt sie in ihr Brötchen und schon kommt die nächste kleine Geschichte. Ich höre ihr sehr gerne zu. Monika kann spannend und witzig erzählen und offenbar hat sie sich viele Details gemerkt. Irgendwann kann ich mir die Frage nicht verkneifen: „Sind Sie immer noch der Meinung, dass der Glaube nichts für Sie ist?" „Ja natürlich", sagt sie. Ich frage weiter: „Aber wenn Sie dieses Thema so gar nicht anspricht, warum erzählen Sie mir so viel davon?" Jetzt setzt Monika prompt ihre Kaubewegungen aus und schaut mich entgeistert an. Dann kaut sie so schnell sie kann und schluckt. „Wie meinen Sie das?"

Ich überlege, wie ich meine Eindrücke am besten in Worte fassen kann. „Sie waren von diesem Kloster in Andalusien begeistert, die Erlebnisse haben Sie bewegt und bereichert. Sie sehnen sich in stressigen Zeiten danach. Für mich hört sich das so an, als könnten Sie eine solche Erfahrung auch im Alltag brauchen. Warum lehnen Sie das nur ab?" Monika denkt nach „Wie? Was könnte ich denn tun?" fragt sie. Dann sage ich: „Um das herauszufinden, müssten Sie sich fragen, was Sie so sehr angesprochen hat, dass Sie es für sich haben möchten, es in Ihrem Leben erfahren möchten." Monika erzählt, dass sie so begeistert von der „Klarheit" des Lebens war und der unumstößlichen Sicherheit, die die Mönche ausgestrahlt haben. Dann sagt sie „Aber ich kann ja nicht ins Kloster gehen. Und die Kirchen sind auch so altbacken." „Waren Sie in letzter Zeit in der Kirche?", frage ich. „Nein, natürlich nicht, warum?" „Vielleicht ist alles ganz anders, als Sie denken?" Monika schaut mich wieder erstaunt an. Auf einmal zieht ein intensives Leuchten über ihr Gesicht. „Danke, Dankeschön." Ihr Mann deutet auf die Uhr. „Oh stimmt, wir müssen los." Wir verabschieden uns innig. Ich möchte ja auch los.

Ich packe meine sieben Sachen und verabschiede mich von der Wirtin. „Es hat mir sehr gut gefallen, ich werde eine Bewertung hinterlassen." Nun mustert sie mich zum ersten Mal spürbar kritisch und ich merke, dass sie ganz genau weiß, was ich meine. „Wissen Sie, mein Sohn sagt mir immer, ich soll mir nichts aus den fiesen Bewertungen machen. Aber das geht nicht. Wenn mir die Leute sagen, was sie stört, dann versuche ich das zu ändern. Und ich habe tatsächlich manches geändert. Ich habe aber nie etwas böswillig getan, glauben Sie mir." Ich fühle in diesem Moment in mir einen Stich – als wäre ich es, die durch diese Bewertungen verletzt worden wäre. „Das kann ich sehr gut nachempfinden", sage ich. „Ich verspreche Ihnen, ich schreibe eine ganz ausführliche Bewertung." Und nun zähle ich auf, was mir alles gefallen hat. Ihr Gesicht hellt sich auf. Dann läuft sie zum Schrank und holt eine kleine Flasche Sekt. „Die ist für Sie, ich danke Ihnen von Herzen, das tut so gut." Wir umarmen uns, ich packe den Sekt ein und fahre los. Ich spüre in meinem Rücken, dass sie mir nachschaut, und ich empfinde einen Kloß im Hals. Bei nächster Gelegenheit setze ich mich auf eine Bank am Wegesrand und schreibe die versprochene Bewertung. Dabei greife ich die negativen Statements auf, entkräfte die Argumente und werbe für diese Unterkunft.

Jetzt geht es mir besser und ich ziehe weiter. Dennoch lässt mich das bedrückende Gefühl nicht so schnell los. Zum Glück habe ich eine beschauliche Tour vor mir, die mir Gelegenheit zum Nachdenken gibt. Ich lasse meine Gedanken schweifen und genieße das herrliche Wetter.

Noch eine kleine Anmerkung: Als ich heute, einige Monate später, beim Abfassen dieser Geschichte für das Buch nach den Bewertungen für die besagte Unterkunft schaue, finde ich die negativen Bewertungen nicht mehr, auf die ich mich bezogen hatte. Es wurde offenbar das meiste bereinigt. Nur vereinzelt finde ich noch entsprechende Bewertungen, aber diese sind – wie wahrscheinlich überall – locker verstreut. Das ist eine sehr erfreuliche Überraschung! Dankbarkeit, das wird mir klar, sollte immer mit einem bewussten Eintreten für einen fairen Umgang miteinander verbunden sein, auch einem bewussten Eintreten für Benachteiligte und Geschädigte. In Begegnungen sollten wir alles ansprechen, was die gute Gemeinschaft behindert – doch immer so, dass die Würde und Einzigartigkeit eines jeden Menschen gewahrt bleibt. In meinem Inneren ist es gerade ganz ruhig und ich bin glücklich.

60

Ich bin auf dem Weg von Bad Feilnbach nach Bad Tölz. Eine wirklich schöne und überschaubare Strecke am heutigen Tag. Das ist mal wieder genau richtig, denn der gestrige Tag und der heutige Morgen hatten es in sich. Eine sehr bewegende Zeit war das mit zwei interessanten und tiefgehenden Begegnungen. Ich radle dahin, gehe meinen Gedanken nach und wundere mich mehr und mehr, denn ich entdecke heute so viele Kirchen und Kapellen unterwegs wie sonst nie. Woran liegt das? An meinem heutigen Weg? Sicher auch das. Doch ich vermute, es liegt eher noch an meiner Aufmerksamkeit. Ich finde dieses Phänomen immer wieder verblüffend. Worauf ich meine Aufmerksamkeit richte, das begegnet mir. Ich denke, wir alle kennen das. Mütter, die meine Zeilen lesen, können sich sicher daran erinnern, wie sie in der Schwangerschaft so viele Schwangere gesehen haben wie sonst nie. Mir ging es jedenfalls so. Na klar, das war mein Fokus in dieser Zeit. Wir können daraus eine freudvolle Übung kreieren und jeden Tag nach ganz bestimmten Dingen Ausschau halten. Und wir werden sie finden. Woran liegt das, dass wir sehen was wir suchen? Erschafft unsere Aufmerksamkeit unsere Wirklichkeit? Ja und nein. Wir zaubern nichts Neues, sondern alles ist schon da. Unsere Welt ist so übervoll mit Informationen und Angeboten. Wir picken uns IMMER nur einen Bruchteil heraus, nämlich das, was uns gerade interessiert – bewusst oder unbewusst. Da ist es doch selbstverständlich, dass wir uns auch anderes ergreifen könnten. Meine gesamte Tour ist darauf ausgerichtet, Dankbarkeit und Wertschätzung aufzuspüren und auf Talente, Potenziale, spannenden Geschichten zu achten, die in jeder Begegnung stecken. Und voilà, was begegnet mir auf Schritt und Tritt? Interessante Menschen, unzählige Erlebnisse der Wertschätzung und Dankbarkeit. Ich muss in meinem Buch keine schrift-

Heute suche ich …

stellerische Fantasie walten lassen, ich habe nur die wunderbare Aufgabe, meine Erlebnisse in eine gut lesbare Form zu bringen.

> Und noch etwas ist interessant: Jene Tage, an denen ich an diesem Buch arbeite, meist frühmorgens im Anschluss an meine Stille Stunde, all jene Tage werden garantiert Tage, an denen ich Vergleichbares erlebe wie auf meiner Tour. Das ist überhaupt die genialste Erfahrung. Die Tour geht weiter. Das Abenteuer, das unser Leben ist, die Freude, die unser Leben bereithält, darf jeden Tag ausgekostet werden. Jeden Tag! Wir müssen natürlich unsere Aufmerksamkeit darauf lenken. Mir ist deutlich geworden: Besonders an den dicht gefüllten Tagen ist es so wichtig, die Aufmerksamkeit am Morgen ganz bewusst auszurichten. Dann wird auch dieser Tag ein guter Tag. Er bietet ja auch eine ganze Menge Gelegenheiten dazu. Fast schon könnte ich sagen, dass ich das „Spiel" der Aufmerksamkeit an diesen Tagen besonders genieße. Probieren Sie es aus!

Ich entdecke also unterwegs viele Kirchen und Kapellen. Sie passen zu meinen Erlebnissen in Bad Feilnbach. Das Thema „Glaube" spielte doch in beiden Lebensgeschichten eine Rolle: Die Wirtin, die auf dem Bibelweg Ruhe fand, und Monika, die im Kloster etwas entdeckte, das sie im Alltag vermisst. Bislang hat sie ganz offenbar die Angebote, die ihr im Alltag ohne Zweifel in Fülle begegnen, nicht wahrgenommen. Sie hat ihre Aufmerksamkeit nicht darauf gerichtet. Sie konnte die Einladungen der Kirchengemeinden oder anderer religiöser Gemeinschaften vor Ort nicht sehen. Heute hat Monika etwas entdeckt. Ob daraus eine Brücke wird vom Kloster in ihren Alltag hinein, das liegt jetzt an ihr.

Glaube ist ein Angebot auf unserem Lebensweg. Es ist ein wunderbares Geschenk, dass wir diesem Angebot immer wieder begegnen. In ganz verschiedener Gestalt kommt es auf uns zu. Wir haben die Freiheit, es zu ergreifen.

Mit diesen Gedanken radle ich vor mich hin, bis der Weg auf eine Kreuzung stößt. Moment mal, wie geht es weiter?

Wenn ich links abbiege, komme ich an einer Kapelle vorbei. Ich sehe sie schon von weitem. Geradeaus geht es weiter hinten in den Wald und rechts führt der Weg den Berg hinauf. Ich halte an und betrachte diese Szene. Vor der Kapelle ist eine Bank. Welch herrliches Sinnbild! Ich stelle mein Rad in einiger Entfernung ab und mache ein paar Fotos. Da kommt ein anderer Radfahrer des Weges, biegt links ab und hält tatsächlich vor der Kapelle an. Er parkt sein Rad, setzt sich auf die Bank und holt ein Brot aus seiner Tasche, das er zu essen beginnt. Zwischenzeitlich habe ich mich auch auf eine Bank gesetzt, hole ebenfalls mein Brötchen aus der Satteltasche und genieße es. Ich will ja nicht aufdringlich wirken und ständig fotografieren. Doch das eine oder andere Foto mache ich. Der Radfahrer ist ein schneller Genießer. Schon

Glaube ist ein Angebot auf dem Lebensweg …

ist er fertig und nun umrundet er die Kapelle zu Fuß. Tatsächlich, sie ist offen und er tritt ein. Nach einiger Zeit kommt er wieder aus der Kapelle, steigt auf sein Rad und fährt den Berg hinab. Was hat er in der Kapelle gemacht? Was hat er erlebt? Und mit welchen Gedanken und Gefühlen ist er weiter geradelt? Nur er weiß es in diesem Moment.

Glaube ist ein Angebot auf dem Lebensweg. Wir können uns diesem Thema annähern, wir können den Glauben kennenlernen – die Tür ist offen. Und wir können den Glauben in uns hineinlassen, die Verbindung spüren, die im Glauben entsteht. Diese Verbindung ist individuell und sie wird individuell gestaltet. Eine Verbindung zu Gott, eine Verbindung zu uns selbst, eine Verbindung zu unseren Mitmenschen. So gestärkt gehen wir unseren Weg weiter. In uns hat sich etwas verändert. Diese Veränderung prägt unser Leben fortan.

Raum für Stille, Gebet und Dank

Mittlerweile habe auch ich mein Brötchen aufgegessen. Ich nähere mich der Kapelle und schaue ebenfalls hinein. Es ist dunkel und sehr still. Einige Kerzen brennen. Ich setze mich in eine Bank und danke Gott für alle Geschenke auf meiner Tour. In mir wird es ganz still.

61

Nun bin ich kurz vor Bad Tölz. Von dieser Kurstadt habe ich schon viel gehört, war aber noch nie dort. Jetzt ist es soweit. Ich habe eine kleine Ferienwohnung bei Marlies gebucht. Marlies hat mir gerade geschrieben – als wüsste sie, dass ich in Kürze da bin: Ob alles gut laufe und dass sie sich auf mich freue. Eine kleine Geste bringt manchmal eine große Wirkung hervor, das erkenne ich hier wieder. Ich spüre übrigens auf meiner Tour, dass ich wesentlich feinfühliger bin als sonst im Alltag. Als wäre der Ballast im Inneren beiseite geräumt. Ballast? Gibt es ein Kriterium für inneren Ballast? Welchen Ballast trage ich mit mir herum? Mit dieser Frage werde ich mich nach meiner Rückkehr sicher noch befassen. Ich fühle in mich hinein, aufgeräumt fühlt es sich an, da ist viel Platz, und ich bin aufnahmebereit. Als wäre der Minimalismus nicht nur in meinen Satteltaschen, sondern auch in mir. Außen und innen entsprechen einander. Ich fühle mich frei. Frei und geborgen. Ich atme tief ein und aus.

Ich durchquere die wunderbare Altstadt von Bad Tölz. Unzählige Cafés laden mich zum Verweilen ein, doch ich möchte bei Marlies ankommen. Ich fahre über die Isar und habe nur noch einen kleinen Anstieg zu bewältigen, schon bin ich da. Kleine Randnotiz: Das Navi führte mich doch tatsächlich statt an der Straße entlang durch eine Kirche – direkt hindurch. Ich bin diesem Weg allerdings nicht gefolgt. Stattdessen habe ich im Kirchhof einen der schönen Wege um die Kirchenmauern herum gewählt und mein Rad dabei geschoben. Hier konnte ich nochmals innehalten. Mein Navi hat nach einer kurzen Orientierungsphase seine Arbeit wieder aufgenommen. Das ist auch ein schönes Bild: Orientierungsphasen im Alltag einbauen!

Jetzt stehe ich vor einem hübschen Haus. Hier also wohnt Marlies mit ihrem Mann. Die Tür geht auf: Marlies begrüßt mich und strahlt genau die Wärme aus, die ich beim Lesen ihrer Nachricht in meinem Inneren spürte. Sie zeigt mir mein „Reich" im Dachgeschoss, liebevoll vorbereitet, und lässt mich dann in Ruhe ankommen und duschen. Sie betont jedoch noch, sie wolle unbedingt gerne von meiner Pilgerreise hören, denn auch sie habe reiche Pilgererfahrungen, die sie gerne mit mir teilen wolle. Ich spüre aus ihrem Inneren eine Vorfreude nach außen strömen. Nichts lieber als das, Marlies.

In Windeseile bin ich geduscht und frisch angezogen. Schnell noch die Radkleidung waschen, damit sie bis morgen trocknen kann. Und nun sitze ich mit Marlies in ihrem Wohnzimmer.

Im Gespräch mit Marlies

Marlies kann es kaum erwarten, sich über das Pilgern auszutauschen, denn vor zehn Jahren sei sie 40 Tage lang auf dem Jakobsweg unterwegs gewesen, erzählt sie mir. Diese Pilgerreise habe sie so sehr geprägt, dass sie ganz intensive Gefühle spürte, als sie von meiner Radreise hörte. Ich genieße es gerade sehr, mich mit ihr auszutauschen. Wir sitzen gemütlich beieinander, trinken Bad Tölzer Wasser und teilen ein Stück vom Besten unseres Lebens. Als Erste darf ich erzählen. Marlies ist sehr interessiert, und ich bin in meinem Element. Marlies ist eine gute Gesprächspartnerin. Sie stellt so aufmerksame und einfühlsame Rückfragen, dass mir immer und immer mehr einfällt, was ich ihr erzählen kann. So sind wir eine ganze Weile im Gespräch über meine Radreise, bevor sie an der Reihe ist. Jetzt bin ich neugierig. „Dann mal los, ich bin ganz Ohr", sage ich.

Marlies setzt sich plötzlich sehr aufrecht hin, als spüre sie einen inneren Ruck. Aufbruchstimmung? Ja, Aufbruchstimmung. Und nun beginnt sie mit ihrer Erzählung. Eine feierliche Atmosphäre breitet sich aus. „Damals hatte ich privat ein paar schwierige Zeiten und Erfahrungen zu bewältigen. Nichts wirklich Schlimmes, würde ich heute sagen, doch wollte ich ein wenig in mir aufräumen. Kennst du das?" Ich nicke. „Ich hatte erst einen Zeitschriftenartikel und dann zwei Bücher über Pilgerreisen gelesen und gespürt, dass eine solche Erfahrung mich in meiner aktuellen Situation bereichern könnte. Als wäre ich davon angepiekst worden, wurde die Sehnsucht größer und größer. Ich wollte wieder in den Kontakt mit meinem Inneren kommen. Ich hatte den Eindruck, dass mir dann mein Leben und meine Entscheidungen klarer vor Augen stehen könnten." Marlies macht eine Pause und wirkt, als erlebe sie diese Situation gerade nochmals in ihrem Inneren. Dann fährt sie fort: „Aber ich hatte keine Erfahrungen. Ich war noch nie zuvor mehrere Tage auf Wanderschaft. Ich habe mir dennoch gleich mal 40 Tage vorgenommen, weil ich so sehr nach Erneuerung lechzte. 40 Tage waren privat und beruflich geradeso drin, und die wollte ich mir für diese Pilgertour gönnen." Marlies erzählt anschaulich von ihren intensiven Vorbereitungen: „Ich habe mich gefühlt, als wollte ich auf eine Expedition. Ich habe mir

> Aufbruch zu einer Expedition im Leben, diese Haltung möchte ich bewusst immer wieder einnehmen. Und dazu braucht es Ideen, Träume, Expeditionen eben …

einen Trainingsplan erstellt, habe Wanderungen, Bergan- und -abstiege und vieles mehr trainiert. Etliche meiner Freunde und Bekannten haben mich für verrückt erklärt. Wahrscheinlich hat sich Noah so gefühlt, als er seine Arche auf dem trockenen Land baute." Marlies lacht. „‚Was tust du da?', fragten viele. ‚Ich mache mich fit', entgegnete ich. In mir war eine so große Sehnsucht, dass ich voller Eifer und Tatendrang war, egal was andere sagten." Jetzt bin ich tief beeindruckt. Ich kenne diesen Tatendrang auch von meinen Reisevorbereitungen. Aber er war nicht derart existenziell motiviert. Oder vielleicht doch?

Marlies berichtet, wie sie dann auf dem Jakobsweg ankam, ihren Rhythmus fand, und dass der Beginn des Tages für sie besonders wertvoll war: „Der Start in den Tag hatte etwas Frisches und Unberührtes. Ich konnte viel nachdenken und genoss die einsamen Wege. Ich habe darauf geachtet, dass ich zu diesen Zeiten wirklich alleine unterwegs war. Später am Tag hatte ich auch gerne Begleitung. Daran mangelt es ja nicht auf dem Jakobsweg." Marlies lacht. Während sie sich erinnert, schwingt sehr viel Sehnsucht in ihrer Stimme und in ihrer Ausstrahlung. Mir scheint, als sei das ein Schlüsselerlebnis in ihrem Leben gewesen. Marlies erzählt von Menschen, die ihre Pilgerreise abbrechen oder längere Pausen einlegen mussten, weil ihr Körper die Belastungen nicht verkraftet habe. Ihr aber sei es gelungen, jeden Tag zu laufen. Das freute sie, und das überraschte all jene, die ihr dies nicht zugetraut hatten. Für Marlies war es sehr wichtig zu erkennen, dass sie sich auf ihren Körper verlassen konnte. Das sei eine Erfahrung, die sie nie mehr vergessen werde.

„Zehn Jahre sind seitdem schon vorüber, aber es vergeht kaum ein Tag, an dem ich nicht an den ‚Camino' denke", sagt Marlies nachdenklich. „Was hast du mitgenommen für dein Leben?", frage ich.

Daraufhin antwortet sie prompt: „Zwei ganz wichtige Erfahrungen. Die eine habe ich gerade erwähnt: dass ich meinen

Körper etwas zutrauen kann, dass er mich nicht im Stich lässt, belastbar ist und sich regeneriert. Und die zweite Erfahrung ist das Vertrauen, dass immer jemand da ist, der mich begleitet. Ja, ich habe meine Verbindung zu Gott ganz neu kennen und lieben gelernt. Und dieses Vertrauen in die Gegenwart Gottes habe ich seit dem Jakobsweg bei mir."

> „Ich habe meine Verbindung zu Gott ganz neu kennen und lieben gelernt."

Kurz nachdem sie vom Jakobsweg zurückgekehrt war, erkrankte Marlies schwer. Sie war sehr froh, die Pilgererfahrung gemacht zu haben, weil diese ihr die Kraft gab, die harte Zeit, die folgte, durchzustehen. Das Vertrauen auf Gott und das Vertrauen in ihren eigenen Körper waren ausschlaggebend. „Ich habe auf dem Jakobsweg einige Frauen getroffen, die ihn nach einer schweren Erkrankung gegangen sind, quasi als Dank und Neustart. Für mich war es jedoch gut, den Weg vor meiner Krankheit gegangen zu sein. Wer weiß, ob ich sonst dieses Vertrauen hätte aufbringen können, dass alles gut werden wird?" Und zum Abschluss sagt sie: „Auch heute noch motiviert mich diese Pilgererfahrung, jeden Tag meinen Weg zu gehen."

Nach einer kurzen Pause ergänzt Marlies, warum sie mir so gerne von ihren Erfahrungen erzählen wollte. „Ich habe darauf gehofft, dass du ein offenes Ohr hast, denn immer, wenn ich davon erzähle, dann spüre ich so viel Kraft in meinem Inneren, das ist sehr ermutigend."

Das glaube ich, das verstehe ich. Wir schweigen. Anschließend tauschen wir uns noch über dies und das aus. Marlies bekommt Besuch von ihrem Sohn, und ich freue mich auf ein leckeres Abendessen, das ich mir in einem Bioladen in der Nähe zusammenstelle und in meiner kleinen feinen Küche zubereite.

An das Gespräch mit Marlies muss ich in der Folgezeit sehr oft denken. Nicht nur, weil wir uns sehr gut verstanden haben. Sondern auch wegen der Emotionalität, die im Raum war. Marlies war spürbar bewegt, und obwohl ihre Pilgerreise schon zehn Jahre zurückliegt, zehrt sie jeden Tag von diesen Erfahrungen. Das hat vieles in mir angestoßen.

Vor allem hat mich nachdenklich gemacht, was sie zu den Umbruchzeiten gesagt hat, die eine Pilgerreise auslösen. Ich frage mich, ob ich neben dem schon geschilderten Auslöser für die Tour, nämlich meinen Erfahrungen in Neuseeland, nicht auch mit meinem aktuellen Lebensstil vor Beginn meiner Reise unzufrieden war. Und ich entdecke durchaus, dass mir mein Alltag vor der Tour zu turbulent und hastig, geradezu überfüllt vorkam. Auch ich hatte eine Sehnsucht nach Erneuerung. Und ich bin glücklich und dankbar, so vieles auf meiner Reise gelernt und vertieft zu haben.

Übrigens beobachte ich in der zweiten Hälfte meiner Tour viel stärker als zu Beginn, wie viele Menschen mir ihre Lebensgeschichten anvertrauen, teilweise sehr persönliche Dinge, obwohl sie mich nicht länger kennen. Manchmal erzählen sie einfach drauflos, sobald ich mich – beispielsweise in einem Café – zu ihnen gesetzt und wir uns begrüßt haben. Sie haben lediglich das Thema meiner Tour auf meinem Trikot gelesen. Woher kommt diese Offenheit? Woher kommt dieses Vertrauen?

Sonnenaufgang an der Isar

62

Heute fahre ich München entgegen. Gemütlich rolle ich dahin. Ich denke intensiv an die Begegnung mit Marlies und die hinter mir liegende Zeit. Ich entferne mich von den Bergen und habe das Gefühl, dass dort nun ein großer Schatz meiner Erfahrungen liegt. Moment, da muss ich doch noch einmal anhalten, in die Ferne schauen und diesem Gefühl nachspüren. Ich verweile einen Augenblick, dann fahre ich weiter.

Während ich in meinem Rhythmus radle und nachdenke, sehe ich mich auf eine große Baustelle zufahren. Mittlerweile ist der Radweg auf eine kleine Landstraße gestoßen, die an der Autobahn entlang verläuft und auf der Höhe der Baustelle offenbar unter der Autobahn hindurchführt. Wie komme ich hier weiter? Mein Nachdenken wandelt sich in Aufmerksamkeit für den Augenblick. Weit und breit sehe ich keine andere Möglichkeit, auf die andere Seite der Autobahn zu gelangen. Ich muss durch die Baustelle hindurch. Und je dichter ich an die Baustelle heranfahre, desto deutlicher sehe ich, dass es kein Durchkommen geben wird. Die gesamte Straße ist gesperrt und durch einen Lastwagen und einen Kran komplett dicht. Ich halte an und denke nach. Aber warum gab es nirgends ein Umleitungsschild? Da kommt auch schon einer der Bauarbeiter auf mich zu, er winkt energisch: „Hier ist gesperrt!" „Ich sehe es ja, das war keine Absicht. Ich bin auf dem Weg nach München, leider habe ich auf meinem Radweg kein Umleitungsschild gesehen." Wahrscheinlich war ich so sehr in meine Gedanken vertieft, dass ich es übersehen habe, denke ich jetzt. Nun gut. Schauen wir mal. Der Bauarbeiter mustert mein Trikot. „Fahren Sie ganz alleine? Was machen Sie da?" Er betrachtet mich neugierig und stellt sich als Baustellenleiter vor. Ich erzähle ihm von meiner Tour und am Ende sage ich: „Ich sammle also Geschichten der Dankbarkeit – und erzähle den Menschen unterwegs davon." Schon während meiner Ausführungen erhellt sich sein Gesicht mehr und mehr und er ruft. „Dann gebe ich ein Stück Dankbarkeit dazu!" Hans berichtet mir von seinem Enkelkind, das in einen sehr guten naturverbundenen Kindergarten gehe und jeden Nachmittag fröhlich nach Hause komme. „Da sind wir vielleicht dankbar! Meine Frau holt den Kleinen jeden Tag ab und er ist dann bei uns, bis die Eltern von der Arbeit kommen. Und wissen Sie, wenn ich Nils dann nachmittags sehe, das ist ein Glücksgefühl." Hans bedeutet seinen Mitarbeitern, dass sie den Lastwagen an die Seite fahren und kurz pausieren sollen, bis ich durch die Baustelle gekommen bin. Sie folgen seinen Anweisungen. Ich bedanke mich sehr herzlich, wünsche Hans und seiner Familie alles Gute und fahre weiter. Als ich die Baustelle ein Stück hinter mir gelassen habe, stelle ich mein Rad ab und mache zur Erinnerung ein Foto.

Bei nächster Gelegenheit setze ich mich auf eine Bank. Es ist Mittag, und ich genieße die Ruhe. Ich atme durch. Das war vielleicht ein spannend-schönes Erlebnis. Ich vermute, zu anderen Zeiten wäre ich vor dieser Herausforderung weggelaufen, ich hätte umgedreht und irgendeinen anderen Weg gesucht, um die Baustelle zu meiden. Jetzt aber fuhr ich offen darauf zu. Was hätte schon passieren können? Im schlimmsten Fall hätte ich umkehren müssen, doch selbst dann hätte ich noch nach dem Weg fragen können. Meine Gelassenheit auf den letzten Metern vor der Baustelle erstaunt und begeistert mich jetzt sehr. Ich möchte dieses Gefühl in mir behalten, denn auch auf dem weiteren Lebensweg werden Situationen auf mich zukommen, die mir zunächst unangenehm scheinen werden. Es wäre eine große Erleichterung, wenn ich mit solchen Situationen künftig offener und gelassener umgehen könnte. Zu meinem Erstaunen kam es dann ja auch ganz

> Ich möchte lernen, auch im Alltag offen auf Herausforderungen zuzugehen.

anders als vermutet: Welch eine Wandlung, wenn die Dankbarkeit ins Spiel kommt. Ich bin ein weiteres Mal überrascht, wie es dieses Thema schafft, die Herzen zu bewegen. Auf geht's, München entgegen.

Dankbarkeit bewegt die Baustelle…

63

Heute ist ein besonderer Tag, ich treffe Brian. Brian ist eine Schlüsselperson in meiner Beschäftigung mit dem Thema „Wertschätzung“. Wie schon in der allerersten Geschichte erwähnt, habe ich ihn im Jahr 2015 während meines Aufenthaltes in Neuseeland kennen gelernt. Diese Erfahrung war letztlich der Anstoß zu meiner Radreise.

Brian lebt seit gut zwei Jahren in München. Mit Beginn seines Ruhestandes war er nach Deutschland gezogen, da vier seiner fünf Kinder in Deutschland bzw. den angrenzenden Ländern leben. Nachdem seine Frau schon vor einigen Jahren gestorben war, wollte er hier einen Neubeginn wagen. Natürlich ist er in Neuseeland verwurzelt, und doch reizte ihn das Neue. Das Leben darf nie stillstehen, so Brian. Mittlerweile ist er wieder glücklich verheiratet – mit Angelika aus München.

Es war mir von Anfang an klar, dass ich meine Tour durch München planen würde. Und nun bin ich da. Wir verabreden uns in einem Café und verbringen einen wunderschönen Morgen zusammen. Das Wiedersehen mit ihm ist ein ganz besonderer Moment für mich.

Brian unterrichtet drei Tage in der Woche an einer christlichen Schule in München. Er genieße seine Arbeit, betont er. Er liebe es, mit den Schülerinnen und Schülern zusammen zu sein. Nach seiner Ankunft habe er die Schulleitung unterstützt, das Schulprogramm zu erstellen. Viele Elemente aus Neuseeland seien übernommen worden. Einen Aspekt habe er jedoch erst kürzlich vorgeschlagen. „Weißt du, in Neuseeland wurden die wöchentlichen Morgenandachten im Lehrerzimmer abwechselnd von den Lehrkräften gehalten. Du hast das ja erlebt. Das hat uns noch besser als Team zusammenwachsen lassen“, sagt Brian. Hier in München habe er ein Jahr gewartet, er wollte erst einmal das

Schulprogramm wirken lassen, nichts überstürzen. Vor einiger Zeit aber habe er diesen Vorschlag unterbreitet. Er stieß erfreulicherweise auf reges Interesse. „Was dann passierte, war so schön. Gerade weil wir eine christliche Schule sind, in der die Lehrpersonen ihren Glauben einbringen, ist es ungemein bereichernd zu erfahren, was den einzelnen Kollegen besonders bedeutsam ist, wo ihr Herz schlägt. Ab diesem Moment ist das Vertrauen noch stärker gewachsen, der Zusammenhalt war noch größer als zuvor", sagt Brian. „Es ist einfach faszinierend, zu beobachten, was es bewirkt, wenn sich alle besser kennen lernen. Achtung und Wertschätzung fallen uns dann viel leichter." Brian wirkt fröhlich. Er ist ein ganz besonderer Mensch, voller Offenheit, Begeisterung, Interesse für sein Gegenüber. Er lebt unbedingte Wertschätzung und ich bin mir sicher, dass dies ansteckend wirkt. „Jeder darf bei uns so sein, wie er ist. Wir geben uns da ganz viel Freiheit. Darum ist es auch so wichtig, sich zu kennen. Wie sollte man sich sonst gut unterstützen können? Wir merken auch, dass die Verschiedenheit uns stärkt, jeder hat andere Gaben und Talente, und diese bereichern unsere Schulgemeinde." Brians Augen leuchten und die Begeisterung springt auf mich über.

Brian berichtet mir von seiner letzten Andacht, in der er einen Kirchenbesuch in Innsbruck verarbeitet habe. Die Fresken dieser Kirche hätten ihn berührt und er habe zum Künstler und der Epoche recherchiert. Das habe ihm viel Freude gemacht, ihn richtig erfüllt. „Weißt du, ich liebe es, wenn ich Neues erfahre. Und ich arbeite dann gerne weiter daran. Wenn ich mit anderen darüber ins Gespräch komme, entdecke ich mehr und mehr." Er erzählt mir auch, dass er in dem Münchner Viertel, in dem er jetzt lebt, bei seinen Recherchen zur Lokalgeschichte auf spannende Ereignisse gestoßen sei. Er habe mutige Menschen entdeckt, über die kaum etwas bekannt sei, die aber auf beeindruckende Weise in der Zeit des Nationalsozialismus für Menschlichkeit eingetre-

Welche Vorbilder hatte und habe ich im Leben?

ten seien. „Diese Menschen faszinieren mich. Das sind meine Vorbilder. Sie hatten so viel Mut. Ich möchte so gerne ihre ganze Geschichte aufdecken und von ihnen lernen."

Und dann sagt er schmunzelnd: „Auf den Grabsteinen in Europa steht oft der Beruf des verstorbenen Menschen. Ich würde auf meinem Grabstein nicht wollen, dass da ‚Lehrer' steht oder gar ‚Direktor'. Ich würde die Bezeichnung ‚Lerner' bevorzugen. Weißt du, ich bin glücklich, wenn ich lernen darf. Ich lerne jeden Tag, ich lerne in jeder Begegnung, und vieles lerne ich von meinen Schülerinnen und Schülern – Bayerisch zum Beispiel." Brian lacht. Oh ja, denke ich, das ist Brian. Wir schweigen. Ich denke darüber nach, was ich gerne lernen möchte, wenn ich wieder zu Hause bin.

Was möchte ich gerne lernen?

Brian erzählt mir bei unserer Begegnung auch belastende Dinge und Erlebnisse, die sich aktuell in seiner Familie ergeben haben, und ich beobachte eine erstaunliche Gabe: Er beißt sich nicht daran fest, es gibt diese Belastungen, er sieht sie, er bringt sich unterstützend ein, aber sie leiten ihn nicht ins Negative. Vielmehr orientiert er sich am Guten – daran hält er fest. Während Brian erzählt, kommt mir folgende Assoziation: Brian sieht nicht nur einfach das halb volle Glas und schon gar nicht das halb leere Glas, sondern er ist dankbar für das Wasser im Glas. Er fragt nicht, warum es so wenig oder so viel ist, er ist dankbar. Brian erzählt mir fast nebenbei, dass seine Auswanderung mit sich gebracht habe, keine Rente mehr aus Neuseeland zu erhalten, was ja wirklich einschneidend ist. Darum sei er einfach dankbar, dass er an seiner Schule in München eine so gute Gelegenheit zum Arbeiten und Lernen gefunden habe. Ich spüre, dass Brian lebt, was auch Bruder David kennzeichnet: in allem, was ihm widerfährt, Anstöße zur Dankbarkeit zu entdecken.

Brian muss weiter und er verabschiedet sich von mir auf Bayrisch. Wir lachen beide. „Weißt du, auch Humor ist eine wertvolle Gabe. Man muss auch über sich selbst lachen können, nicht alles stur sehen. Dann fällt vieles leichter", sagt er. Und: „Danke für die wertvolle Zeit!"

Beschwingt und fröhlich setze ich meine Tour fort. Und ich beschließe: Auch ich möchte mich als „Lernerin" bezeichnen, dieser Ausdruck charakterisiert meine Radreise und das Verständnis meiner selbst vortrefflich.

Im Gespräch mit Brian Seatter

64

Mir hat die Weggabelung mit der Kapelle auf meinem Weg nach Bad Tölz so gut gefallen, dass ich heute nach einem neuen Motiv Ausschau halte, das etwas mit meinen Reiseerfahrungen zu tun hat. Ich schüttele den Kopf und spreche mit mir selbst: Kannst du nicht genug kriegen? Das Motiv war doch spitze. Doch irgendetwas lässt mich nicht los. In dieser Aufmerksamkeit fahre ich durch die kleinen Ortschaften auf meinem Weg Richtung Augsburg.

Plötzlich bremse ich schlagartig. Ich traue meinen Augen nicht. Das perfekte Motiv! Ein übergroßer Kreis aus Stahl steht mitten in der Landschaft. Ich parke mein Rad und gehe zu dieser imposanten Skulptur. Sie hat eine beachtliche Tiefe, sodass ich mich auf die untere Kreisbahn stellen kann. Ich recke mich, mache mich so groß ich kann, ich strecke meine Arme aus und doch ist noch sehr viel Luft zwischen meinen Fingerspitzen und der Kreisbahn. „Freiheit in Geborgenheit", nenne ich diese Komposition. Ich parke mein Rad an einer Stelle, an der ich die Kamera gut auf dem Sattel platzieren und ein Bild mit Selbstauslöser machen kann. 10, 9, ... ich sause zur Skulptur, 3, 2, 1 und Klick. Da ist es. Mein Foto! Die Quintessenz, die Zusammenfassung aller meiner Erfahrungen, das i-Tüpfelchen meiner Radreise. Ich kontrolliere die Qualität – alles bestens.

Freiheit in Geborgenheit. Auf meiner Tour habe ich mich jeden Tag geborgen gefühlt, umsorgt und sicher. Durch den Glauben an Gott, der mich begleitet. Durch den Kontakt zu Menschen, die mich kennen und liebhaben. Durch die Offenheit und den Reichtum der Begegnungen unterwegs. Jede einzelne Begegnung war tief und bewegend. In jedem Menschen ... Wie oft habe ich das geschrieben. Und inmitten dieser Geborgenheit konnte ich mein Leben in Freiheit gestalten, wie ich es mir nie vorher hätte träumen lassen. Ich habe mich in diesem Prozess selbst besser kennengelernt, habe meine innere Mitte neu entdeckt und intensiv gespürt, sodass ich mich ganz und gar dem Augenblick hingeben und öffnen konnte. Diese Impulse nehme ich mit in den Alltag hinein. Es ist ein ganzes Bündel an Impulsen – und jetzt habe ich ein passendes Bild dafür entdeckt.

Ich setze mich ins Gras, betrachte das Foto auf dem Display der Kamera und schreibe ein Gedicht:

Wer sich öffnet, kann empfangen.
Wer sich öffnet, kann Leben einatmen.
Wer sich öffnet, wird beschenkt.

Sich öffnen heißt für mich:

Mich einzulassen auf das,
was Gott HEUTE
für mich bereithält.

Mich überraschen zu lassen
von neuen Erfahrungen,
die mich HEUTE bereichern.
Hinzuhören auf das,
was Menschen mir HEUTE
sagen.
Mich von der Ausstrahlung
berühren zu lassen,
die HEUTE in Begegnungen
spürbar wird.

Ich stimme mich JETZT darauf ein,
in Erwartung all dieser Überraschungen
das HEUTE zu leben.

Jetzt lege ich mich ins Gras und betrachte den Himmel. Grenzenlose Freiheit. So liege ich eine ganze Weile. Da hält ein Auto an. Ich setze mich auf. Die Scheibe der Fahrertür wird heruntergelassen. „Ist alles in Ordnung?“, ruft der Fahrer mir zu. „Alles bestens, ich genieße gerade den Blick in den Himmel. Danke“, rufe ich ihm zu. „Gerne“, ruft er zurück und fährt weiter. Ich lege mich wieder hin. Oh ja, Freiheit in Geborgenheit.

„Freiheit in Geborgenheit“

65

Mein heutiges Etappenziel ist das Benediktinerkloster in Neresheim. Nur noch eine Nacht trennt mich von meiner Ankunft bei meiner Mutter. Gestern habe ich die Skulptur „Freiheit in Geborgenheit“ entdeckt und sie als Sinnbild meiner Tour gekennzeichnet. Nun fühlt es sich so an, als sei alles abgerundet. Perfekt. Dass es die heutige Etappe nochmals richtig in sich haben wird, das ahne ich noch nicht, als ich gemütlich durch die Landschaft fahre und vom Bayerischen ins Württembergische wechsle. Nun ja, was heißt ahnen. Die letzten Tage waren immer wieder Gewitter angekündigt, doch ich blieb verschont. Wie sehr man sich doch mit seinem Glück anfreunden kann …

Während ich so nachdenke, zieht sich der Himmel zu. Und schneller als ich reagieren kann, ist es auch schon da: das Gewitter – mein Gewittererlebnis. Wie ungünstig, dass ich gerade im Wald fahre. Es beginnt zu stürmen, schon prasselt Regen in Strömen herunter und verwandelt den Waldweg, auf dem ich gerade unterwegs bin, in Sekundenschnelle in ein Matschloch. Es blitzt und donnert, doch glücklicherweise nicht in meiner unmittelbaren Nähe. Ich habe weder Zeit noch Muße, meine Regenkleidung auszupacken. Völlig durchnässt kämpfe ich mich voran. Weit und breit ist niemand zu sehen.

In diesem Moment habe ich den Eindruck, mich selbst zu beobachten. Nach dem Motto: Na, wie geht es dir? Hast du Angst? Wie sieht's aus? Was denkst du gerade? Ich horche in mich hinein. Und ich bin überrascht. Ich trete mit voller Kraft in die Pedale und bin innerlich ruhig. Keine Hektik. Ich weiß, es könnte auch schlecht ausgehen, wenn das Gewitter doch noch ganz nahekäme, aber irgendwie spüre ich Vertrauen. Ich fühle mich zwar nicht wirklich wohl in meiner Haut, es ist ja nass und ungemütlich, aber dennoch empfinde ich Geborgenheit. Ich danke Gott für seine Gegenwart. Ich danke für die Begleitung in stürmischen Zeiten. Und ich denke an Marlies, die sich immer von Gott begleitet fühlt, seit sie auf dem Jakobsweg war – auch in den Zeiten ihrer Krankheit. Ich denke an die Kirche, die ich fotografiert habe als Zeichen dafür, dass der Glaube mich begleiten möge. Ich denke eine ganze Weile an meine Familie und meine Kinder. Ja, wir alle kennen auch stürmische Zeiten. Ich denke – wie kann es anders sein – an das Gewittererlebnis von Martin Luther. Ich grüße ihn innerlich und fühle mich ihm ganz nah. Wie oft habe ich schon zu diesem Thema unterrichtet. In all dem Nachdenken steuere ich mein Rad sicher durch den Matsch und kann sogar den herunterfallenden Ästen ausweichen.

Nach einiger Zeit klart der Himmel so plötzlich wieder auf, wie er sich vorher zugezogen hatte. Ich verlasse den Wald und staune: Das Farbenspiel am Himmel, die satten, bunten Felder, all dies ist eine Augenweide. Ich entdecke sogar einen Regenbogen. Die Eindrücke speichere ich tief in mir. Ich bin völlig durchnässt und gleichzeitig glücklich.

Ein kleiner See mit einer Gaststätte erwartet mich nach einigen Kilometern. Dort kann ich trocknen, den Schlamm von meinem Rad entfernen und regenerieren. Ein echtes Happy End.

Als ich meinen Kaffee trinke und mein Eis genieße, lasse ich das Erlebte nochmals an mir vorüberziehen. Wäre ich in dieses Gewitter in der ersten Woche meiner Tour gekomen, hätte ich bestimmt anders reagiert. Es hat sich etwas in mir verändert.

Im Kloster angekommen, beziehe ich wieder ein wunderbares Zimmer. Ich dusche, ziehe mich um und hänge die nasse Wäsche auf. Welch eine Wohltat! Ich öffne das Fenster und habe einen herrlichen Ausblick. Jetzt spüre ich großen Appetit. Ich gehe in die Klosterschänke und bestelle mir etwas zu essen. Ich schaue mich um. Hier sind nur wenige Menschen. Die Klosterschänke ist eine großzügige Einrichtung mit ausdrucksstarken Bildern an der Wand. Mein Blick streift durch den Gastraum. Und wen sehe ich da? Eine Wandergesellin. Um ehrlich zu sein, ich weiß nicht viel von dieser Zunft. In ihrer typischen Kluft sitzt sie da, neben ihr der Sack mit ihrem Hab und Gut, sie trinkt genüsslich einen Kaffee und schaut aus dem Fenster. Irgendwann treffen sich unsere Blicke, wir lächeln uns zu und ich setze mich zu ihr an den Tisch.

„Wir beide sind auf Reisen", sagt Anna. „Ich habe dich vorhin ankommen sehen, hier aus dem Fenster konnte ich alles beobachten. Das Wetter hat dich ja ganz schön erwischt." „Ja, das stimmt. Aber jetzt ist alles gut", erwidere ich. „Bist du schon länger hier?", frage ich. „Nein, ich bin vorhin erst gekommen und es geht gleich weiter. Ich habe es zum Glück vor dem Gewitter hierher geschafft." Anna lächelt erleichtert. Nun werde ich neugierig: „Darf ich etwas über deine Wanderschaft erfahren? Ich bin nur einige Wochen unterwegs, und wenn ich es richtig weiß, dauert das bei euch länger, oder?" „Ja, mindestens 3 Jahre und einen Tag. Die Wanderschaft muss länger sein als unsere Ausbildung." Anna berichtet mir, dass das Wissen der Wandergesellen von einem zum anderen mündlich weitergegeben werde. Schriftliches könne missverstanden werden und generell wolle man sich als Wandergeselle an nichts binden, das gelte auch für das Schriftliche. Ich frage sie, ob ich dennoch über unsere Begegnung in meinem Buch, das mir mittlerweile immer deutlicher vor Augen schwebt, berichten dürfe. Anna bejaht dies: „Wenn du schreibst, dass es dein Verständnis von unserem Gespräch ist, dass es eine Momentaufnahme ist und dass ich eine individuelle Person bin, deren Aussage sich auch von Aussagen anderer Wandergesellen unterscheiden kann, dann darfst du über unser Gespräch schreiben. Außerdem – ich spüre gute Absichten." Anna lacht, und ich bin erleichtert. Warum begegne ich ihr gerade an meinem letzten Tag vor der Ankunft zu Hause? Ich komme mir so schrill vor neben ihr – ich in meinem knallblauen Trikot, frisch geduscht und ein behagliches Bett in Aussicht.

Wenn ich Anna so beobachte, dann spüre ich, dass meine Erlebnisse noch um einiges überboten werden können. Ich habe unzählige Fragen gleichzeitig in meinem Kopf. Woher nimmt sie das Vertrauen? Welchen Antrieb hatte sie zu dieser langen Reise? Was hat sie schon alles erlebt? Hat sie ein Lebensmotto? Wie wird ihr Leben nach der Reise weitergehen? Und weiß sie schon, wie lange sie unterwegs sein wird? Wie reagierten eigentlich ihre Eltern auf ihren Entschluss? Fragen über Fragen …

„Dir gehen viele Fragen durch den Kopf." Anna mustert mich und lächelt. „Woher weißt du das?", frage ich erstaunt. „Das spüre ich. Ich bin in meinen vergangenen zwei Jahren Wanderschaft schon so vielen Menschen begegnet, da wächst die Menschenkenntnis." Jetzt schaue ich sie vermutlich sehr erstaunt an. „Zwei Jahre? Unglaublich", rufe ich. Anna lächelt und nickt. „Also, du kannst gerne fragen." „Danke", sage ich. „Du hast recht, ich habe viele Fragen. Lass mich meine Gedanken sortieren."

Anna trinkt ihren Kaffee und schaut mich ab und zu an. Sie besitzt eine enorme Ausstrahlung. „Okay, ich fange am besten von vorne an. Was war der Impuls, dass du dich auf Wanderschaft begeben hast? Ich meine, was war deine Motivation?" „Das Fernweh", sagt Anna, als wüsste sie meine Frage schon. „Es war eindeutig das Fernweh. Das spürte ich schon als Kind. Ich wollte die Welt sehen. Und als ich meine Schreinerlehre machte, kam eines Tages ein Wandergeselle und hat von seinen Erfahrungen berichtet. Von diesem Moment an wusste ich: Das ist perfekt für mich." Anna strahlt wieder von innen. „Wie hast du das geplant? Was haben deine Eltern gesagt?" Ich sprudle jetzt vor Neugier. „Meine Eltern haben sich natürlich Sorgen gemacht, das ist für Eltern ja nicht leicht, aber sie haben meine Sehnsucht gespürt und mich ziehen lassen. ‚Wenn es dein Traum ist, dann musst du es tun', haben sie gesagt. Das hat mich unglaublich gefreut. Ich fühlte mich von diesem Moment an behütet. Das bestärkt mich übrigens heute und jeden Tag aufs Neue." Anna spürt gerade offenbar in sich hinein, sie hält inne. Und dann sagt sie: „Du wolltest noch wissen, wie ich das geplant habe. Na ja, was heißt planen? Wir bekommen einen erfahrenen Wandergesellen für die erste Zeit an unsere Seite. Er bringt uns alles bei. Und wenn wir selbstständig geworden sind, dann ziehen wir alleine weiter. Es gibt ein Netz der Wandergesellen – überall. Wir werden nicht im Stich gelassen. Niemand weiß ja alles im Voraus. Die Kunst besteht darin, sich auf das Aktuelle einzulassen." „Das hört sich sehr gut an", sage ich voller Bewunderung, auch wenn ich mir das Leben als Wandergesellin noch nicht wirklich vorstellen kann. „Wie lange wirst du unterwegs sein? Und was willst du nach der Wanderschaft machen?", frage ich jetzt weiter. „Du fragst immer nach den Plänen", sagt Anna. Sie lacht und schüttelt den Kopf. „Bei uns gibt es einen Spruch: Wer Pläne macht, wird ausgelacht. Weißt du, ich konzentriere mich auf den heutigen Tag, was er mir schenkt. Ich genieße den Augenblick. Würde ich immer auf meine Pläne schauen, wie sollte ich das Heute wahrnehmen? Ich arbeite, meist für wohltätige Zwecke, verdiene dabei Geld und wandere weiter. Ich sammle Lebenserfahrungen. Ich habe so viele wertvolle Erfahrungen gemacht, sie haben mich bereichert, und ich habe viele hilfsbereite Menschen kennengelernt. Ich glaube an das Gute im Menschen und begegne jedem, den ich treffe, in einer vertrauensvollen Haltung." Wieder bin ich sehr erstaunt über die Eindeutigkeit der Aussagen. „Woher hast du diese Sicherheit?" „Die Sicherheit habe ich aus meinen Erfahrungen abgeleitet." Ich stimme ihr zu und entdecke viele Ähnlichkeiten mit meiner Tour, doch sind die Herausforderungen, denen Anna auf ihrer Wanderschaft begegnet, viel größer.

„Wenn es dein Traum ist, dann musst du es tun."

„Noch eine Frage?“ Anna bestellt sich einen zweiten Kaffee. „Darf ich dich zum Kaffee einladen?“, frage ich jetzt spontan. „Klar, gerne“, sagt Anna. „Wie lange reicht dein Geld, das du bei deiner letzten Arbeit verdient hast?“, frage ich jetzt. „Nun ja, je nach dem. Wenn ich ab und zu eingeladen werde, wie jetzt, dann vielleicht noch einen Monat. Das werde ich sehen. Und dann wieder handeln. Bislang habe ich immer etwas gefunden. Und ein paar Tage komme ich auch mit sehr wenig Geld zurecht. Oft werde ich auch zum Übernachten eingeladen. Von Privatleuten oder in Klöstern.“ Ich empfinde große Achtung vor Anna und ihrer Haltung. Das wird ihr Leben sicher enorm prägen, denke ich. Wie es bei ihr wohl weitergehen wird? Schon wieder ertappe ich mich beim Planen. Anna trinkt ihren Kaffee leer. Sie möchte weiterziehen. „Bei uns gibt es noch einen Spruch.“ Anna schaut mich jetzt sehr fröhlich an. „Wer sich einmal getroffen und schätzen gelernt hat, der begegnet sich wieder im Leben. Deshalb würde ich sagen: Bis bald! Danke für das Gespräch und danke für den Kaffee.“ Anna steht auf und schüttelt mir die Hand, dann umarmen wir uns. Wir machen ein Abschiedsfoto draußen vor der Klosterschänke und ich bekomme noch die Anschrift ihrer Eltern. Ich möchte ihnen eine Karte schreiben und von meiner Begegnung mit ihrer Tochter berichten. Welch ein Tag!

Wem möchte ich bald einmal wieder begegnen?

Nach dem Gespräch mit Anna gehe ich spazieren. Die Weite der Landschaft beeindruckt mich. Ich setze mich auf eine Bank. Natürlich denke ich an Anna. Mehr und mehr fallen mir Parallelen ein. Mir ging es doch auf der ersten Hälfte meiner Tour auch so, dass ich nicht an das „Danach“ dachte, sondern einfach an den jeweils heutigen Tag. Ich genoss es, unendlich Zeit zu haben, so jedenfalls fühlte es sich an. Vermutlich entscheidet die Grundeinstellung zu Beginn einer Reise, wie ich sie erlebe. Und

Abschiedsfoto mit Anna vor der Klosterschänke in Neresheim

da ich nun weiß, dass meine Reise ihrem Ende zugeht, stelle ich mich innerlich darauf ein. Ich habe jeden Tag auf dieser Tour als perfekt erlebt und sie niemals gegen etwas anderes eintauschen wollen. Wenn mir das im Alltag auch gelingen wird, bin ich einen Riesenschritt weiter. Ich fühle mich in diese Haltung ein und freue mich darauf, sie im Alltag umzusetzen. Und noch etwas fällt auf: Einige Male habe ich mich auf meiner Tour gefragt, wie es wäre, noch länger unterwegs zu sein. Heute habe ich einen Einblick in ein solches Leben bekommen.

Jetzt denke ich an meine Eltern: Sie haben mir in meinem Leben eine ähnliche Geborgenheit geschenkt, wie Anna sie beschreibt. Egal, ob sie mein Verhalten gutgeheißen haben, ob sie es nachvollziehen konnten oder nicht. Wenn ich in einer Lage war, in der ich ihre Hilfe benötigte, waren sie da. Bedingungslos. So möchte ich auch handeln. Ich fühle tiefe Dankbarkeit und Vorfreude auf den morgigen Tag.

Die Neresheimer Klosteranlage aus der Ferne

Angekommen in der Stadt meiner Kindheit und Jugend

Ich sehe das Ortsschild vor mir: Bad Rappenau. Ich mache ein Foto und schicke es meiner Mutter per WhatsApp. Sie grüßt mich und freut sich. Nichts wie hin.

„Du machst Sachen", ruft sie fröhlich aus dem Fenster, als ich komme. Ich stürme die Treppe zu ihrer Wohnung hinauf und wir umarmen uns. „Lass dich ansehen", sagt sie. Sie mustert mich von Kopf bis Fuß. „Braun bist du geworden und Muskeln hast du bekommen. Rein mit dir, es gibt Kaffee." Ich dusche und sitze dann am gedeckten Kaffeetisch. Meine Mutter schüttelt den Kopf. „Ich bin froh, dass alles gut gegangen ist", sagt sie liebevoll. Ich nicke. Wir trinken Kaffee und schweigen. Dann fragt sie: „Wertschätzung – weißt du noch?" Oh ja, ich weiß es noch. Mein eindrücklichstes Erlebnis zum Thema Wertschätzung – abgesehen von Neuseeland – hatte ich in meiner Jugend. Und meine Mutter war es, die den Hebel in meinem Denken umlegte. Das wirkt bis heute. Vielleicht war ich deshalb in Neuseeland so sehr für diese Perspektive empfänglich?

Ich war 15 Jahre alt, und Sport war meine größte Leidenschaft. Die Schule lief so nebenher und ehe ich mich versah, waren meine Noten in den Keller gerutscht. Ich verlor dabei – schulisch gesehen – mehr und mehr an Selbstvertrauen, dieses bezog ich aus dem Sport. Deshalb investierte ich hier zunehmend mehr Zeit und Energie. Als die Zeugnisse vor der Tür standen und ich auf eine 5 in Französisch zusteuerte, sagte mein Lehrer: „Bei dir ist doch Hopfen und Malz verloren." Mehr nicht. Sein Verhalten verriet mir, dass er mir nicht viel zutraute, und ich wehrte mich innerlich auch gar nicht dagegen. Er wird recht haben, ich sehe es ja schwarz auf weiß im Zeugnis. So ungefähr dachte ich wohl. Ich ging mit diesem Bild, das schon längst zu meinem Selbstbild geworden war, nach Hause. Aus irgendeinem Grund erzählte ich beim Essen von diesem Wortwechsel. War ja eigentlich gar nicht der Rede wert. Was sollte meine Familie dazu sagen? Ich berichtete wie von einem gewöhnlichen Erlebnis und aß weiter. Auf einmal hielt meine Mutter inne, schaute mich an und sagte: „Petra, ich kenne dich besser. Das stimmt nicht. Du kannst viel mehr. Ich glaube, du hast nur zu wenig Zeit investiert. Was meinst du, wie er bei der nächsten Klausur Augen machen wird." Meine Mutter sah mich mit einer derartigen Überzeugung und Sicherheit an, dass ich sie vermutlich mit großen Augen anstarrte. Dann sagte sie noch, fast schon augenzwinkernd: „Du wirst es sehen!" Sie wandte sich wieder ihrem Essen zu und aß genüsslich weiter. Ich war beeindruckt: von der Klarheit und Sicherheit, die ihre Aussage begleiteten, und von ihrer sehr gelassenen Haltung. Keine Aufregung war zu spüren, keine Empörung über meinen Lehrer. Und fast hatte ich das Gefühl, sie freute sich in diesem Augenblick schon über den Erfolg ihrer geheimen Mission. Mir war zwar nicht klar, wie ich das genau anstellen sollte. Aber ich wusste: Ich wollte das auch erleben, ich wollte die Augen meines Lehrers sehen. Und ich war mir sicher: Meine Mutter hatte recht.

„Du kannst viel mehr! Du wirst es sehen."

Nun ja, immer wenn in der Schule Französisch auf dem Stundenplan stand, wollte meine Mutter auch mal wieder Vokabeln lernen. Als hätte sie nichts Besseres zu tun. Doch leider waren ihr einige Kenntnisse abhandengekommen, sodass ich aushelfen musste – und wollte. Es war so lustig, ihre Aussprache zu hören. Ich weiß nicht, ob meine besser war. Hauptsache, wir fanden Lösungen auf unsere Fragen. Und das gelang uns gemeinsam. Wie

Gemütliches Kaffeetrinken mit meiner Mutter

auch immer: Die nächste Klausur war ein voller Erfolg. Die Augen meines Lehrers werde ich nie vergessen. Genauso wenig wie seine Aussage: „Das habe ich noch nie erlebt." Ich habe meine Zeugnisse selbstverständlich zum Beweis zu Hause. Alle Noten kletterten in Windeseile nach oben. Ich habe am eigenen Leib erfahren, wie Wertschätzung wirkt. Natürlich habe ich mich angestrengt, ich habe für diese Entwicklung gearbeitet – doch mit Freuden, im Vertrauen und mit neu gewonnener Selbstsicherheit. Es brauchte einen Anstoß, der Schalter musste umgelegt werden. Ich wollte auf einmal und konnte auch. Großartig.

In jedem Menschen stecken unendlich viele Begabungen und Talente. Das ist auch die Haltung von Brian, von Willy und vielen meiner Weggefährten. Ich glaube ebenfalls daran.

Wir trinken unseren Kaffee und ich erzähle viel von meiner Tour. „Wir brauchen immer wieder Erfahrungen, mit denen wir uns noch besser kennenlernen", sagt meine Mutter. „Diese Radreise hat dir gut getan. Das merke ich." Ich nicke bestätigend und frage: „Wollen wir spazieren gehen? Unsere Runde – ganz so wie früher?" Schon springt meine Mutter auf, ich freue mich. Wir ziehen uns an und gehen gemütlich durch die Parkanlagen von Bad Rappenau. Einiges hat sich verändert seit meinem letzten Besuch und sehr vieles hat sich verändert seit meiner Kindheit. Mir gehen jetzt einige Lebensstationen durch den Kopf und sie werden begleitet von intensiven Gefühlen. Es geht weiter und weiter, immer, überall. Wann fühle ich mich geborgen? Wo spüre ich Heimat? Jetzt gerade auf jeden Fall. Doch nicht wegen der Äußerlichkeiten. Sondern wegen der Nähe zu einem geliebten Menschen. Wir haken uns ein und spazieren schweigend unseren Weg.

> Wann fühle ich mich geborgen? Wo spüre ich Heimat? Wie kann ich mich noch besser kennenlernen?

An der katholischen Kirche machen wir Halt und gehen hinein. „Wir könnten ein kleines Päuschen einlegen", sagt meine Mutter. „Und Gott danken", ergänze ich. Eine Frau sitzt in der Kirche. Sie begrüßt uns und sagt: „Ah, da kommt noch jemand. Ich bin schon lange hier, niemand war da. Es wird immer leerer in den Kirchen, finden Sie nicht auch? Heute will niemand mehr etwas davon wissen, die Jugend sowieso nicht." Ich bin überrascht und frage mich, wie diese Frau zu ihrem Urteil gekommen ist. Welche Erfahrungen hat sie wohl gesammelt? Meine Mutter richtet sich auf und sagt: „Das glaube ich nicht. Tief innen hat jeder eine Sehnsucht, meiner Meinung nach. Woher kann ich wissen, was in einem Menschen vor sich geht? Bevor ich mir ein Urteil bilde, müsste ich ihn fragen, ich müsste das Gespräch suchen." Die Frau stutzt. Damit hat sie nicht gerechnet. Ich, ehrlich gesagt, auch nicht. Wir bleiben stehen. „Vielleicht haben Sie recht. So habe ich das noch nie betrachtet." Die Frau gibt meiner Mutter die Hand, bedankt sich und verlässt spürbar nachdenklich die Kirche.

Meine Mutter schüttelt den Kopf. „Warum meinen die Menschen immer, sie wüssten über andere Bescheid? So schnell kommen Vorurteile und Ungerechtigkeiten in die Welt. Nicht wenn ich Menschen geringschätze, sondern wenn ich Menschen etwas zutraue, wenn ich sie verstehen möchte, dann erst wird sich vieles verändern."

Wir setzen uns in die erste Reihe und schweigen. Für mich schließt sich hier der Kreis. Das ist eine bewundernswerte Lebenseinstellung. Sie ist fest verankert.

Meine Mutter hat es gewiss nicht immer leicht gehabt in ihrem Leben. Sie hatte viel mit Leid, Krankheit und Tod auf ihrem Lebensweg zu tun, in ihrer eigenen Familie. Doch sie hat nie das Vertrauen verloren. Sie sagt rückblickend, dass sie bis zum heutigen Zeitpunkt auf ein reiches und gutes Leben zurückschauen kann, auf unzählige Geschenke, die sie empfangen hat. Ja, hier schließt sich der Kreis.

Freiheit in Geborgenheit. Heimat. Das war meine Reise und gleichzeitig der Beginn von etwas ganz Neuem. Ich fühle es in mir: Ich habe mich verändert. Ich atme das Leben ein und rufe meine Freude in die Welt.

Ich rufe meine Freude in die Welt – die Tour geht weiter!

66 Tage Dankbarkeit – Ich rufe meine Freude in die Welt

Gut ein Jahr ist zwischen dem Abschluss meiner Radtour und der Veröffentlichung dieses Buches vergangen. Die Tour geht weiter, das Abenteuer „Leben". Gott sei Dank! Ich erfahre, dass jeder Tag, egal, wie er vor mir liegt, egal, welche Aufgaben ich zu erledigen habe, zu einem Geschenk werden kann, wenn ich ihn in dankbarer Haltung und im aufmerksamen Anfängergeist verbringe, wenn ich Begabungen, Talente, Überraschungen und Wunder aufspüren möchte. Doch alles der Reihe nach:

Ich blieb bei meiner Mutter länger, als ursprünglich geplant, wir hatten eine wunderbare Zeit. Anschließend bestieg ich einen Zug Richtung Koblenz, denn ich wollte den Radhändler in Nickenich, der mein Reise-Rennrad gebaut hatte, gerne persönlich nach Abschluss meiner Tour besuchen. Dass ich danach nicht gleich nach Hause gereist bin, lag daran, dass ich eine Woche nach dem Ende meiner Tour zwei Lehrerfortbildungen zum Thema meiner Radreise zugesagt hatte: in Aachen und Mönchengladbach – mit meinem Kollegen und guten Freund Rainer Oberthür. Es bot sich an, dies alles an die Tour direkt anzuschließen. Ich bestieg also den Zug. Es war ein seltsames Gefühl, mit dem Rad in den Zug zu steigen, doch ich habe es getan. Als ich mich nach Abstellen des Rades auf einen Sitzplatz begab und der Sitz neben mir noch frei war, fragte ich mich, wer hier wohl Platz nehmen würde. Ich schmunzelte in mich hinein. Wenn diese Person wüsste, dass ich hier in erwartungsvoller Haltung sitze? Um Wunder, Talente und Begabungen aufzuspüren …

Gleich darauf kam Henriette. Wir begrüßten uns und saßen einen Moment schweigend da, aber wirklich nur einen Moment. „Oh, mit dem Rad unterwegs", sagte Henriette, als ich meinen Helm zur Seite geräumt hatte, um ihr Platz zu machen. „Ja, ich habe eine längere Tour hinter mir", erwiderte ich. Ich wollte sie ja nicht mit all dem überschütten, was in mir schon wieder zu hüpfen begann. Aber offenbar merkte sie mir etwas an. „Das ist ja spannend. Wo warst du denn?" Ich freute mich über ihr Interesse und begann ein wenig zu erzählen. Und dann erzählte Henriette mir, was in ihrem Leben gerade los war und welche Fragen sich ihr aktuell stellten. Es waren Fragen, zu denen meine Tour mögliche Antworten bereithielt. Als Henriette das entdeckte, sprudelten ihre Ideen geradezu aus ihr heraus, und sie war voller Freude. In Koblenz angekommen und immer noch zusammen, hatten wir längst unsere Adressen ausgetauscht – und wir blieben nach unserem Abschied weiter in Kontakt. Wenige Tage nach unserer Begegnung schrieb sie mir, was sich seit unserem Treffen bereits in die von ihr erhoffte Richtung bewegt hatte.

Dieses Phänomen erlebe ich seitdem nahezu täglich. Ich könnte ein weiteres Buch mit Geschichten füllen. Es ist so ermutigend, wie Menschen ihr Leben in dankbarer und erwartungsvoller Haltung gestalten können, wenn sie erst einmal auf diese Lebensperspektive stoßen.

Von Koblenz aus steuerte ich mein Rad Richtung Nickenich zur Firma „Poison". Ich kaufte unterwegs einen Blumenstrauß und betrat die Firma mit großer Freude und irgendwie auch stolz. Welch ein „Hallo", als ich erzählte, dass ich auf meiner langen Tour keinen einzigen Sturz und keine einzige Panne hatte, dass alles bestens lief und das Rad mich sicher zum Ziel führte – und es auch jetzt fast noch aussah wie neu. Ich bekam eine spontane Führung durch die Firma, leckeren Kaffee und ich durfte erfahren, wie viel Zeit sich dieses Team für die Kunden nimmt. Ungewöhnlich und zukunftsweisend.

Schöne Momente setzten sich fort: bei meinen Gastgebern der nächsten Tage, auf den beiden Lehrerfortbildungen in Aachen und Mönchengladbach. Und schließlich bei meiner Ankunft am Düsseldorfer Flughafen. Ja, richtig, und ich fuhr nicht nur zum Flughafen, sondern in die Ankunftshalle hinein. Meine jüngste Tochter Hannah, die während meiner Tour die letzten Wochen ihres Auslandsschuljahres in England verbracht hatte, hatte alles so eingerichtet, dass sie genau am Tag meiner Durchreise in Düsseldorf landete. Ich konnte sie also abholen. Nichts wie hin. Bei meiner Ankunft wurde ich vom Flughafenpersonal überall freundlich weitergeleitet, bis ich schließlich genau dort stand, wo die Passagiere des Fluges aus London erwartet wurden. Natürlich blieb meine Aktion nicht unbemerkt. Die Flughafenpresse kam und dokumentierte das glückliche Wiedersehen.

Wiedersehen mit Hannah am Düsseldorfer Flughafen

„Passe ich noch in deine Satteltaschen?“, fragte Hannah. Wir lachten, mieteten ein Auto, verstauten Rad und Koffer und fuhren fröhlich nach Hause. Die Zeit verging in Windeseile, wir hatten uns so viel zu erzählen. Und welch ein Empfang bei unserer Ankunft daheim! Herrlich!

Beim Betreten des Hauses nahm ich wahr, welche ungeheure Menge an Post sich in den zehn Wochen angesammelt hatte und wie viele Aufgaben für mich überall bereitlagen. Ich begrüßte sie und bat sie um Geduld. Nanu, dachte ich bei mir? Kein Impuls, alles schnell wegzuschaffen? Nachtschichten einzulegen, um auf dem Laufenden zu sein? Nein. Ich schaute noch einmal auf die Poststapel. Ich verweilte mit meinem Blick. Ich wartete. „Was tust du da? Komm, wir wollen Abend essen", rief Franzi, und während sie die Tür zur Küche aufhielt, kroch der leckere Duft in meine Nase. Was sie wohl gekocht hat? Ich war in großer Vorfreude und spürte meinen Appetit. Doch immer noch schaute ich auf die Post. „Ich habe alles sortiert", rief mein Sohn Jonathan ebenfalls aus der Küche. „Danke, das ist wirklich eine Hilfe, das ist dir gelungen", rief ich. Als ich mich gerade in Richtung Küche bewegen wollte, fühlte ich in mir diese Gedanken: ‚Alles zu seiner Zeit. Jetzt ist Zeit für die Familie. Und morgen auch. Und die kommenden Tage, Wochen, Monate: Viel Zeit, um zu danken, zu entdecken, zu staunen, Freude in die Welt zu rufen. In Ruhe und Gelassenheit werde ich dazwischen nach und nach die Post begutachten. Vielleicht hält sie ja auch Überraschungen bereit.' Gesagt, getan. Die Post war übrigens binnen einer Woche weg. Ohne Nachtschicht. Einfach nebenbei.

In der Küche begrüßte mich eine feierlich gedeckte Tafel. Wir saßen lange gemütlich zusammen und genossen unser Wiedersehen. „Hast du über die geschenkte Zeit nachgedacht?", fragte meine Tochter Franzi auf einmal. „Oh ja, das habe ich", sagte ich und war erstaunt, dass sie sich an unser Gespräch bei der Abfahrt erinnerte. „Das war ein wertvoller Impuls von dir." Franzi nickte, dann schmunzelte sie. „Jetzt überreiche ich dir feierlich ein Geschenk", sagte sie. Und schon hielt ich es in der Hand. Ich

Franzis Geschenk für mich – mein Lebensmotto!

packte eine Karte in einem hübschen Bilderrahmen aus und las den Text laut vor: „Wertschätzung und Dankbarkeit leben, Fahrradfahren, Menschen begegnen, das kann ich jeden Tag.“ Jetzt war ich sprachlos. Franzi freute sich, dass ihr die Überraschung gelungen war. Wir umarmten uns lange und aßen dann weiter.

Als ich vor dem Schlafengehen meinen Kleiderschrank öffnete, um einen Schlafanzug herauszuholen, traf mich fast der Schlag. Was hängt da denn alles im Schrank? Wofür brauche ich bloß all diese Sachen? Was ziehe ich nur an? Ich schloss den Kleiderschrank, lehnte mich mit dem Rücken an seine Tür, und mein Entsetzen wandelte sich in Heiterkeit. Ich lachte und lachte, zog meine Tour-Schlafkleidung an und legte mich in mein Bett. Es war eine herrliche erste Nacht zu Hause.

Ich lebte noch mehrere Tage aus meinen Satteltaschen. Warum auch nicht? Es war ja alles da. Irgendwann öffnete ich den Schrank erneut und packte einen großen Teil der Kleidungsstücke in Kisten; diese brachte ich einer wohltätigen Organisation. Weitere Zimmer des Hauses folgten. Mehr Luft, mehr Leben.

Ich begann, mich in meinem Alltag neu einzurichten und neu auszurichten. Auch davon könnte ich lange erzählen. Vielleicht ein andermal.

Nur auf eine wichtige Sache möchte ich noch eingehen: auf das Pflänzchen, das seit dem Impuls von Max stetig in mir weiterwuchs.
Als zum Jahresende 2018 dieses Buch in der Rohfassung abgeschlossen war, stieß ich auf einen Aufruf eines kleinen Vereins, der seit 2012 eine Schule in Mathare, einem Slum von Nairobi, unterstützt hatte. Leider waren alle weiteren Organisationen, die die Schule gefördert hatten, mittlerweile abgesprungen, und der kleine Verein konnte die Förderung der Schule nicht alleine stemmen: Immerhin mussten 165 Kinder, darunter 30 Waisenkinder, finanziert werden, dazu 13 Lehrende. So kündigte der Verein seine Auflösung an. Doch irgendetwas bewegte einige Spender und die Verantwortlichen dazu, einen Aufruf in einem Internetforum zu starten. Vielleicht würde sich doch jemand dieser Aufgabe annehmen?
Ich erfuhr von diesem Aufruf eines Abends kurz vor dem Schlafengehen durch meine Mitarbeiterin Gudrun. Ich nahm diese Gedanken mit in mein Gebet und in die Nachtruhe. Und als ich am Morgen erwachte, war mir klar: Das ist meine Pflanze, ich werde sie pflegen. Ich schrieb die bisher Verantwortlichen an und vereinbarte ein Treffen. Seit Januar 2019 setze ich als Vereinsvorsitzende meine Kraft und Phantasie dafür ein, die Kinder und Jugendlichen sowie die Lehrerinnen und Lehrer in Mathare zu fördern. Welch eine Freude seither täglich aus Kenia zu mir gesendet wird und welch große Bereicherung ich in dieser Arbeit erfahre, das kann ich kaum in Worte fassen. Ich bin fasziniert vom tiefen Glauben dieser Menschen, von ihrer wertschätzenden, dankbaren, fröhlichen und hoffnungsvollen Ausstrahlung.
Dies ist für mich die konsequente Fortsetzung der tiefen Erfahrung von Dankbarkeit in meinem Leben.

Dank

Meine Reise ist zu Ende und ich möchte „Danke“ sagen:

Ich danke von Herzen meiner Mutter, die mir die Haltungen der Wertschätzung und Dankbarkeit vorgelebt hat und durch die ich ermutigende Lebensperspektiven entwickeln konnte. Ihr widme ich dieses Buch.

Meiner ganzen Familie sage ich „Danke“. Alle haben mich unterstützt, meinen Traum zu verwirklichen. Eine so lange Zeit einfach unterwegs sein zu dürfen und dabei angespornt zu werden, das ist nicht selbstverständlich.

Den vielen Menschen unterwegs danke ich, die zu Freundinnen und Freunden geworden sind, die mir tiefe Erfahrungen und Einsichten ermöglicht haben. Ich freue mich, dass wir in Kontakt bleiben.

Ich danke René Wehnhardt. Als die Erkenntnis in mir wuchs, dass ich den Großglockner nicht mit dem Reiserad werde erklimmen können, verpackte er kurzerhand mein leichtes Rennrad und schickte es an den Radhändler in Zell am See. Ohne diesen Umstieg auf mein Rennrad wäre das Rennen am Großglockner sicher nicht so genussvoll geworden.

Den Studierenden Frank Löber und Peter Baak danke ich für ihre Gestaltungsidee meiner Erinnerungskarte mit dem Kettenglied, die ich unterwegs verteilt habe: Über 2000 Exemplare haben sie in Handarbeit für mich angefertigt. Des Weiteren danke ich den Studierenden Sabrina Kuhaupt und Claudius Ullmann für das Logo des Radfahrers, das meine Trikots, viele Buttons, Aufkleber etc. schmückte. Herzlichen Dank an die Studierenden Sarah Lena Birkenbeul und Jan-Rickmer Feindt für die Mithilfe bei der E-Mail-Kommunikation während meiner Tour, für das allererste Begutachten der Geschichten, für die Pflege der Website und für vieles mehr.

Meinem Team an der Universität Kassel sage ich „Danke“. Der universitäre Schreibtisch war bei meiner Rückkehr überschaubar, viele E-Mails wurden zwischenzeitlich beantwortet und ich durfte einen bewegenden Empfang nach dem Ende meiner Reise erleben, der mir noch lange in Erinnerung bleiben wird. Auch die Lektüre der vorläufigen Fassung des Buches ließen sie sich nicht nehmen. Meinem Team gehören an: Carolin Altmann, Julia Drube, Katharina Gaida, Johanna Kallies-Bothmann, Marie Sophie Kitzinger, Dr. Katja Mand und Dr. Gudrun Spahn-Skrotzki. Auch meiner Sekretärin, Gabi Hermenau, möchte ich danken für ihre unermüdliche Unterstützung bei der administrativen Vorbereitung und Nachbereitung meiner Tour. Am liebsten wäre sie mitgefahren.

Der Universität Kassel danke ich, die mir durch die Gewährung eines Forschungsfreisemesters die Rahmenbedingungen für dieses ungewöhnliche Forschungsvorhaben eröffnet hat.

Und selbstverständlich danke ich von Herzen dem Calwer Verlag. Herr Dr. Berthold Brohm hat mir bei der Veröffentlichung dieses Buches viel Wertschätzung entgegengebracht, ich habe zahlreiche Tipps erhalten und durfte alle meine Ideen verwirklichen. Mit viel Einfühlungsvermögen hat er meine Geschichten redigiert. Das war eine wertvolle Erfahrung. Frau Karin Class danke ich für ihre unermüdliche Geduld, mit der sie meine Wünsche auch noch in letzter Minute in den Satz einfügte.

Und noch ein Dankeschön folgt, quasi im Nachgang: Nach Abschluss des Manuskripts habe ich das Unternehmen „AV1 Bild und Ton“ kennengelernt und eines ihrer Projekte begleitet, da es in meinem universitären Schwerpunktgebiet durchgeführt wurde. Als ich von meiner Tour erzählte, schenkten sie mir die Produktion eines Kurzfilmes. Dieser Film ist unter dem Stichwort „66 Tage Dankbarkeit erFAHREN“ auf YouTube verfügbar.

Meine Route

Kaufungen →Bad Hersfeld → Gersfeld → Schweinfurt → Markt Erlbach → Berching / Kloster Plankstetten → Alteglofsheim/Regensburg → Vilshofen → Aschach an der Donau/Feldkirchen an der Donau → Linz → Euratsfeld/Neustadtl an der Donau → Melk → Klosterneuburg → Bruckneudorf → Pöttelsdorf → Eisenstadt → Neusiedl → Traisen → Grein an der Donau → Altmünster/Gmunden → St. Gilgen → Bad Reichenhall → Ruhpolding →Michaelbeuern → Gries im Pinzgau → Bruck an der Großglocknerstraße / Edelweißspitze → Leogang → Bad Feilnbach → Bad Tölz → Augsburg → Neresheim → Bad Rappenau am Tag 66

Danach noch: Nickenich → Köln → Aachen → Mönchengladbach → Düsseldorf

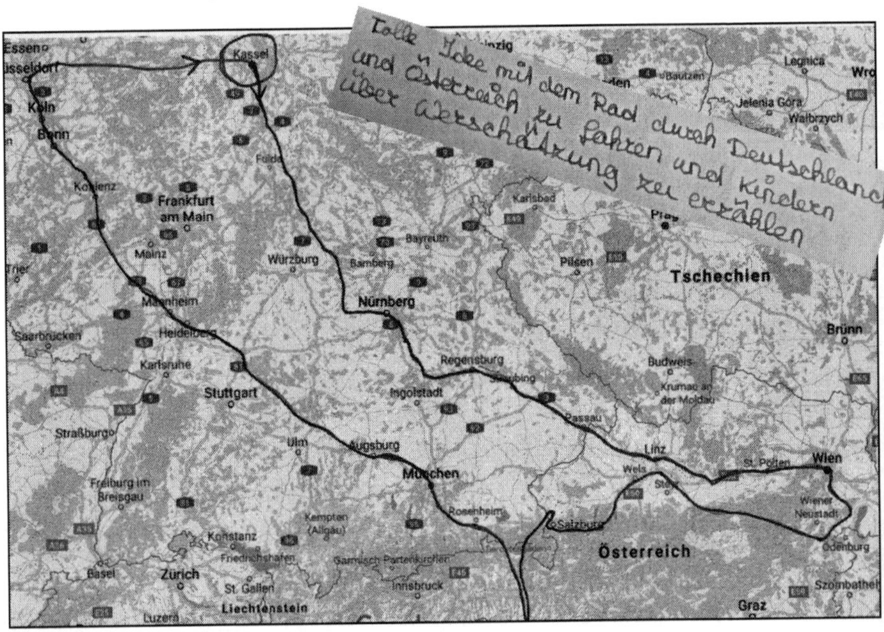

Skizze meiner Reiseroute mit einer Notiz, die ich in meiner Satteltasche fand …